Martin Müller · Fraktionswechsel im Parteienstaat

Studien zur Sozialwissenschaft

Band 21

Westdeutscher Verlag

Martin Müller

Fraktionswechsel im Parteienstaat

Parlamentsreform und politische Kultur in der Bundesrepublik Deutschland

Westdeutscher Verlag

Umschlaggestaltung: studio für visuelle kommunikation, Düsseldorf
Satz: wico-grafik, St. Augustin

ISBN-13: 978-3-531-11261-9 e-ISBN-13: 978-3-322-88218-9
DOI: 10.1007/978-3-322-88218-9

Inhalt

Vorwort 7

I. Einleitung 9

1. Erkenntnisinteresse 9
2. Abgrenzung und Begriffserklärung 12
3. Durchführung der Untersuchung 14

II. Die Fraktionswechsel des 6. Deutschen Bundestages 16

III. Der Fraktionswechsel im Streit juristischer Interpretationen 23

1. Diskussion und Entscheidung zum Abgeordnetenmandat im Parlamentarischen Rat 23
2. Interpretation der einschlägigen Bestimmungen des Grundgesetzes . . . 25
   a) Die These von der prinzipiellen Unvereinbarkeit der Art. 21 Abs. 1 Satz 1 und 38 Abs. 1 Satz 2 GG 26
   b) Die These vom systematischen Gesamtzusammenhang 28
   c) Die These vom uneingeschränkt freien Mandat aus Art. 38 Abs. 1 Satz 2 GG 31
3. Kritik der Verfassungsinterpretationen 31
   a) Kritik der These von der prinzipiellen Unvereinbarkeit der Art. 21 Abs. 1 Satz 1 und 38 Abs. 1 Satz 2 GG 31
   b) Kritik der These vom systematischen Gesamtzusammenhang 35
   c) Kritik der These vom uneingeschränkt freien Mandat aus Art. 38 Abs. 1 Satz 2 GG 38
4. Der Pragmatismus der Verfassungsinterpretation 39

IV. Das Meinungsbild über den Fraktionswechsel 40

1. Das Mandat des Abgeordneten 40
   a) Die Auffassungen der Parteien 40
      (1) CDU/CSU 40
      (2) FDP 43
      (3) SPD 46
   b) Die Kommentare der Presse 52
   c) Stellungnahmen in Leserbriefen 56

2. Wählerauftrag und Fraktionswechsel 57
a) Die Auffassungen der Parteien 57
(1) SPD und FDP 57
(2) CDU/CSU 58
b) Die Kommentare der Presse 59
c) Stellungnahmen in Leserbriefen 62
3. Zwischen Gewissensentscheidung und Korruption –
Zur Motivation der Fraktionswechsler 64
a) Die Auffassungen der Parteien 64
(1) CDU/CSU 64
(2) SPD und FDP 64
b) Die Kommentare der Presse 66
c) Stellungnahmen in Leserbriefen 68

V. Analyse und Kritik des Meinungsbildes 70

1. Der Erfolg der Argumentation der Regierungsparteien 70
2. Der Vorwurf der Korruption als polemisches Argument 73
3. Der Vorwurf der Verfälschung des Wählerauftrages als polemisches Argument 74
4. Die Forderung nach verstärkter Parteibindung des Abgeordneten 77
a) Das imperative Mandat 77
b) Mandatsverlust bei Austritt und Ausschluß 77
c) Die übrigen Vorschläge zur verstärkten Parteibindung des Abgeordneten. 81
(1) Verhinderung des Übertritts 81
(2) Ausgleichsmandate 82
(3) Mandatsverlust ohne Nachrücker 82
(4) Nachwahl bei Franktionswechsel 83
5. Die Ursachen des Erfolges der Argumentation der Regierungsparteien . . 83
6. Die Forderung nach verstärkter Legitimation des freien Mandats 86
7. Mandatsverlust bei Austritt – Ein Plädoyer für die Ausweitung innerparteilicher Demokratie 87

VI. Neuinterpretation des Art. 38 Abs. 1 Satz 2 GG 91

VII. Realisierungschancen einer Einführung des Mandatsverlustes 95

Dokumentation 96

Anmerkungen 105

Abkürzungsverzeichnis 132

Literaturverzeichnis 134

Register 141

Vorwort

Zu den Institutionen der Bundesrepublik, die in den letzten Jahren in den Streit der Meinungen geraten sind, gehört nicht zuletzt das Parlament. Im Zentrum der Kritik steht dabei – unter dem Stichwort von der „Entmachtung des Parlaments" – seine angeblich mangelhafte Fähigkeit, demokratisch legitimierte Entscheidungen hervorzubringen. In diesem Zusammenhang wird nach dem jeweiligen politischen Standort des Kritikers entweder mehr die unzureichende Entscheidungsfähigkeit oder die mangelhafte demokratische Legitimation dieser Entscheidungen hervorgehoben. Beschränkte sich diese Diskussion zunächst noch überwiegend auf die Wissenschaft und die anspruchsvollere Publizistik, so haben die Fraktionswechsel im 6. Deutschen Bundestag und insbesondere der in diesem Zusammenhang erhobene, durch die Aussagen des ehemaligen Bundestagsabgeordneten *Julius Steiner* bekräftigte Verdacht, Korruption habe dabei eine Rolle gespielt, den Parlamentarismus und die Parteien in den Augen weiter Bevölkerungskreise in Mißkredit gebracht. Angesichts der schwachen demokratischen Tradition und des zumindest unterschwellig fortwirkenden Anti-Parteien-Affekts in Deutschland verdienen es solche Entwicklungen, mit gespannter Aufmerksamkeit beobachtet zu werden. Ihnen nachzuspüren und rechtzeitig Reformvorschläge zu entwickeln, erscheint daher als eine wichtige Aufgabe einer Politikwissenschaft, die sich dem parlamentarischen Regierungssystem verpflichtet weiß.

Die nachfolgende Untersuchung zum rechtswissenschaftlichen, parteipolitischen, publizistischen und politikwissenschaftlichen Verständnis des Abgeordnetenstatus am Beispiel der Fraktionswechsler des 6. Deutschen Bundestages war auf die Unterstützung von vielen Seiten angewiesen. Von denjenigen, denen der Verfasser zu besonderem Dank verpflichtet bleibt, ist vorab *Prof. Dr. Winfried Steffani* zu nennen. Ihm verdanke ich viele Anregungen und nützliche Kritik nicht nur bei der wissenschaftlichen Arbeit, sondern auch bei der gemeinsamen Lösung praktischer Probleme im Hamburger Landesverband der CDU. *Dr. Uwe Thaysen*, Wissenschaftlicher Oberrat am Seminar für Sozialwissenschaften, gab mir die erste Anregung für das Thema. Ihm habe ich für zahlreiche Hinweise und kritische Einwände zu danken, mit denen er die endgültige Fassung des Buches begleitete. Gedankt sei nicht zuletzt auch den Abgeordneten des 6. Deutschen Bundestages, von denen dieses Buch im besonderen Maße handelt, den sogenannten Fraktionswechslern, den Geschäftsführern der Fraktionen im 6. Deutschen Bundestag und den Mitarbeitern der Geschäftsstellen der im Bundestag vertretenen Parteien, die mir wichtige Unterlagen zur Verfügung stellten. Daß ich für die Schlußfolgerungen allein verantwortlich bleibe, sei abschließend betont.

Hamburg, im Januar 1974 *Martin Müller*

Ernst Paulsen gewidmet

I. Einleitung

1. Erkenntnisinteresse

Fraktionswechsel im Deutschen Bundestag war in der 6. Wahlperiode ein Thema, das herausragende Aufmerksamkeit erringen konnte. Seine politische Bedeutung rührte nicht aus der bloßen Tatsache, daß acht Abgeordnete wie schon 120 andere in früheren Wahlperioden[1] ihre Fraktion verließen. Sie erklärt sich auch nicht daraus, daß in allen Fällen ein Übertritt zum politischen Gegner erfolgte. Vielmehr überschattete die mit jedem Wechsel erneut aufgeworfene Frage, ob die erste von einem Sozialdemokraten geführte Bundesregierung der Bundesrepublik Deutschland ihre parlamentarische Mehrheit verlieren[2] und stürzen würde, die Ereignisse. Wie schon 1969/70 in Niedersachsen schienen auch ein vorzeitiges Ende der Wahlperiode und Neuwahlen im Bereich des Möglichen zu liegen. Nur die enge Verflechtung von Fraktionswechsel und Bestand der Regierung verlieh den Fraktionswechslern im 6. Deutschen Bundestag jene überraschende Publizität, die ihre Vorgänger nicht erreichen konnten.

Sieht man einmal von dem aktuellen Zusammenhang ab, kommt der verfassungspolitische Stellenwert der Frage, ob das freie Mandat des Abgeordneten modifiziert werden sollte, ohne prinzipiell abgeschafft zu werden, in den Blick. Dies allerdings nur dann, wenn man mit *Ernst Fraenkel* davon ausgeht, daß es kein „Gemeinwohl a priori“ gibt, sondern vielmehr einen Pluralismus der Interessen und Meinungen, zu deren Integration in einem „Gemeinwohl a posteriori“[3] es eines speziellen Instrumentes bedarf. Hierzu erscheint vor allem ein Parlament geeignet[4], dessen Mitglieder die Aufgabe der Integration nur zu erfüllen vermögen, wenn sie über einen, wenn auch nicht unbegrenzten Entscheidungsspielraum, das heißt über ein prinzipiell freies Mandat, verfügen.

Dieser Annahme steht die Forderung nach einer „imperativen Vertretung von Reform- und Umwälzungsansprüchen abhängiger Massen . . ., (um) den Basis-Konflikt auf die staatliche Ebene zu übertragen und den Klassenkampf mit den Mitteln des politischen Staates auszufechten“[5], entgegen. Das auf den Antagonismus der Klassen fixierte marxistische Parlamentsverständnis[6] muß das Parlament als „ein(en) Transmissionsriemen der Entscheidungen politischer Oligarchien“[7] qualifizieren, als eine Institution, die „zwar nicht die Entscheidungsinstanz, aber doch die staatliche Durchgangsstelle des sozialen (und politischen) Friedens bildet und insofern zu den wichtigsten Instrumenten der freiheitlich-manipulativen Integration gehört . . .“[8]. Solch undifferenzierte, empirisch unzureichend abgesicherte[9] Kritik endet konsequent in revolutionärer „Fundamentalopposition“ oder Resignation[10]. Die Möglichkeit schrittweiser Reform, hier insbesondere des Parlaments, wird von vornherein verneint oder als Möglichkeit interpretiert, die „Beteiligung der Massen an der Herrschaft . . . leichter einzudämmen“[11].

Dieser Arbeit liegt ein anderes Vorverständnis zugrunde. Unser „Politikverständnis geht davon aus, daß trotz unterschiedlicher Interessen und Meinungen sozialer Kompromiß möglich ist, der zu zeitlich begrenzt gültigen Entscheidungen führt“[12]. „Kritisch-rationale Politik lehnt Revolution als Methode des sozialen Fortschritts ab. Sie streitet wider die Behauptung aller Doktrinäre von rechts und links, die bestehende Ordnung müsse zerstört und durch eine neue, gedanklich bereits weitgehend fertige ersetzt werden. Sie plädiert dagegen für schrittweise Veränderungen; sie berücksichtigt dabei die Fehlerhaftigkeit ihrer eigenen Lösungen wie die begrenzte Lernfähigkeit der von den Veränderungen betroffenen Menschen“[13].

Schrittweise Veränderungen, ja, aber worauf sollen sie zielen? Die gegenwärtig so gängige Formel von Reformen hat eine Herrschaft verschleiernde Funktion, wenn nicht die konkrete Utopie skizziert wird, auf die sie bezogen werden. Ist jedoch eine solche Utopie überhaupt nicht vorhanden, dann steht die Wendung von „reformatorischen Veränderungen“ nur für einen richtungslosen Pragmatismus in der Politik, der zwar den kurzfristig artikulierten Bedürfnissen einflußreicher Gruppen zu entsprechen vermag, jedoch kaum dem Freiheits- und Gleichheitsanspruch der Verfassung dieser Republik gerecht wird. An letzterem orientiert sich der Verfasser; für ihn bezeichnet daher „Partizipation“ eine entscheidende normative Prämisse, die hier zunächst nur zur Offenlegung des Erkenntnisinteresses am reformatorischen Aspekt der Diskussion um den Status des Abgeordneten eingeführt und weiter unten[14] näher erläutert wird.

Aus einem solchen Vorverständnis heraus stellt sich die Frage, welchen Beitrag zur Reform des parlamentarischen Regierungssystems die in die Diskussion um die Fraktionswechsler des 6. Deutschen Bundestages eingeführten Vorschläge zur Modifizierung des Abgeordnetenmandats leisten können. Mit *Uwe Thaysen* sind wir dabei der Auffassung, daß die entscheidenden Ansätze zur Parlamentsreform „in der Veränderung des Verhältnisses der Repräsentierenden zu den Repräsentierten, also in der Legitimation konkreter Herrschaft, sowie der Repräsentierenden (einschließlich Regierenden) untereinander (innerparlamentarische bzw. innerfraktionelle Demokratie)“ liegen[15]. Dies ist der eine Bezugspunkt der nachfolgenden Untersuchung. Sie bleibt dabei insofern auf die Vorgänge in der 6. Wahlperiode bezogen, als sie nicht die grundsätzliche Fragestellung des uneingeschränkt freien oder des imperativen Mandats des Abgeordneten in den Vordergrund stellt. In dieser Radikalität haben sich die im Zusammenhang mit den Fraktionswechseln vorgelegten Reformvorschläge nicht präsentiert. Wir fassen daher das freie und das imperative Mandat als äußerste Punkte einer breiten Skala auf, die viele Lösungsmöglichkeiten von Freiheit und Bindung des Abgeordneten kennt. Von diesen standen in der 6. Wahlperiode die Frage des Mandatsverlustes bei Austritt und Ausschluß im Vordergrund der Auseinandersetzungen. Diesem Komplex gilt auch die besondere Aufmerksamkeit der nachfolgenden Untersuchung, weil einmal die Frage umstritten ist, ob die Einführung des Mandatsverlustes bei Austritt und/oder Ausschluß funktional äquivalent zu dem verfassungsrechtlichen Verbot ist, rechtlich verbindliche „Aufträge und Weisungen“ an den Abgeordneten zu erteilen; weil zum anderen die angesichts unserer normativen Prämisse auf Ausweitung politischer „Partizipation“ bedeutsame Hypothese zu diskutieren sein wird, die Einführung des Mandatsverlustes bei Austritt sei geeignet, die innerparteiliche Demokratie zu stärken.

Der andere Bezugspunkt unserer Untersuchung ist die „Karriere“ des Themas[16] Fraktionswechsel in der öffentlichen Meinung[17]. Die Tatsache, daß in der Geschichte des parlamentarischen Regierungssystems der Bundesrepublik bis zum Ende der 5. Wahlperiode 120 Abgeordnete ihre Fraktion verlassen konnten, ohne daß der Wechsel als solcher allgemeine Aufmerksamkeit erregt hätte, und daß bereits die ersten Fraktionswechsler des 6. Deutschen Bundestages, die FDP-Abgeordneten *Erich Mende, Heinz Starke* und *Siegfried Zoglmann,* im Mittelpunkt einer erregten öffentlichen Debatte standen, verdient Beachtung. Der Vorgang ist mit dem (eingangs auch von uns formulierten) Hinweis auf den Machtkampf von Regierung und Opposition[18] allenfalls plausibel gemacht, jedoch keinesfalls erklärt. Dazu reicht auch nicht die Unterscheidung *Ernst Fraenkels* von den „nebeneinander bestehenden kontroversen und nicht kontroversen Sektoren eines Gemeinwesens“[19], wenn offen bleibt, durch welche sozialen Prozesse ein Thema zur „fluiden öffentlichen Meinung“ wird, um möglicherweise schließlich zur „konsolidierten öffentlichen Meinung“ oder gar zum „derivativen Gemeinwillen“ zu werden[20]. *Niklas Luhmann* ist solchen Mechanismen, die ein Thema erst auf die Ebene der öffentlichen Meinung emporzuheben vermögen, nachgegangen. Er entwickelt „Aufmerksamkeitsregeln“, die die „Konstruktion politischer Themen“ steuern[21], bleibt sich jedoch bewußt, daß sie der empirischen Überprüfung bedürfen[22]. Unsere Untersuchung setzt sich eine solche Überprüfung am Beispiel des Themas Fraktionswechsel zum Ziel.

Niklas Luhmann führt folgende „Aufmerksamkeitsregeln“ an:

„1. *Überragende Priorität bestimmter Werte,* deren Bedrohung oder Verletzung gleichsam von selbst ein politisches Thema entstehen läßt. . . .

2. *Krisen oder Krisensymptome.* Krisen sind unerwartete (thematisch nicht vorbereitete) Bedrohungen nicht nur einzelner Werte, sondern des Systembestandes in seinem eingelebten Anspruchsniveau. . . .

3. *Status des Absenders einer Kommunikation.* Politische Führer, bekannte Namen, gesellschaftliche Größen finden für ihre Mitteilungen eher Aufmerksamkeit und Echo als Leute, die nicht über prominenten Status verfügen. . . .

4. *Symptome politischen Erfolges.* Da in der komplexen Welt der Politik die realen Bedingungen des Erfolges oft unabsehbar und ausreichende Informationen nicht vorhanden sind, treten an deren Stelle Symptome mit besserem Orientierungswert – etwa steigende Stimmenzahlen oder die Erwähnung eines Namens oder einer Sache in der Presse oder der unmittelbare Zugang zu höchsten Amtsträgern. . . .

5. *Die Neuheit von Ereignissen.* Kontinuierlich gleichbleibende Umstände entziehen sich dem Bewußtsein, während Veränderungen auffallen und Aufmerksamkeit auf sich lenken. Das neue hat eine Vermutung der Wichtigkeit für sich. . . .

6. *Schmerzen oder zivilisatorische Schmerzsurrogate.* Drohende physische oder organische Belastungen, ‚Stress‘, Gefährdung von Intimbeziehungen, an denen man hängt, Geldverluste, Haushaltskürzungen, Positionsverluste, besonders solche meßbarer und vergleichbarer Art, haben eine hohe Alarmstufe, wenn sie nicht mehr in

institutionelle Selbstverständlichkeiten eingebunden sind und auch nicht durch die Vorstellung eines sinnvollen Opfers kompensiert werden können"[23].

Die erste dieser Aufmerksamkeitsregeln verdient eine eingehendere Erörterung, denn ähnliche Hypothesen finden sich auch bei anderen Autoren, die sich mit dem Phänomen der öffentlichen Meinung beschäftigen. So definiert *Wilhelm Hennis* öffentliche Meinung als die „Übereinstimmung in den grundlegenden Meinungen . . ., (die) die Einheit eines politischen Gemeinwesens zu stiften imstande ist"[24] und hebt ihren „intolerante(n) Charakter" hervor, der sich zeige, wenn gegen sie verstoßen werde[25]. Ähnlich sieht *Ralf Dahrendorf* den Handlungsspielraum der „aktiven" Öffentlichkeit durch „einen Horizont sozialer Möglichkeiten" begrenzt, der, wird er überschritten, den Widerstand der „passiven" Öffentlichkeit provoziert[26]. Auch *Ernst Fraenkel* sieht für „die Befürworter radikaler Reformen eine Chance, für ihre Argumente einen Widerhall im Publikum zu finden, der . . . zur Mobilisierung der öffentlichen Meinung zu führen vermag", wenn sich „eine Routine staatlichen und gesellschaftlichen Verhaltens entwickelt (hat), die angeblich – oder gar tatsächlich – mit den generell anerkannten Grundprinzipien der Gemeinschaftsordnung in Widerspruch steht . . ."[27]. So besteht denn augenscheinlich eine breite Übereinstimmung, daß die politische Kultur als die Summe der „Wert- und Glaubenshaltungen im allgemeinen" und der „politischen Ideen im besonderen"[28] eine der Variablen darstellt, von denen die Karriere eines Themas in der öffentlichen Meinung abhängt.

Mit der Karriere des Themas Fraktionswechsel in der öffentlichen Meinung und dem reformatorischen Aspekt der Modifizierung des uneingeschränkt freien Mandats sind die beiden erkenntnisleitenden Bezugspunkte der vorliegenden Arbeit genannt. Mit ihnen hofft der Verfasser wesentliche Gesichtspunkte der Auseinandersetzung um die Fraktionswechsler des 6. Deutschen Bundestages zu erfassen.

2. Abgrenzung und Begriffserklärung

Aus diesem Erkenntnisinteresse folgt eine erste Abgrenzung des Themas. Im Gegensatz zu *Heino Kaack* ist es für unsere Untersuchung unzweckmäßig, Fraktionswechsel als den „Wechsel der organisatorischen Zugehörigkeit innerhalb des Parlaments"[29] zu definieren. Das hätte zur Folge, daß das Verhalten der Abgeordneten *Gerhard Kienbaum* (FDP) und *Knut v. Kühlmann-Stumm* (FDP) mit in die Untersuchung einzubeziehen wäre. Ihr Verhalten war jedoch nur so lange umstritten, wie offen war, ob sie nicht zur CDU/CSU-Fraktion überwechseln würden. Im Grunde entzündete sich die politische Auseinandersetzung nur an den Abgeordneten, die durch ihren Eintritt in die CDU/CSU-Bundestagsfraktion die Machtverhältnisse zu ändern drohten, nachdem sie aus ihrer ehemaligen Fraktion ausgeschlossen worden oder ausgetreten waren. So liegt es für unsere Absicht nahe, dem allgemeinen Sprachgebrauch zu folgen und als Fraktionswechsel den Wechsel von Fraktion zu Fraktion, den Übertritt, zu bezeichnen, wobei offen bleibt, ob ihm ein Ausschluß oder ein Austritt vorangegangen ist. Außerdem bleibt offen, ob zwischen Ausschluß und Austritt einerseits sowie Eintritt in die neue Fraktion andererseits eine erhebliche Zeitspanne liegt.

Eine weitere Abgrenzung liegt in der Beschränkung auf die 6. Wahlperiode. Nun wäre sicher eine Untersuchung über alle bisherigen Fraktionswechsler des Deutschen Bundestages nicht ohne Reiz. Jedoch liegt der Sinn der Beschränkung auf die Fraktionswechsler der 6. Legislaturperiode gerade in der Besonderheit, daß hier zum ersten Mal in der Geschichte des Deutschen Bundestages mit jedem Fraktionswechsel der Fortbestand der Regierung stärker infrage gestellt war. Nur dies erklärt die Heftigkeit der Auseinandersetzung und stellt zugleich die Frage, wieweit mit den auf Verhinderung von Fraktionswechsel zielenden Forderungen Parlamentsreform oder Machterhaltung und -gewinn intendiert wurde.

Des weiteren sollen drei Begriffe expliziert werden, die für die ganze Arbeit von Bedeutung sind. *Austritt* soll heißen das Ausscheiden auf Grund einer entsprechenden Erklärung des Abgeordneten; *Ausschluß* soll heißen das Ausscheiden des Abgeordneten auf Grund eines formellen Beschlusses. Dabei machen wir keinen Unterschied zwischen dem Ausscheiden aus der Partei und Fraktion, weil auch die politische Praxis ihn nicht kennt; das Ausscheiden aus der Fraktion zieht das aus der Partei nach sich un umgekehrt. Die Satzungen von CDU (§ 11) und FDP (§ 6) enthalten sogar entsprechende Bestimmungen. Wir sprechen daher im folgenden nur allgemein von Austritt und Ausschluß. Unsere Unterscheidung von Austritt und Ausschluß sieht bewußt ihre spezifische Differenz nicht in den Merkmalen der Freiwilligkeit (des Austritts) und der Unfreiwilligkeit (des Ausschlusses). Zu vielfältig erscheinen die Möglichkeiten von Abgeordneten, Fraktion und Partei, sich gegenseitig den Handlungsspielraum einzugrenzen, als daß mit einem Begriffspaar wie Freiwilligkeit/Unfreiwilligkeit die Wirklichkeit angemessen zu erfassen wäre. Aufschlußreicher wäre da wohl der Versuch, am Beispiel der Fraktionswechsler des 6. Deutschen Bundestages eine Skala von Freiheit und Bindung des Abgeordneten zu erarbeiten. Denn: Kann man noch von der Freiwilligkeit des Austritts der Abgeordneten *Erich Mende, Heinz Starke* und *Siegfried Zoglmann* aus der FDP sprechen, wenn sie praktisch in Partei und Fraktion isoliert waren und der Abgeordnete *Siegfried Zoglmann* außerdem von Ausschluß bedroht war? Kann man beim Ausschluß des Abgeordneten *Günther Müller* (SPD) eindeutig sagen, daß er gegen seinen Willen erfolgte, nachdem *Günther Müller* monatelang mit seiner Partei unter ständig erhöhtem Einsatz pokerte? Sein Verhalten erlaubt doch auch die Interpretation, daß er die Partei schließlich zwingen wollte, ihn auszuschließen, um nicht der moralischen Ächtung durch die Öffentlichkeit anheim zu fallen, die andere Fraktionswechsler vor ihm ertragen mußten. Wo will man die Grenze zwischen Freiwilligkeit und Unfreiwilligkeit ziehen, wenn, um die historische Dimension des freien Mandats wenigstens anzurühren, ein Mann wie *Matthias Erzberger* trotz eindeutiger Unterstützung durch die Parteibasis sich dem Beschluß der Fraktionsführung, sein Mandat niederzulegen und nicht erneut für den Reichstag zu kandidieren, insofern beugte, als er die parlamentarische Mitarbeit vorübergehend bis zur gerichtlichen Klärung der gegen ihn erhobenen Vorwürfe einstellte[30]? Mit der Formel vom uneingeschränkt *freien Mandat* kennzeichnen wir den Status des Abgeordneten mit folgenden Merkmalen: (1) Der Abgeordnete ist rechtlich verbindlichen „Aufträge(n) und Weisungen" nicht unterworfen, das heißt, es gibt kein imperatives Mandat und infolgedessen keinen Fraktionszwang (im Unterschied zur Fraktionsdisziplin). (2) Es gibt keinen Mandatsverlust bei Austritt oder Ausschluß. (3) Rechtsgeschäftliche Abmachungen über das Mandat sind nichtig. (4) Das Verbot der Partei zieht entgegen der allerdings nicht unumstrittenen Rechtssprechung des *Bundesverfassungsgerichts*[31] keinen Mandatsverlust nach sich.

3. Durchführung der Untersuchung

In einem ersten Schritt der Untersuchung skizzieren wir die einzelnen Fraktionswechsel und die damit zusammenhängenden übrigen politischen Vorgänge. In Sonderheit ist stets die Frage nach der parlamentarischen Mehrheit der SPD-FDP-Regierung im Blick zu behalten. Dieser Abschnitt stützt sich überwiegend auf die Auswertung der überregionalen[32] und, sofern die Fraktionswechsler bei der Bundestagswahl 1969 auch als Wahlkreiskandidaten aufgestellt waren, auch auf die der regionalen Presse des Wahlkreises.

Anschließend wenden wir uns der rechtswissenschaftlichen Literatur zur Frage des Fraktionswechsels zu, soweit diese auf das Grundgesetz bezogen ist. Die Versuche zur Interpretation der Weimarer Reichsverfassung sind für die Auslegung des Grundgesetzes nur bedingt verwendbar, da in der Weimarer Reichsverfassung eine dem Art. 21 Abs. 1 Satz 1 GG analoge Bestimmung fehlte. Dagegen sind die im Parlamentarischen Rat angestellten Überlegungen zum Abgeordnetenstatus zu berücksichtigen, da die historische Methode der Verfassungsinterpretation auf die Verfassungsmaterialien zurückgreift. Unsere Analyse der rechtswirtschaftlichen Literatur zum Fraktionswechsel geht besonders auf die seit 1970 erschienenen Äußerungen ein. Außerdem war die vor allem von *Gerhard Leibholz* entwickelte und durch das *Bundesverfassungsgericht* übernommene Lehre vom Parteienstaat heranzuziehen. In der anschließenden Kritik der verschiedenen Ansätze und Ergebnisse der Verfassungsinterpretation zum Fraktionswechsel werden wir versuchen, ihre Tragfähigkeit abzuschätzen und ihre Rolle in der politischen Auseinandersetzung in einer ersten Annäherung zu bestimmen.

Der nächste Schritt der Untersuchung dient dem Zweck, das Meinungsbild über den Fraktionswechsel herauszuarbeiten. Dazu werden die Stellungnahmen der Parteien, die Kommentare der Presse und die in Leserbriefen enthaltenen Äußerungen der Bevölkerung herangezogen. Die Haltung der Parteien wird anhand ihrer Beschlüsse und der Stellungnahmen ihrer Repräsentanten insbesondere in der parlamentarischen Auseinandersetzung entwickelt. Das über Leserbriefe erschlossene Meinungsbild der Bevölkerung wird durch Repräsentativumfragen abgesichert.

In der sich anschließenden Analyse und Kritik des Meinungsbildes sollen auf Grund des bisher aufgearbeiteten empirischen Materials die beiden erkenntnisleitenden Bezugspunkte der Untersuchung geklärt werden. Es gilt also einmal herauszufinden, warum das Thema Fraktionswechsler in der 6. Wahlperiode zum ersten Mal in der Geschichte der Bundesrepublik zu einem Thema der öffentlichen Meinung werden konnte. In diesem Zusammenhang ist zu klären, wer und aus welchen Gründen im Streit um die Fraktionswechsler den größten Einfluß auf die Meinungsbildung der Bevölkerung ausübte. Zum anderen gilt es, die einzelnen Argumente für und gegen eine Modifizierung des freien Mandats abzuwägen. Dabei werden wir zu dem Schluß kommen, daß die Einführung des Mandatsverlustes bei Austritt der einzige Vorschlag ist, der als ein Beitrag zur Reform des Parlaments angesehen werden kann.

Die beiden die Untersuchung abschließenden Abschnitte dienen der Frage der Realisierbarkeit dieses Vorschlages. Einmal werden wir eine Neuinterpretation des Art. 38 Abs. 1 Satz 2 GG vorlegen und dabei die verfassungsrechtlichen Möglichkeiten einer Einführung des Mandatsverlustes bei Austritt prüfen. Zum anderen ist auf die Frage der politischen Durchsetzbarkeit des Vorschlages einzugehen. Im Rückblick auf die Diskussion um die Fraktionswechsler im 6. Deutschen Bundestag sind insbesondere die politischen Kräfte zu identifizieren, die einer solchen Reform widerstreben.

II. Die Fraktionswechsel des 6. Deutschen Bundestages

Am 8. 10. 1970 treten die FDP-Abgeordneten *Erich Mende, Heinz Starke* und *Siegfried Zoglmann* – im folgenden als „*Gruppe Mende*" bezeichnet – aus der Bundestagsfraktion der FDP aus[33], nachdem sie offen für den Antrag der Opposition[34], dem Bundesminister der Finanzen die Mißbilligung auszusprechen, gestimmt hatten. *Alex Möller* hatte am 23. 9. 1970 in seiner Rede zur Einbringung des Haushalts der Opposition nach zahlreichen Zwischenrufen aus ihren Reihen vorgeworfen: „Die, die diese Weltkriege und die darauffolgenden Inflationen zu verantworten haben, stehen Ihnen geistig näher als der SPD"[35]. Die Opposition verließ darauf den Plenarsaal und brachte am folgenden Tag, nachdem der Oppositionsführer die persönliche Erklärung des Ministers[36] für unzureichend erklärt hatte[37], den Mißbilligungsantrag ein, der am 8. 10. 1970 mit 260 gegen 251 Stimmen – dabei auch die der Abgeordneten *Erich Mende, Heinz Starke* und *Siegfried Zoglmann* – abgelehnt wurde[38].

Diese Ereignisse dürfen jedoch nicht als Ursache für den Bruch der Abgeordneten mit ihrer Partei verstanden werden. Vielmehr waren die drei Fraktionswechsler von Anfang an Gegner der Regierungskoalition von SPD und FDP. Zusammen mit sieben weiteren FDP-Abgeordneten trafen sie sich am 29. 9. 1969, einen Tag nach der Bundestagswahl, in dem Haus *Erich Mendes* mit dem Generalsekretär der CDU *Bruno Heck* und dem Ministerpräsidenten von Rheinland-Pfalz *Helmut Kohl* (CDU) und sprachen sich gegen die einseitige Festlegung der FDP auf eine Koalition mit der SPD durch ihren Parteivorsitzenden *Walter Scheel* aus[39]. Sechs dieser Abgeordneten konnten jedoch im weiteren Verlauf der innerparteilichen Auseinandersetzung für die Koalition mit der SPD gewonnen werden, so daß sich in der Schlußabstimmung von Bundesvorstand und Fraktion nur die späteren drei Fraktionswechsler und der Abgeordnete *Knut v. Kühlmann-Stumm* durch ihre Stimmenthaltung gegen die Koalition wendeten[40].

Innerhalb der FDP kommt es nach der Regierungsbildung mit der SPD um den Kurs der Partei und die Politik der Bundesregierung immer wieder zu Auseinandersetzungen. Gleichzeitig erleidet die Partei bei mehreren Landtagswahlen empfindliche Niederlagen. Im nordrhein-westfälischen Landesverband der FDP schließen sich Angehörige des rechten Flügels unter dem Vorsitz von *Siegfried Zoglmann* zu einer „Nationalliberalen Aktion" zusammen, „um innerhalb der FDP besser gegen die Linkstendenzen antreten zu können"[41]. *Erich Mende* ist an der Gründung beteiligt und wird Mitglied[42]. Auf dem FDP-Bundesparteitag kommt es am 22. 6. 1970 zum öffentlichen Zusammenstoß zwischen der von der Mehrheit unterstützten Parteiführung und den *Mende*-Anhängern. Ein Dringlichkeitsantrag[43] *Erich Mendes* zur Gesellschafts- und Ostpolitik wird nicht behandelt, ein Antrag auf seinen Ausschluß an der Partei zwar noch mit knapper Mehrheit abgelehnt, ein Mißbilligungsantrag jedoch angenommen[44]. Sein Parteifreund *Heinz Starke* führt im Juli 1970 Verhandlungen mit der CSU über einen Übertritt[45], die allerdings noch nicht zu einer Entscheidung führen.

In der Folgezeit kommt es auch in anderen FDP-Landesverbänden zur Gründung von Gruppen der NLA, was zur weiteren Eskalation der Auseinandersetzungen beiträgt[46]. Sie spitzen sich so zu, daß der Bundesvorstand der FDP am 6. 9. 1970 den Ausschluß des NLA-Vorsitzenden *Siegfried Zoglmann* aus der Partei beantragt[47]. Damit stellt sich auch für seine Freunde die Frage, ob sie sich der Parteidisziplin unterwerfen wollen. Ihre Beantwortung läßt sich nicht länger herauszögern, als *Hans-Dietrich Genscher* den Mißbilligungsantrag der Opposition gegen den Bundesfinanzminister zu einem Votum für oder gegen die Bundesregierung stilisiert: „Wer immer noch nicht weiß, daß *Möller* stellvertretend für die ganze Bundesregierung steht, hat nicht begriffen, worum es geht"[48]. Indem die Abgeordneten *Erich Mende* und *Heinz Starke* diese Aussage als „erpresserisch"[49] bezeichnen und mit der Opposition stimmen, müssen sie auch die Konsequenz des Austritts ziehen. Der Abgeordnete *Siegfried Zoglmann* schließt sich ihnen an; er kommt so nur seinem Ausschluß zuvor.

Die 1969 gebildete erste SPD/FDP-Regierung hat von Anfang an nur eine rechnerische Mehrheit von zwölf Stimmen. Sie muß daher – anders als frühere Regierungen – jeden Fraktionswechsel als mögliche Gefährdung ihres Bestandes ansehen. Das verleiht bereits den ersten Fraktionswechseln im 6. Deutschen Bundestag eine besondere Brisanz. Durch den Übertritt der *Gruppe Mende* schrumpft die Mehrheit der Regierungskoalition auf sechs Stimmen zusammen[50]. Der weitere Zusammenhalt der FDP-Fraktion erscheint zumindest zeitweise nicht gesichert, wenn auch *Walter Scheel* und *Wolfgang Mischnick* in einer ersten Stellungnahme betonen, daß „die Handlungsfähigkeit der FDP-Bundestagsfraktion nicht beeinträchtigt sei"[51]. Es halten sich Gerüchte, daß spätestens nach einem für die FDP ungünstigen Wahlergebnis bei der am 8. 11. 1970 stattfindenden Landtagswahl in Hessen mit dem Übertritt weiterer FDP-Abgeordneter zur Opposition zu rechnen sei[52]. So fordert der nordrhein-westfälische CDU-Landesvorsitzende *Heinrich Köppler* seine Partei auf, „‚der weiteren Agonie der beiden Koalitionen in Bonn und Düsseldorf' gelassen, aber auch zum Handeln entschlossen entgegenzusehen"[53]. Und der nationalliberale Landtagsabgeordnete *Heinz Lange* erklärt lakonisch: „Die Pünktchen-Partei ist politisch tot"[54]. Auch der FDP-Bundesvorstand sieht die Gefährdung des Fortbestandes der Regierung, wenn er die Fraktionswechsel als „Teil eines groß angelegten Versuchs (interpretiert), die sozial-liberale Regierung zu stürzen und die liberale Partei als dritte Kraft zu beseitigen"[55]. Die FDP-Bundestagsfraktion läßt sich von jedem ihrer Mitglieder die ehrenwörtliche Zusicherung geben, weiterhin zur Partei zu stehen, und bekräftigt ihren Willen, die Koalition mit der SPD fortzusetzen[56].

Auch in der Presse kommt die Möglichkeit eines Regierungswechsels von Anfang an in den Blick[57]. „Gefährdet der Zerfall der Liberalen die Brandt-Scheel-Koalition?" fragt *Carl-Christian Kaiser*[58] in den Untertitel seines noch vor dem Übertritt der drei Abgeordneten geschriebenen, sich mit der Abspaltung der NLA beschäftigenden Beitrages. Er hält das Ende der FDP für nicht ausgeschlossen. Indem die Partei sich von ihrem rechten Flügel trenne und so ihren „Linkskurs" bekräftige, gerate sie immer mehr „in eine Situation, in der sie alles auf eine Karte setzen muß – ohne schon zu wissen, ob die Wähler ihr dies honorieren werden ... Erlebt die FDP am 8. November bei den Landtagswahlen in Hessen abermals ein Debakel, so kann dies für sie der Anfang vom Ende sein – und in der weiteren Konsequenz auch das Ende des neuen Anfangs in Bonn"[59]. Deutlicher wird nach dem Übertritt der *Gruppe Mende Rolf Zundel*. Das, was Politiker und Parteien in ihren Stellungnahmen allenfalls andeuten, gewinnt bei ihm den Rang einer „Strategie der CDU"; einer Strategie für den Regierungssturz, die auf der Hoffnung basiere, „daß noch mehr Abgeordnete der FDP von Existenzangst überwältigt werden" und „ihr Gewissen im Schoße der Union beruhigen"[60]. Der Opposition stünden dann zwei Möglichkeiten offen, entweder die Regierung über ein konstruktives Mißtrauensvotum zu stürzen und eine von *Rainer Barzel* geführte Regierung zu etablieren oder die jetzige Regierung zu Neuwahlen zu zwingen. In jedem dieser Fälle sei es mit der FDP dann aber zu Ende[61].

Nach ihrem Austritt werden die Abgeordneten *Erich Mende* und *Heinz Starke* als Mitglieder, der Abgeordnete *Siegfried Zoglmann* als Gast in die CDU/CSU-Fraktion aufgenommen[62]. *Erich Mende* tritt in den Landesverband Hessen der CDU, *Heinz Starke* in die CSU ein, während *Siegfried Zoglmann* Vorsitzender der von der NLA neugegründeten „Deutschen Union" wird. Die Begründungen ihres Parteiaustritts[63] lassen sich dahingehend zusammenfassen, daß die FDP in wichtigen politischen Fragen ihre Politik geändert habe, was sie nicht länger bereit seien zu unterstützen.

Der Austritt der *Gruppe Mende* löst eine Austrittswelle in der FDP aus. NLA-Mitglieder und -Anhänger verlassen die Partei, zumal die NLA bereits am 6. 10. 1970 die Gründung einer neuen Partei beschlossen hat[64] und am 11. 10. 1970 vom FDP-Bundesvorstand und mehreren Landesverbänden die Unvereinbarkeit der Mitgliedschaft in FDP und NLA festgestellt wird[65]. Auch die der NLA angehörenden Abgeordneten *Heinz Lange, Wilhelm Mass* und *Franz Mader* treten aus der FDP-Fraktion im nordrhein-westfälischen Landtag und aus der Partei aus[66]. Gleichzeitig spricht die FDP-Führung von einer „Sympathie-Welle", die sich unter anderem in zahlreichen Parteineueintritten ausdrücke[67].

Die Aufnahme der Fraktionswechsler in die CDU/CSU-Fraktion erfolgt augenscheinlich ohne größere Schwierigkeiten. Auch der Parteiübertritt *Heinz Starkes* löst keine Widerstände aus; ohne Gegenstimme und bei nur einer Stimmenthaltung nimmt der Kreisverband Bayreuth der CSU den Abgeordneten auf. Der Kreisvorsitzende würdigt ausdrücklich „Leistung und politisches Profil" des neuen Mitgliedes, „dessen Gewissensentscheidung ... Verständnis und Respekt verdiene"[68]. Dagegen geht der Übertritt *Erich Mendes* in die CDU nicht reibungslos vor sich. Zwar begrüßt der hessische CDU-Landesvorsitzende *Alfred Dregger* den Eintritt *Erich Mendes* in seinen Landesverband, da der nationalliberale Flügel der FDP auch unter der Wählerschaft zahlreiche Anhänger hat, deren Stimmen er bei der bevorstehenden Landtagswahl zu gewinnen hofft[69]. Doch äußert der stellvertretende Landesvorsitzende der hessischen CDU *Christian Schwarz-Schilling* öffentlich seine Bedenken. „*Mende* ... müsse zwar ... die gleichen Startchancen erhalten wie jeder andere Neuling. Aber er müsse doch wohl zuerst überzeugend glaubhaft machen, daß dies ein endgültiger Wechsel und ‚nicht nur einer von vielen' sei"[70]. Der RCDS verurteilt die Übernahme des „abgetakelten Manchester-Liberalen"[71] durch die CDU, und ein Mitglied des

Kreisvorstandes der Marburger CDU, in die *Erich Mende* aufgenommen werden soll, meint, es sei zweifelhaft, ob die in Aussicht genommene Direktkandidatur im Wahlkreis Marburg realisiert werden könne[72]. Auch wird der „Wahlkampfwert" *Erich Mendes* für die Landtagswahl unterschiedlich beurteilt[73]. Solche Bedenken verstummen nach der für die CDU erfolgreichen Landtagswahl und einer intensiven Parteiarbeit[74] *Erich Mendes*. Bei der Wahl zum 7. Deutschen Bundestag kandidiert er in dem für die CDU aussichtslosen Wahlreis Eschwege, wird aber auch der Landesliste abgesichert und zieht in den 7. Deutschen Bundestag ein. *Heinz Starke* kandidiert für die CSU in dem Wahlkreis Bayreuth, verliert ihn knapp an die SPD[75] und zieht wie auch *Siegfried Zoglmann* über die Landesliste der CSU wieder in den Bundestag ein.

Am 14. 10. 1971 wechselt der Berliner Abgeordnete *Klaus-Peter Schulz* (SPD) von seiner Partei in die CDU über[76]. Als Grund werden Differenzen über Fragen der Europa- und Ostpolitik angegeben[77]. „Mein Kampf innerhalb der SPD hat keinen Sinn mehr", meint *Klaus-Peter Schulz* und betont: „Ich habe mich nicht gewandelt, die Partei hat sich geändert"[78]. Er wird von der Berliner CDU „als Freund"[79] begrüßt und in die CDU/CSU-Bundestagsfraktion aufgenommen[80]. *Klaus-Peter Schulz* wird in den 7. Deutschen Bundestag von der Berliner CDU entsandt.

Der Übertritt des Abgeordneten *Klaus-Peter Schulz* zur CDU/CSU-Fraktion wirft nicht unmittelbar die Frage der Gefährdung der Regierung auf, da die Berliner Abgeordneten im Deutschen Bundestag nicht voll stimmberechtigt sind. Darauf weist der Vorsitzende der SPD-Bundestagsfraktion ausdrücklich hin. *Herbert Wehner* kann daher hinzufügen: „Die Fraktion wird das Ausschneiden von *Klaus-Peter Schulz* zu verwinden haben"[81]. Allerdings verändert sich das numerische Verhältnis der Fraktionsstärke zwischen Regierungskoalition und Opposition auf 264 zu 254 Stimmen, was für bestimmte Abstimmungen im Plenum von Bedeutung ist.

Am 29. 2. 1972 zieht die SPD-Bundestagsfraktion unter anderem den Abgeordneten *Herbert Hupka* und ihre Berliner Abgeordneten *Willy Bartsch* und *Franz Seume* aus dem Auswärtigen Ausschuß und dem Ausschuß für innerdeutsche Beziehungen des Deutschen Bundestages zurück[82], in dem die Verträge der Bundesrepublik Deutschland mit der Sowjetunion und der Volksrepublik Polen – im folgenden Ostverträge genannt – zur Beratung anstehen. Die Abgeordneten stehen den Verträgen kritisch, ja ablehnend gegenüber, so daß die Regierungskoalition in den Ausschüssen bei der Beratung mit Kritik aus den eigenen Reihen und bei der Abstimmung Niederlagen erwarten muß. Die Abgeordneten *Herbert Hupka* und *Franz Seume* treten daraufhin am 29. 2. beziehungsweise am 2. 3. unter scharfer Kritik an der Ostpolitik der Bundesregierung[83] aus Partei und Fraktion aus[84] und werden als Mitglied beziehungsweise als Gast in die CDU/CSU-Bundestagsfraktion aufgenommen[85]. Der Abgeordnete *Willy Bartsch* verbleibt in der SPD, legt aber alle Parteiämter nieder[86].

Der Übertritt des Abgeordneten *Herbert Hupka* (SPD) und des Berliner Abgeordneten *Franz Seume* (SPD) zur CDU/CSU-Bundestagsfraktion leitet den Zerfall der parlamentarischen Mehrheit der Regierung ein. Durch ihn verschiebt sich das Mehrheitsverhältnis zugunsten der Opposition auf 250 zu 246 und (unter Einbeziehung der Berliner Abgeordneten) das Verhältnis der Fraktionsstärke von Regierungskoalition und Opposition auf 263 zu 255 Stimmen. Die Regierung verfügt damit nur noch über eine Stimme mehr als die absolute Mehrheit, die sie zur Verabschiedung der Ostverträge aussprechen sollte[87]. Zwar weist der Regierungssprecher *Conrad Ahlers* darauf hin, daß sich an dem Mehrheitsverhältnis nichts geändert habe, „weil seit langem bekannt sei, daß *Hupka* die Ostverträge ablehne"[88]. Jedoch hat der Übertritt zugleich deutlich gemacht, „wie gefährlich knapp"[89] die Mehrheit der Koalition ist. Dies gilt umso mehr, als *Herbert Hupka* am 4. 3. 1972 behauptet, es gäbe noch mehr Abgeordnete in der SPD-Fraktion, die gegenüber den Ostverträgen „Skrupel haben" und „skeptisch sind"[90].

Am 23. 4. 1972 findet die Landtagswahl in Baden-Württemberg statt. Kurz vor Schließung der Wahllokale tritt der FDP-Abgeordnete *Wilhelm Helms* „allein aus innerparteilichen Gründen"[91] aus seiner Partei und Fraktion aus[92]. Er betont, seine Entscheidung sei nicht mit der anstehenden Ratifizierung der Ostverträge in Verbindung zu bringen, wenn auch durch die Veröffentlichung der sogenannten Protokollauszüge zum Moskauer Vertrag[93] eine neue Situation eingetreten sei, die ihn „doch bedenklich gestimmt" habe[94]. Der Vorsitzende der FDP-Bundestagsfraktion und der FDP-Kreisverband Hoya, zu dessen Vorsitzenden *Wilhelm Helms* am 26. 3. 1972 erneut gewählt worden war[95], zeigen sich „überrascht"[96]. Dem widerspricht der Kommentator der Lokalzeitung. Das ehemalige DP-Mitglied *Wilhelms Helms* sei immer ein „Konservativer" gewesen und habe der Regierungskoalition von Anfang an kritisch gegenüber gestanden[97]. Bereits vor vier Wochen habe man aus Bonn dem CDU-Kreisverband Hoya mitgeteilt, es sei „mit *Helms* etwas im Gange"[98]. Am 27. 3. 1972 seien dann fünf Mitglieder der FDP-Fraktion im Kreistag zur CDU übergetreten; *Wilhelms Helms* sei an diesem Tage zwar nicht anwesend gewesen, habe sich aber auch später, obwohl Fraktionsvorsitzender, nicht dazu geäußert[99]. Der CDU-Kreisverband, der ihm angeblich schon 1969 die Direktkandidatur bei einem Übertritt angeboten hatte[100], erklärt noch am Tage des Austritts: „Wir haben so etwas erwartet"; *Wilhelms Helms* sei „herzlich willkommen"[101]. Daneben sind auch Einwände von einzelnen Mitgliedern des CDU-Kreisverbandes Hoya zu vernehmen[102].

Ein Gespräch zwischen *Wilhelm Helms* und dem CDU-Kreisverband findet bis zum 24. 3. 1972 nicht statt[103]. Dagegen bemühen sich die der FDP angehörenden Bundesminister *Hans-Dietrich Genscher* und *Josef Ertl, Wilhelm Helms* in einem Gespräch am 24. 4. 1972 zurückzugewinnen[104]. Dieser deutet jedoch unmittelbar danach an, „daß seine Entscheidung endgültig sei"[105]. Zwar trifft er am 27. 4. 1972 noch mit dem Vorsitzenden der FDP-Bundestagsfraktion an, ob sie ihn als Hospitanten aufnehmen wolle; er erhält eine ablehnende Auskunft[106]. Am 2. 5. 1972 beantragt er schließlich die Aufnahme in die CDU/CSU-Bundestagsfraktion als Hospitant[107] und wird am 5. 5. 1972 aufgenommen[108]. Am 17. 9. 1972 tritt er in die CDU ein[109]. Der Einzug in den 7. Deutschen Bundestag gelingt ihm nicht, da er weder als Direktkandidat aufgestellt wird, noch einen aussichtsreichen Platz auf der niedersächsischen Landesliste der CDU erhält.

Mit dem Austritt des Abgeordneten *Wilhelms Helms* sinkt die Regierungsmehrheit auf das für die Verabschiedung der Ostverträge unbedingt erforderliche Minimum. Da sich in den Wochen vorher bereits die FDP-Abgeordneten *Knut v. Kühlmann-Stumm* und *Gerhard Kienbaum* kritisch zu den Verträgen und der Innenpolitik der

Bundesregierung geäußert hatten[110], scheint die Regierung *Brandt/Scheel* keine parlamentarische Mehrheit mehr zu besitzen.

Ein solcher Eindruck erscheint umso mehr berechtigt, als am 16. 3. 1972 die Absicht des SPD-Abgeordneten *Günther Müller* angedeutet wird, wegen des angeblich zunehmenden Einflusses des linken Flügels, insbesondere der Jungsozialisten, in der SPD aus der Partei auszutreten[111]. Dies muß vor dem Hintergrund der besonderen Situation in München gesehen werden – der Abgeordnete *Günther Müller* wurde im Wahlkreis München-Süd direkt gewählt –, wo Oberbürgermeister *Jochen Vogel* (SPD) und seine Anhänger seit Frühjahr 1970 in innerparteilichen Auseinandersetzungen mit diesen Kräften stehen[112]. So will auf dem am 8. 4. 1972 stattfindenden Unterbezirksparteitag der Sprecher dieser Gruppierung *Rudolf Schöfberger* zum Unterbezirksvorsitzenden kandidieren und der Vorsitzende der Münchener Jungsozialisten *Siegmar Geiselberger*, der bereits auf Betreiben von Oberbürgermeister *Jochen Vogel* abgewählt war, dennoch einen aussichtsreichen Platz auf der Liste für die Wahl zum Münchener Stadtrat erhalten[113]. Der Abgeordnete *Günther Müller* hält es angesichts dieser Entwicklungen für denkbar, „daß sich in der Bundesrepublik eine zweite, mehr rechtsorientierte sozialdemokratische Partei bildet, der er sich anschließen könnte"[116]. Darauf schaltet sich der Vorsitzende der SPD-Bundestagsfraktion mit einem Brief an *Rudolf Schöfberger* in die Münchener Auseinandersetzungen ein, nachdem dieser erklärt hatte: „Die Androhung des Herrn (!) *Dr. Müller* wird meine Kandidatur und die Mehrheitsentscheidung der Münchener SPD in keiner Weise behindern oder verhindern . . ."[117]. *Herbert Wehner* schreibt dazu, der „Genosse *Schöfberger* müsse bedenken, ob es unter den obwaltenden Umständen darauf ankommen kann oder darf, *Müllers* ‚Überzeugungsbindung zur Sozialdemokratie' auf die Probe zu stellen . . ."[118].

Am 8. 4. 1972 wird *Schöfberger* mit großer Mehrheit zum Nachfolger *Jochen Vogels* als Unterbezirksvorsitzender gewählt, auch die anderen Vorstandsmitglieder gehören dem linken Flügel an; *Siegmar Geiselberger* erhält seinen Platz 24 auf der Kandidatenliste für die Stadtratswahl[119]. Der Abgeordnete *Günther Müller* kündigt daraufhin an, er werde in einer „breitangelegten Aufklärungsaktion" in der Münchener Kommunalwahl die Bürger informieren, wer von der SPD-Stadtratsliste wählbar sei; dazu werde er einen „Kontaktverein" gründen. Außerdem werde er im Bundestag gegen den Haushalt des Bundesministers für wirtschaftliche Zusammenarbeit *Erhard Eppler*, „der als Verbündeter der Jungsozialisten auftritt", stimmen[120]. Dazu meint der neue Münchener SPD-Vorsitzende *Rudolf Schöfberger, Günther Müller* sei ein „nicht mehr ernst zu nehmender Einzelgänger", der jedoch in den nächsten vierzehn Tagen (also bis zur Abstimmung über die Ostverträge und den Bundeshaushalt, M. M.) in der SPD „gewissermaßen Narrenfreiheit" genieße[121].

Angesichts dieser Entwicklung in den Fraktionen der Regierungskoalition scheint die Regierung ihre parlamentarische Mehrheit endgültig zu verlieren. Das für die Opposition gute Wahlergebnis der Landtagswahl in Baden-Württemberg am 23. 4. 1972 scheint darüber hinaus zu bestätigen, daß die Regierung auch beim Wähler weitgehend ihren Kredit eingebüßt hat. So wagt die Opposition den Versuch, die Regierung durch ein konstruktives Mißtrauensvotum zu stürzen[122], erreicht aber mit 247 Stimmen nicht die erforderliche Mehrheit, obwohl sie über 246 Stimmen verfügt und die Abgeordneten *Gerhard Kienbaum*, *Knut v. Kühlmann-Stumm* (FDP) und der inzwischen fraktionslose Abgeordnete *Wilhelm Helms* für *Rainer Barzel* stimmen[123]; das Abstimmungsverhalten des Abgeordneten *Günther Müller* (SPD) bleibt geheim[124]. *Rainer Barzel* meint dazu einige Monate später: „Drei gezinkte Karten spielten Geschichte"[125]. Waren es zwei Abgeordnete der CDU/CSU-Fraktion und der Abgeordnete *Günther Müller* oder, unter der Voraussetzung, daß letzterer für den Oppositionsführer stimmte, gar drei Abgeordnete der Opposition, die *Rainer Barzel* entgegen ihrer Zusage[126] ihre Stimme versagten[127]? Die Frage kann nicht eindeutig beantwortet werden. Wichtiger für den weiteren Gang der Ereignisse ist – die Ablehnung des Bundeskanzlerhaushaltes am 28. 4. 1972 mit 247 zu 247 Stimmen bei einer Enthaltung macht es deutlich –, daß die Regierungskoalition trotz der Abwehr des Mißtrauensantrages keine parlamentarische Mehrheit mehr besitzt. Das ändert sich nur vorübergehend, als der Abgeordnete *Gerhard Kienbaum* (FDP) am 2. 5. 1972 und der Abgeordnete *Knut v. Kühlmann-Stumm* (FDP) nach Ratifizierung der Ostverträge am 30. 5. 1972 ihre Mandate niederlegen[128] und mit *Rudolf Opitz* und *Alexander Menne* Abgeordnete nachrücken, die der Regierung positiver gegenüber stehen[129].

Der Abgeordnete *Günther Müller* (SPD) gründet die Gruppierung „Soziale Demokraten 72", mit denen er als Kandidat für die Oberbürgermeisterwahl und mit einer eigenen Liste für die Stadtratswahl von München antritt[130]. Er wird deswegen am 16. 5. 1972 aus der SPD ausgeschlossen[131] und wird im Bundestag fraktionsloser Abgeordneter[132]. Schlägt man seine Stimme der Opposition zu, verfügt sie wie die Regierung über 248 Stimmen. Die Verhältnisse klären sich endgültig, als der Abgeordnete *Günther Müller*, nach der Niederlage seiner „Sozialen Demokraten 72" bei der Münchener Kommunalwahl – diese Gruppierung erhält nur 2,5 % der gültigen Stimmen[133] – drei Monate später am 13. 9. 1972 in die CSU eintritt[134] und in die CDU/CSU-Bundestagsfraktion aufgenommen wird[135]. Nachdem auch der inzwischen zurückgetretene Bundesminister für Wirtschaft und Finanzen *Karl Schiller* (SPD) nicht mehr zu den Bundestagssitzungen nach der parlamentarischen Sommerpause erscheint, erleidet die Regierungskoalition bei der Abstimmung über das Rentenreformgesetz mehrere Niederlagen, während die Opposition ihr Konzept mit ihrer Mehrheit von 248 Stimmen durchsetzen kann[136]. So vermag die Nichtteilnahme der der SPD angehörenden Bundesminister an der Abstimmung über den Antrag des Bundeskanzlers nach Art. 68 GG, um Neuwahlen zu erreichen, nicht zu verdecken, daß die Regierung nur noch von einer parlamentarischen Minderheit gestützt wird.

Der Abgeordnete *Knut v. Kühlmann-Stumm* tritt nach Niederlegung seines Mandats zur CDU über, wird in den für die CDU aussichtslosen Wahlkreis Friedberg-Büdingen als Kandidat für den 7. Deutschen Bundestag aufgestellt und zieht über die hessische Landesliste der CDU wieder in den Bundestag ein. *Gerhard Kienbaum* tritt am 21. 9. 1972 aus der FDP aus[137] und schließt sich bis heute keiner anderen Partei an. Die Aufnahme des Abgeordneten *Müller* in die CSU löst zwar innerparteiliche Kritik insbesondere an dem Parteivorsitzenden aus[138]; *Günther Müller* wird dennoch auf einen sicheren Platz der Landesliste gesetzt und zieht ebenfalls in den 7. Deutschen Bundestag ein.

III. Der Fraktionswechsel im Streit juristischer Interpretationen

Die Rechtsordnung enthält im Zusammenhang mit dem Fraktionswechsel zahlreiche Rechtsnormen. Diese sind in die Untersuchung einzubeziehen, weil anzunehmen ist, daß sie als Bezugspunkte in der politischen Diskussion eine Rolle spielen, sei es, daß ihre Änderung verlangt wird, sei es, daß sie verteidigt werden. Dabei spielt nicht nur der Wortlaut eine Rolle, in den die Rechtsnormen eingebunden sind, sondern, da dieser selten eindeutig ist, mehr noch seine Auslegung. Letztere gilt es im folgenden zu untersuchen. Dabei soll nicht nur die logische Stringenz der Deduktion und ihre methodologische Basis sowie den Grad der Bewährung etwaiger empirischer Aussagen im Blick bleiben, sondern ebenso die politische Relevanz der wie auch immer erzielten Ergebnisse. Wir beginnen mit der Untersuchung der Diskussion um das Abgeordnetenmandat im Parlamentarischen Rat, da die historische Methode die Verfassungsmaterialien zur Verfassungsinterpretation heranzieht. Allerdings darf nicht übersehen werden, daß dieser nach der juristischen Methodenlehre nur eine unterstützende Funktion bei der Auslegung zukommt[139].

1. Diskussion und Entscheidung zum Abgeordnetenmandat im Parlamentarischen Rat

Der Verfassungskonvent auf Herrenchiemsee hatte in seinem Entwurf eines Grundgesetzes als Art. 46 aufgenommen: „Die Abgeordneten sind Vertreter des ganzen Volkes. Sie sind nur ihrem Gewissen unterworfen und an Aufträge nicht gebunden“[140]. Von dieser Formulierung ging der Organisationsausschuß des Parlamentarischen Rates aus[141].

Der Abgeordnete *Walter Strauß* (CDU/CSU) nennt den Artikel eine „hohle Deklamation“, einen „Gedanken, der nur eine historische Erklärung hat und leider Gottes mit der Wirklichkeit nicht mehr übereinstimmt . . .“[142]. Demgegenüber hebt der Abgeordnete *Ernst Wirmer* (CDU/CSU) den normativen Charakter des ersten Satzes hervor. Es sei zwar richtig, daß sich Abgeordnete häufig „nur als Vertreter einer Interessengruppe“ betrachten, deswegen sei es aber sehr gut, wenn ihnen von anderer Seite entgegengehalten werde: „Fühle dich als Vertreter des ganzen Volkes!“[143] Dagegen wendet der Abgeordnete *Rudolf Heiland* (SPD) ein, daß der Abgeordnete seine politische Arbeit aus einer ganz bestimmten politischen Einstellung heraus leiste. Er schlußfolgert: „Mit dieser bestimmten politischen Einstellung bin ich nicht dem ganzen Volk gegenüber verantwortlich, kann ich in letzter Konsequenz nicht der Vertreter des ganzen Volkes sein ...", und er regt an, „diesen Gedanken ruhig einmal etwas tiefer (zu) durchdenken, ohne schon jetzt zu einer endgültigen Klärung zu kommen"[144]. Der Ausschußvorsitzende, der Abgeordnete *Robert Lehr* (CDU/CSU), vermag dem nicht beizupflichten. Für ihn bleibt der Abgeordnete dennoch „ein Vertreter des Ganzen"[145].

Einen anderen Einwand macht der Abgeordnete *Josef Schwalber* (CDU/CSU). Der Abgeordnete habe tatsächlich sein Mandat doch nur „von einem bestimmten Teil des Volkes"[146], seinen Wählern, erhalten. Er beantragt daher unter Hinweis auf die Formulierung in der Bayrischen Verfassung die Streichung des Wortes „ganzen"[147]. Dem wird durch den Abgeordneten *Fritz Löwenthal* (SPD) zunächst beigepflichtet[148]. Später jedoch hebt dieser wie der Abgeordnete *Ernst Wirmer* (CDU/CSU) den normativen Charakter des ersten Satzes hervor; danach „haben sich die Abgeordneten nicht von Sonderinteressen, sondern vom Interesse der Volksgesamtheit leiten zu lassen"[149]. Dem tritt der Abgeordnete *Thomas Dehler* (FDP) bei. Für ihn ist der Satz „eben nicht deklatorischer Art, sondern ... positives Recht"; er umreißt „die Pflicht des Abgeordneten"[150].

Besonders gegen den „fiktiven Charakter des zweiten Satzes"[151] richten sich Bedenken des Abgeordneten *Walter Strauß* (CDU/CSU). Deutlicher wird die Abgeordnete *Elisabeth Selbert* (SPD); sie beantragt unter Hinweis auf die Verfassung des Landes Hessen die Streichung des zweiten Satzes[152]. Für sie ist ausschlaggebend: „Träger des politischen Lebens in einem Volk sind die Parteien, nichts anderes, und wenn wir uns zu diesen politischen Parteien bekennen, dann bleibt nichts anderes übrig, als daß derjenige, der durch eine politische Partei nominiert ... wird, dann auch – er soll nicht dogmatisch und orthodox sein – im Rahmen dieser politischen Partei arbeitet"[153]. Sie möchte keinen „Schutz für Außenseiter und Einzelgänger"[154] und plädiert für den „Fraktionszwang"[155], meint aber in einem späteren Diskussionsbeitrag, daß es selbstverständlich sei, als Abgeordneter keine Aufträge entgegenzunehmen[156]. Da sie sich außerdem gegen den Mandatsverlust bei Austritt ausspricht, bleibt ihr Antrag ohne erkennbare praktische Konsequenzen. Augenscheinlich liegen ihre Bedenken in Übereinstimmung mit dem Abgeordneten *Walter Strauß* (CDU/CSU) nur darin, daß der Satz 2 „in der Öffentlichkeit ganz anders ausgelegt (werden könnte), als wir uns hier denken"[157].

Auch bei anderen Ausschußmitgliedern wird die Bedeutung der politischen Parteien durchaus erkannt[158]. Jedoch ist es augenscheinlich der übereinstimmende Wille der Mitglieder des Organisationsausschusses, daß der Einfluß der Parteien auf den Abgeordneten ein begrenzter sein soll. Denn es gibt trotz der Meinungsverschiedenheit über die Aufnahme des zweiten Satzes Übereinstimmung darüber, daß es keine rechtlich verbindlichen Aufträge an den Abgeordneten[159], von wem auch immer[160], kein imperatives Mandat[161], keinen Mandatsverlust bei Austritt und Ausschluß[162] und keine verbindlichen Rechtsgeschäfte über das Mandat[163] geben dürfe. So wird zunächst die Formulierung des Herrenchiemseer Entwurfs mit Mehrheit angenommen[164], die später durch die Hinzufügung der Worte „und Weisungen" geringfügig modifiziert wird. Diesen Antrag begründet der Abgeordnete *Fritz Löwenthal* (SPD) unter anderem mit den Worten: „Eine Weisung geht etwas weiter als ein Auftrag.

Eine Weisung kann nur jemand empfangen, der sich daran gebunden fühlt. Der Auftrag hat mehr ein zivilrechtliches Gepräge"[165].

In dieser Fassung – „Die Abgeordneten sind Vertreter des ganzen Volkes. Sie sind nur ihrem Gewissen unterworfen und an Aufträge und Weisungen nicht gebunden"[166], – wird der Art 46 in den Hauptausschuß eingebracht. Hier beantragt der Abgeordnete *Adolf Süsterhenn* (CDU/CSU) eine Fassung, „die die persönliche Gewissensentscheidung und auch die persönliche Freiheit des Abgeordneten etwas schärfer herausstellt"[167]: „Der Abgeordnete folgt bei Reden, Handlungen, Abstimmungen und Wahlen seiner Überzeugung und seinem Gewissen"[168].

Diese Formulierung wird bei nur einer Stimmenthaltung angenommen[169]. Gegen sie wendet der Redaktionsausschuß ein, sie sei „sprachlich unschön", außerdem komme „das *Recht* des Abgeordneten auf freie Entscheidung nicht ausreichend zum Ausdruck"[170]. Es wird daher in Anlehnung an Art. 21 Weimarer Reichsverfassung als Satz 2 vorgeschlagen: „Sie sind an Aufträge und Weisungen nicht gebunden und nur ihrem Gewissen unterworfen"[171]. Diese Fassung wird in der 2. Lesung des Hauptausschusses angenommen[172] und in der 3. Lesung bestätigt[173]. Der Redaktionsausschuß faßt beide Sätze des Art. 46 zusammen und verbindet diese mit dem bisherigen Art. 45[174]. Der spätere Art. 38 Abs. 1 GG erhält damit als Art. 45 seine endgültige Form, die im Hauptausschuß angenommen wird[175]. Das Plenum verabschiedet die Fassung ohne weitere Debatte[176].

Zusammenfassend läßt sich feststellen, daß der Parlamentarische Rat die Stellung des Abgeordneten durch den späteren Art. 38 Abs. 1 Satz 2 GG rechtlich weitgehend absichern wollte, gerade weil er den faktischen Einfluß von Fraktion und Partei sowie von anderen Kräften auf die Meinungsbildung des Abgeordneten erkannte. Für unsere Untersuchung ist bedeutsam, daß dem Abgeordneten keine rechtlich verbindlichen Aufträge und Weisungen, kein imperatives Mandat, gegeben werden sollte und daß er bei Ausschluß und Austritt rechtlich nicht verpflichtet sein sollte, sein Mandat aufzugeben.

2. Interpretation der einschlägigen Bestimmungen des Grundgesetzes

Von den in dieser Arbeit zu diskutierenden Problemen des Mandatsverlustes bei Ausschluß und Austritt ist in Rechtsprechung und Rechtslehre nur die Frage des Mandatsverlustes bei Austritt umstritten. Unbestritten ist die rechtliche Zulässigkeit des Austritts eines Abgeordneten aus seiner Fraktion[177]. Auch der Ausschluß eines Abgeordneten ist grundsätzlich zulässig[178]. Seine Androhung wird jedoch als rechtswidrig angesehen, wenn er den Abgeordneten daran hindern soll, seine ihm nach Verfassung und Parlamentsrecht zustehenden Rechte[179] wie Fragerecht (§§ 75 Abs. 5, 111 GOBT), Rederecht (§§ 32–36 GOBT), Antragsrecht (§§ 75 Abs. 2, 81 GOBT) und Stimmrecht (Art. 38 Abs. 1 GG) wahrzunehmen[180]. Das kann allerdings nur mit der Einschränkung gelten, daß die Wahrnehmung dieser Rechte nicht den grundlegenden Dissens des Abgeordneten aus der Fraktion deutlich werden läßt[181]. Mit dem

Ausschluß eines Abgeordneten aus der Fraktion ist nach Praxis und allgemeiner Rechtsauffassung in keinem Fall der Verlust des Mandats verbunden[182]. Die gegenteilige Auffassung wird für die gegenwärtige Rechtslage[183], da dem Art. 38 Abs. 1 Satz 2 GG widersprechend, nicht vertreten. Jedoch sollten die unterschiedlichen Begründungen nicht übersehen werden. Auf sie ist in der folgenden rechtlichen Würdigung des Mandatsverlustes bei Austritt näher einzugehen.

Daß der Austritt rechtlich nicht zum Mandatsverzicht verpflichtet, war in der Bundesrepublik Deutschland im Gegensatz zur Weimarer Republik bis in die letzten Jahre einhellige Meinung; erst seit 1968 mehren sich die Stimmen, die einen Mandatsverlust bei Austritt rechtlich für möglich halten und teilweise de lege ferenda fordern[184]. Dies geschieht mit unterschiedlicher rechtlicher Begründung; auch gegenteilige Auffassungen werden verschieden begründet. Sieht man einmal von solchen rechtswissenschaftlichen Beiträgen zur Frage des Mandatsverlustes bei Austritt ab, bei denen nicht eine Interpretation von Rechtsnormen vorgenommen wird, sondern empirische Aussagen vorgetragen werden, können drei Ansätze[185] unterschieden werden.

a) Die These von der prinzipiellen Unvereinbarkeit der Art. 21 Abs. 1 Satz 2 und 38 Abs. 1 Satz 2 GG

Ein Interpretationsansatz geht von Art. 21 Abs. 1 Satz 1 und 38 Abs. 1 Satz 2 GG aus und versteht beide an unterschiedlichen Strukturtypen der Demokratie orientiert: ersterer bekenne sich zur „modernen parteienstaatlichen", letzterer zur „liberal-repräsentativen parlamentarischen Demokratie" des 19. Jahrhunderts[186]. Die historische Abfolge beider Typen von Demokratie, „die in ihrer grundsätzlichen Struktur. . . nicht nur im technischen Detail, sondern in allen wesentlichen Punkten völlig verschieden" sind[187], kennzeichne deren „Strukturwandel" und erkläre zugleich den nicht zu behebenden „Widerspruch" zwischen den beiden Artikeln des Grundgesetzes[188]. Auch an der Stellung des Abgeordneten sei dieser Strukturwandel abzulesen. Der Abgeordnete der liberal-repräsentativen Demokratie sei „Träger eines bestimmten personellen Eigenwertes" und besäße „naturgemäß die Qualitäten eines Herrn und nicht eines Dieners"[189]. Er dürfe daher an „Aufträge und Weisungen" nicht gebunden sein, ein imperatives Mandat könne es nicht geben; vielmehr gehöre seine Entschließungsfreiheit „zum Wesen des parlamentarischen Repräsentativsystems"[190]. Diese Auffassung korrespondiert mit dem Bild eines Parlaments, in dem sich ungebundene Abgeordnete in öffentlicher Diskussion mit Argument und Gegenargument begegnen und „nach einem freien wechselseitigen Austausch der Meinungen die bestmöglichen Beschlüsse im Lichte einer höheren Vernunft" fassen[191]. In einem solchen Parlament haben Fraktionen und Parteien keine Funktionen.

Das mit der Ausweitung des Wahlrechts verbundene Entstehen von politischen Parteien leite nun den Strukturwandel der liberal-repräsentativen Demokratie ein. Die Parteien erhöben den Anspruch, „sich auch gegenüber ihren eigenen Mitgliedern durchzusetzen. In ihr erscheint der Abgeordnete grundsätzlich fremdem Willen unterworfen . . . In ihr fehlt dem Abgeordneten die letzte Legitimität, eine von den Parteien und Fraktionen abweichende Linie in Fragen von grundsätzlicher politischer Wichtigkeit zu verfolgen"[192]. Die Tendenz zum imperativen Mandat der Partei gegenüber dem Abgeordneten sei unübersehbar: „Der letzten Konsequenz eines zu seinem logischen Ende geführten, demokratischen Parteienstaats entspricht es sogar, daß ein Ausschluß (ebenso wie ein Übertritt von einer Partei zur anderen) zum Verlust des parlamentarischen Mandates führt"[193]. Das Parlament ändere ebenfalls seine Funktionen. Hier werde nicht länger versucht, in wechselseitiger, kritischer Diskussion gemeinsam die beste Lösung des anstehenden politischen Problems zu finden. Vielmehr wendeten sich die Abgeordneten in ihren Reden unmittelbar über die Massenmedien an die Aktivbürgerschaft und träfen sich im übrigen, um die bereits in Ausschüssen und Parteikonferenzen getroffenen Entscheidungen registrieren zu lassen[194].

Den so verstandenen Widerspruch der beiden Normen des Grundgesetzes, über den sich der Verfassungsgeber nicht völlig klar geworden sei[195], will *Gerhard Leibholz* dadurch lösen, daß er die Funktion des Art. 38 Abs. 1 Satz 2 GG darin sieht, „die äußersten Konsequenzen des demokratischen Parteienstaates, der in Art. 21 Abs. 1 GG legalisiert ist, abzuwenden"[196]. Dazu gehöre, daß der Abgeordnete bei Ausschluß, Austritt und Parteiverbot sein Mandat nicht verliere[197].

Auf andere Weise versucht das *Bundesverfassungsgericht* trotz desselben Ausgangspunktes von der „prinzipielle(n) Unvereinbarkeit" beider Rechtsnormen den Widerspruch zu lösen: „Die Lösung kann nur (!) so erfolgen, daß ermittelt wird, welches Prinzip bei der Entscheidung einer konkreten verfassungsrechtlichen Lage jeweils das höhere Gewicht hat"[198]. In teleologischer Interpretation kommt das Gericht angesichts der Frage, ob mit Feststellung der Verfassungswidrigkeit der SRP die Mandate ihrer Abgeordneten erlöschen, zu der Überzeugung, daß der Sinn des Art. 21 Abs. 2 GG darin bestehe, nicht nur die verfassungsfeindliche Organisation der Partei, sondern auch ihre „Ideen selbst aus dem Prozeß der politischen Willensbildung auszuscheiden"[199]. Art. 38 Abs. 1 Satz 2 GG müsse insoweit zurücktreten, behalte aber unter anderem für den Schutz des Mandats bei „Ausschluß oder Übertritt eines Abgeordneten zu einer anderen Partei" seine Bedeutung[200]. Dieser Auffassung schließt sich *Gerhard Leibholz* zunächst an[201], indem er seine ursprüngliche Auffassung dahingehend modifiziert, daß Art. 38 Abs. 1 GG die Bedeutung habe, nur „gewisse (!) äußerste Konsequenzen des Parteienstaates abzuwenden"[202]. 1972 jedoch geht er einen Schritt weiter. Nun ist er der Auffassung, „es würde in der logischen Konsequenz unserer heutigen parteien-staatlichen Demokratie liegen, wenn die von den Parteien aufgestellten Kandidaten nach der Wahl auch loyal bleiben und nicht das vom Wähler gewollte Kräfteverhältnis verändern . . .". Es sei verfassungsrechtlich zulässig, durch ein einfaches Gesetz § 46 BWahlG dahingehend zu ändern, „daß auch beim freiwilligen Austritt eines Abgeordneten aus einer Partei das Mandat an die Partei zurückfällt"[203].

Von demselben Ansatz der „prinzipiellen Unvereinbarkeit" zwischen dem Art. 21 und 38 GG her argumentiert auch der *Niedersächsische Minister des Inneren* in seiner rechtlichen Prüfung der Frage des Mandatsverlustes bei Parteiwechsel[204]. Jedoch nimmt er nicht die Lösung des *Bundesverfassungsgerichts* auf, in dem konkreten Fall zu prüfen, welchem der beiden Prinzipien das höhere Gewicht zukomme. Vielmehr erblickt er in einer Änderung der Landesverfassung in dem Sinne, daß das Mandat bei Austritt aufgegeben werden muß, eine „Verringerung dieser prinzipiellen Unvereinbarkeit“ und die „konsequentere Durchführung des parteienstaatlichen Prinzips“[205].

Auch *Franz Ferdinand Siegfried* setzt bei dem „Spannungsverhältnis“ der Art. 21 und 38 GG an und macht sich die Formel des Bundesverfassungsgerichts zu eigen[206]. Seine Begründung für den Mandatsverlust bei Austritt ist jedoch eine andere, denn er meint, nach dem Inkrafttreten des Parteiengesetzes eine veränderte Rechtslage konstatieren zu können. Zwar treffe die durch den Austritt von Abgeordneten verursachte, vom Wähler aber nicht gewollte Veränderung der Zusammensetzung des Parlaments „den Kern des politischen Bewußtseins im Volke empfindlich“; auch verschärfe dies „das Gefühl der politischen Ohnmacht“[207], da das Volk in der Parlamentswahl „die letzte institutionalisierte Einflußmöglichkeit“ sehe, die ihm im politischen System der Bundesrepublik geblieben sei[208]. Dennoch habe vor dem Inkrafttreten des Parteiengesetzes „ein das Staatsbewußtsein erschütternder Parteiaustritt ... keinen Mandatsverlust nach sich ziehen“ können. Denn schwerer sei die Gefahr zu bewerten gewesen, „daß die Parteiführung den drohenden Mandatsverlust als Druckmittel benutzen könnte, um die Abgeordneten in die politische Einheit der Partei einzuspannen“[209]. Nachdem nun das Parteiengesetz „die Bildung einer sich etablierenden Parteiführungsschicht unterbunden“ habe, sei der Abgeordnete „soweit von jeder parteiinternen ‚Obrigkeit‘ oder gar Diktatur unabhängig (geworden), daß er die parteiinterne Auseinandersetzung um die von ihm vertretene Meinung aufnehmen kann und nicht mehr zwischen Nachgeben und Parteiaustritt zu wählen braucht“[210]. Daher erscheine „der Mandatsverlust geradezu als die notwendige Folge des Parteiaustritts“[211], so daß eine entsprechende gesetzliche Regelung „verfassungsrechtlich unbedenklich“ erscheine[212].

b) Die These vom systematischen Gesamtzusammenhang

Ein zweiter Interpretationsansatz bestimmt das Verhältnis der Art. 21 Abs. 1 Satz 1 und 38 Abs. 1 Satz 2 GG als das der gegenseitigen Ergänzung[213]; für ihn ist die Annahme ihrer „prinzipiellen Unvereinbarkeit“ daher eine in ihren Prämissen angreifbare verfassungstheoretische Konstruktion[214]. Vielmehr seien die Artikel in ihrem systematischen Zusammenhang zu interpretieren, zu dem *Peter Badura* noch den Art. 20 Abs. 2 GG zählt, auf den der Art. 21 GG bezogen sei[215]. Von daher kommt er zu der Überzeugung, daß Art. 38 Abs. 1 Satz 2 GG das „freie Mandat des parteigebundenen Abgeordneten“ schütze. Er findet dies auch sachlich gerechtfertigt, denn eine „Rationalität des politischen Prozesses“ wäre unmöglich, würde die Organisation der parlamentarischen Arbeit durch die Parteien an der völligen Ungebundenheit der Abgeordneten scheitern[216]. Andererseits schütze sein selbständiger verfassungsrechtlicher Status den Abgeordneten vor den äußersten Pressionen durch Partei- und Fraktionsführung: „Das freie Mandat gewinnt damit eine wesentliche Bedeutung für die innerparteiliche Demokratie, die ihrerseits ein lebenswichtiges Prinzip des Parteienstaates ist“[217]. Es stehe einer Koppelung von Mandat und Fraktion- oder Parteizugehörigkeit entgegen; auch der Austritt berühre seinen Bestand nicht[218].

Dem stimmt auch *Horst Säcker* „de lege lata mangels eines entgegenstehenden Rechtstitels“[219] zu, sieht jedoch keinen verfassungsrechtlichen[220] Hindernisgrund, den Mandatsverlust de lege ferenda durch einfaches Gesetz einzuführen. Er vermag aus Art. 38 Abs. 1 Satz 2 GG kein Rechtsgebot zu entnehmen, nach dem der Gesetzgeber das Mandat im Falle des Austritts zu respektieren hätte: „Ein imperatives Mandat erwüchse hieraus jedenfalls nicht“[221]. Ebensowenig sei das in Art. 20 Abs. 2 GG konstituierte Prinzip der Volkssouveränität durch eine stärkere Bindung des Abgeordneten an seine Partei verletzt[222], da der Bürger sowieso ganz überwiegend seine Stimme der Partei gebe. Ferner sei dem Gesetzgeber die dem Mandatsverlust bei Austritt zugrunde liegende Koppelung von Mandat und Fraktionszugehörigkeit nicht gänzlich fremd, was die Einführung des Mandatsverlustes bei Parteiverbot im § 49 BWahlG beweise[223].

Dieser Gedanke findet sich auch bei *Friedrich Schäfer*[224]. Er entnimmt dieser Vorschrift und den §§ 28 Abs. 1 Satz 1 und 2, 48 Abs. 1 BWahlG den Grundgedanken eines „Dreieckverhältnis(ses) zwischen Wähler, Partei und Bewerber“, das „für das Entstehen des Mandats konstituierend“ sei. Diese „Geschäftsgrundlage der Wählbarkeit“ erlaube keine nachträgliche Änderung durch irgendeinen der Beteiligten[225]. Dies gelte besonders für den zu einer anderen Partei übertretenden Abgeordneten, der keine Legitimation besäße, weil er nicht für die aufnehmende Partei gewählt worden sei[226]. *Friedrich Schäfer* ist daher „der Auffassung, daß eine Aufgabe der Parteizugehörigkeit eine für die Kreation des Mandats unverzichtbare Voraussetzung aufgibt und einen Verlust des Mandats nicht nur rechtfertigt, sondern erfordert“[227]. So fordert er das gesetzliche Gebot des Mandatsverlustes bei Parteiaustritt und das gesetzliche Verbot des Parteiausschlusses des Abgeordneten[228]. Der Art. 38 Abs. 1 Satz 2 GG werde dadurch nicht funktionslos. Er sei weiterhin eine „Absage an das imperative Mandat“ und solle „ausschließen, daß der gewählte Abgeordnete während der Legislaturperiode an Aufträge und Weisungen seiner Wähler oder seiner Partei gebunden sein kann ... Durch nichts ist die Interpretation gerechtfertigt, die Freiheit von Aufträgen und Weisungen beinhalte notwendig die Freiheit zum Parteiwechsel. Im Gegenteil, gerade wegen der Freiheit von Aufträgen und Weisungen gegenüber der Partei besteht zum Erhalt der freien Mandatsausübung keine Notwendigkeit zum Wechsel der Partei“[229]. Eine am Wortlaut orientierte Interpretation des Art. 38 Abs. 1 Satz 2 GG bestärkt *Friedrich Schäfer* also in seiner Auffassung.

Anders als *Peter Badura* sieht *Martin Kriele* den Zusammenhang der Art. 20 Abs. 2, 21 Abs. 1 Satz 1, 38 Abs. 1 Satz 2 GG. Gegen die vom Art. 38 Abs. 1 Satz 2 GG ausgehende und daraus auf die Unzulässigkeit des Mandatsverlustes bei Austritt schließende Auffassung wendet *Martin Kriele* ein, daß die „gesetzliche Einführung des Mandatsverlustes bei Parteiwechsel ... weder die Abhängigkeit des Abgeordneten von der Partei, noch von Aufträgen und Weisungen vergrößern“ würde[230]; auch eine Abhängigkeit von Aufträgen und Weisungen aus der Wählerschaft würde damit nicht begründet[231]. Damit impliziert er den Vorwurf einer nicht am Wortlaut des Art. 38 Abs. 1 Satz 2 GG hinreichend orientierten Auslegung, ohne dies allerdings näher auszuführen. Des weiteren begründet er den Mandatsverlust bei Austritt zunächst mit dem Hinweis auf eine im Bewußtsein des Volkes existierende „Konventionalregel“[232], nach der der Abgeordnete bei Übertritt sein Mandat niederzulegen habe, später auf Art. 20 Abs. 2 GG[233]. Die darin verbürgte Volkssouveränität werde auch durch Wahlentscheidungen wahrgenommen, die aber durch den Parteiwechsel mit Mandat „gegenstandslos" würden. Um dies zu verhindern, gebe es nur eine Lösung: „Die ehrliche Gewissensentscheidung des Abgeordneten läßt sich mit dem Respekt vor der Wählerschaft in Einklang bringen: der Wähler respektiert den Parteiwechsel, der Abgeordnete respektiert die Wahlentscheidung durch Mandatsverzicht".

Auch *Heinhard Steiger* ist der These vom Gesamtzusammenhang verpflichtet, wenn er die politisch-rechtliche Form der Bundesrepublik als eine aus verschiedenen abstrakten Formprinzipien gemischte und als solche vom Grundgesetz „final intendierte" Form begreift[234]. Aufgabe der Verfassungsinterpretation sei es, „diese final intendierte Mischung . . . zur Grundlage der Erfassung des Verfassungsrechts zu machen"; eine Interpretation wie die von *Gerhard Leibholz*, die demgegenüber von Widersprüchlichkeiten ausgeht, „die es in die eine oder andere Richtung aufzulösen gelte", verfehle „die Erkenntnis der Funktion der gemischten Verfassung von vornherein"[235]. Daher bestimmt *Heinhard Steiger* das Verhältnis der Art. 21 Abs. 1 Satz 1 und 38 Abs. 1 Satz 2 GG als ein sich gegenseitig ergänzendes. Er begreift das Abgeordnetenmandat als öffentliches Amt, in dem der Abgeordnete als Amtswalter nicht seine persönlichen, sondern „die allgemeinen Interessen der politischen, d. h. staatlichen Einheit, zu deren Organisation das Amt gehört und die ihm in den sachlichen Zuständigkeiten des Amtes zugeordnet sind", vertritt[236]. Allerdings erkennt er zugleich im Unterschied zu *Wilhelm Henke*, auf dessen Überlegungen noch einzugehen sein wird, daß dem Abgeordneten „in dem politischen und daher mit weitgehenden Ermessen ausgestatteten Abgeordnetenamt ein gewisser Handlungsspielraum eingeräumt . . . (wird, in dem) die Persönlichkeit des Amtswalters . . . wirksam" ist[237] – eine vorsichtige Umschreibung der Tatsache, daß der Abgeordnete selbst darüber befindet, was er als das allgemeine Interesse ansehen will. Dieser Sachverhalt wird nach *Steiger* verfassungsrechtlich dadurch unterstrichen, daß das Abgeordnetenamt durch die in Art. 38 Abs. 1 Satz 2 GG normierte Weisungsfreiheit einen spezifischen Charakter erhalten hat; niemand, auch die Wählerschaft als Kreationsorgan nicht, kann dem Abgeordneten hinsichtlich seiner Amtsausübung rechtlich verbindlich mit Weisungen versehen[238]. Im Rahmen dieser rechtlich abgesicherten Handlungsfreiheit des Abgeordneten haben die Parteien als Vermittler „zwischen Gesellschaft als Publikum und Staat als Organisation"[239] durch Art. 21 Abs. 1 Satz 1 GG „die Berechtigung und Verpflichtung erhalten, gewisse Aufgaben in dem Prozeß der politischen Willensbildung des Volkes wahrzunehmen"[240]; deswegen stehen auch Art. 21 Abs. 1 Satz 1 und Art. 20 GG „nicht beziehungslos nebeneinander"[241]. Diese Mitwirkung verwirklicht sich einmal in dem Recht zur Präsentation von Kandidaten für öffentliche Ämter[242] und zum anderen dadurch, daß die Parteien die Entscheidungen der von ihnen präsentierten und von den verschiedenen Kreationsorganen bestimmten Organwalter inhaltlich anleiten, was mehr ist „als bloßes Beeinflussen", wenn auch die Organwalter letzten Endes in eigener Zuständigkeit entscheiden[243]. Gegen die Einführung des Mandatsverlustes bei Austritt durch einfaches Gesetz vermag *Heinhard Steiger* nach diesen Überlegungen keine verfassungsrechtliche Bedenken zu erkennen, da der Abgeordnete „in der bezeichneten Weise an die Partei gebunden ist, die Kriterien seiner Gewissensentscheidung (also) dadurch mitbestimmt sind . . ."[244].

Darin eingeschlossen ist die Annahme, eine solche Regelung gefährde nicht die verfassungsrechtliche verbürgte Weisungsunabhängigkeit des Abgeordneten.

c) Die These vom uneingeschränkt freien Mandat aus Art. 38 Abs. 1 Satz 2 GG

Ein dritter Interpretationsansatz geht ausschließlich vom Art. 38 Abs. 1 Satz 2 GG aus und versteht ihn als Garantie der Entscheidungsfreiheit des Abgeordneten; danach kann es keine rechtlichen Mittel zu ihrer Einschränkung geben. Auch den Parteien könnten aus Art. 21 Abs. 1 Satz 1 GG keine zuerkannt werden, da der Art. 38 Abs. 1 Satz 2 GG allgemein „Aufträge und Weisungen" ausschließt[245] beziehungsweise als „Spezialregelung gegenüber der Mitwirkungsgarantie in Art. 21" dieser vorgeht[246]. Von diesem Ansatz her wird von einem Teil der Autoren, ohne weitere Gesichtspunkte einzuführen, geschlossen, Art. 38 Abs. 1 Satz 2 GG garantiere das freie Mandat, der Mandatsverlust bei Austritt sei verfassungswidrig[247] und könne allenfalls durch ein verfassungsänderndes Gesetz rechtswirksam werden[248].

Mit einem ähnlichen Ansatz gehen einige Autoren davon aus, daß der Art. 38 Abs. 1 Satz 2 GG dem Abgeordneten ein „öffentliches Amt" verleihe[249], „kraft dessen er (der Abgeordnete, M. M.) für das Gemeinwohl zu sorgen verpflichtet ist"[250]. Das schließt nach *Wilhelm Henke* jedoch nicht aus, daß das Amt unter dem Einfluß gesellschaftlicher Kräfte steht[251]. Der Einfluß der Parteien auf den Abgeordneten drücke sich vielmehr in ihrem „Präsentationsrecht"[252] und in der durch Art. 21 Abs. 1 Satz 1 GG legitimierten Recht zur Beratung bei der Entscheidungsfindung[253] aus. Auf Grund des Art. 38 Abs. 1 Satz 2 GG gäbe es jedoch kein Abberufungsrecht der Parteien, Austritt und Ausschluß hätten daher keinen Einfluß auf den Bestand des Mandats[254].

Ähnlich argumentiert *Robert Leicht*, für den „das Parteienprivileg in einer deutlich weniger hohen verfassungsrechtlichen Kategorie formuliert ist als das freie Mandat"[255]. Im Gegensatz zu den Parteien habe das Grundgesetz den Abgeordneten ein „staatliches Amt" verliehen. „Sie (die Parteien, M. M.) sind, gemessen am Organcharakter des Bundestages und seiner Abgeordneten, minderen verfassungsrechtlichen Ranges . . . Ganz offensichtlich mißt das Grundgesetz dem freien Mandat höhere Bedeutung, größere verfassungsrechtliche Dignität zu als den Parteien"[256]. Die Einführung des Mandatsverlustes bei Austritt würde eine „Verschiebung der Gewichte" bedeuten und daher „den Strukturprinzipien des Grundgesetzes zuwiderlaufen"[257].

3. Kritik der Verfassungsinterpretationen

a) Kritik der These von der prinzipiellen Unvereinbarkeit der Art. 21 Abs. 1 Satz 1 und 38 Abs. 1 Satz 2 GG

Gerhard Leibholz Interpretation der Art. 21 Abs. 1 Satz 1 und 38 Abs. 1 Satz 2 GG geht von einem bestimmten Begriff der Repräsentation aus, den er bereits 1929 in seiner Schrift „Das Wesen der Repräsentation" entwickelte. Danach ist die Volksgemeinschaft als „konkrete Wertgemeinschaft eine real wirkende ideele Einheit und zwar, da die staatliche Einheit nur in der politischen Sphäre begründet werden kann, zugleich eine politische ideelle Einheit“[258]. Als Wertgemeinschaft ist sie „nicht mit der Summe der die Gemeinschaft zusammensetzenden Individuen identisch, sondern bildet ein den Individuen gegenüber höheres Sein, eine Totalität, die zugleich auch das Erbe vergangener Generationen wie im Keime das Leben zukünftiger Geschlechter umfaßt“. Gemeinschaft und Individuen ständen dabei in einem „System von Wechselwirkungen“[259]. Repräsentation ist die in der konkreten Person des oder der Repräsentanten dargestellte politisch-ideelle Einheit der Volksgemeinschaft als Wertgemeinschaft[260]. Der Abgeordnete als Repräsentant muß, um diese Funktion erfüllen zu können, „Vertreter des ganzen Volkes“ sein. Als solcher ist er freizustellen von „Aufträge(n) und Weisungen“ einzelner Gruppen, damit er dem Gemeinwohl dienen kann. Unabhängigkeit in seinen Entscheidungen ist daher ein Wesensmerkmal des Repräsentanten[261].

Anzugreifen ist zunächst die methodische Basis, die „phänomenologische Betrachtungsweise“[262], der Theorie. *Gerhard Leibholz* selbst ist sich bewußt, daß seine durch „material-intuitive Wesensanalyse“ gewonnenen Erkenntnisse keine rationale Beweisbarkeit[263], sondern nur „subjektive, nicht objektive Evidenz“ beanspruchen können[264]. Schon *Arnold Köttgen* wandte dagegen ein, daß sie deswegen nicht überzeugen können, „da bereits das einsichtige Verstehen einer solchen Analyse nicht ohne weiteres einem jedem gegeben sein dürfte“[265]. Weil diese Methode dazu tendiert, die „intersubjektive Prüfbarkeit“ (*Karl R. Popper*) von vornherein auszuschalten, gewinnen ihre Ergebnisse dogmatischen Charakter[266].

Der so verstandene Repräsentationsbegriff wird von *Gerhard Leibholz* dem geltenden Verfassungsrecht als verbindlich unterlegt; Weimarer Reichtsverfassung wie Bonner Grundgesetz verständen – durch die Garantie des freien Mandats – den Abgeordneten als Repräsentanten. Zwar wird grundsätzlich anerkannt, daß das positive Recht die Wesensbegriffe ignorieren könne, jedoch sei es an ihren Inhalt gebunden, wenn es sie übernehme. Der Gedanke, daß das positive Recht, den „Rechtsbegriff der Repräsentation inhaltlich anders . . . fixieren“ könnte[267], ist durch den phänomenologischen Dogmatismus *Gerhard Leibholz'* von vornherein ausgeschlossen[268].

Dogmatismus kostet seinen Preis. *Gerhard Leibholz* entrichtet ihn einmal mit der Entgegensetzung von Verfassungsrecht und Verfassungswirklichkeit[269]; die dem Verfassungsrecht zugrundeliegende Vorstellung eines Repräsentativsystems sei mit der durch die Herrschaft der Parteien bestimmten Verfassungswirklichkeit nicht zu versöhnen. Nach dieser Unterscheidung vermag er dann leicht die als „Surrogat der direkten Demokratie im modernen Flächenstaat“ und als „demokratischen Parteienstaat“[270] apostrophierte Wirklichkeit gegen die Verfassung auszuspielen[271]. Das Bundesverfassungsgericht hat das nach angeblicher Anerkennung des so verstandenen Parteienstaates durch den Art. 21 Abs. 1 Satz 1 GG vorexerziert, indem es dieser Wirklichkeit am Beispiel des Mandatsverlustes bei Parteiverbot das „höhere Gewicht“ zuerkannte. *Gerhard Leibholz*, obwohl zunächst anderer Auffassung[272], vermochte diesem Richterspruch denn auch mühelos zu folgen.

Die dogmatische Auffassung von Repräsentation ist des weiteren die Ursache für die – im übrigen dem Interpretationsprinzip der Einheit der Verfassung widersprechende[273] – „prinzipielle Unvereinbarkeit" zwischen den Art. 21 Abs. 1 Satz 1 und 38 Abs. 1 Satz 2 GG. Schon *Karl R. Popper* hat jedoch grundsätzlich darauf hingewiesen, „daß dann, wenn die Prämissen einander widersprechen ... jede Konklusion möglich wird ..."[274]. Es ist daher nicht verwunderlich, daß die Formel des *Bundesverfassungsgerichts*, nach der am konkreten Fall entschieden werden müsse, welchem der beiden Prinzipien das höhere Gewicht zukomme, keinen Maßstab für die Entscheidung enthält, sondern als Leerformel jede Entscheidung zu rechtfertigen vermag: Man spricht der Erwägung das höhere Gewicht zu, die das gewünschte Ergebnis bringt. So kann der *Niedersächsische Minister des Inneren* der „Verringerung dieser prinzipiellen Unvereinbarkeit" das Wort reden und den Mandatsverlust bei Austritt de lege ferenda fordern[275], ohne daß ihm ein Fehler in der Deduktion nachgewiesen werden könnte. Aus demselben Grund vermag sich *Gerhard Leibholz* 1972 den politischen Bestrebungen für die Einführung des Mandatsverlustes bei Austritt anzuschließen und damit seine frühere Position aufzugeben, der Art. 38 Abs. 1 Satz 1 GG stehe einer solchen Regelung entgegen.

Neben diesen methodologischen Einwänden ist auch zu bestreiten, daß es *Gerhard Leibholz* gelungen ist, seinen Wesensbegriff der Repräsentation „aller historisch anhaftender Zufälligkeiten zu entkleiden und in ... seiner außerhistorischen Wesensnotwendigkeit zu erweisen"[276]. *Ulrich Scheuner* weist darauf hin, daß *Gerhard Leibholz* sich bei seiner Begriffsexplikation ausschließlich am Bild des liberalen Staates des 19. Jahrhunderts orientiert, es aber nicht angeht, „eine grundlegende staatsrechtliche Idee (wie die der Repräsentation, M. M.) an die Begriffswelt eines bestimmten Zeitabschnitts zu binden ..."[277]. Denn *Gerhard Leibholz* übersieht, daß der Repräsentationsbegriff des liberalen Bürgertums ein im politischen Kampf gegen das absolutische Königstum geformter politischer Begriff ist, mit dem der aufstrebende dritte Stand seinen Machtanspruch begründete[278]. Daher vermag er die Begründung dieses Anspruchs, die Interessen des ganzen Volkes zu vertreten, als ideologisch nicht zu hinterfragen. Für ihn bleibt der Abgeordnete des 19. Jahrhunderts als Repräsentant am Gemeinwohl orientiert, obwohl dieser tatsächlich als Vertreter des gebildeten Bürgertums dessen Interessen wahrnimmt[279], und bei dem geringen Prozentsatz der Wahlberechtigten von einer Demokratie nach dem Verständnis des Grundgesetzes nicht gesprochen werden kann[280]. Unbeirrt hält *Gerhard Leibholz* mit den Theoretikern des politischen Liberalismus[281] an dem Bild des in seinen Entscheidungen von Gruppen unabhängigen Abgeordneten fest, obwohl es bereits im 19. Jahrhundert der politischen Wirklichkeit nicht entsprach[282].

Im Gegensatz dazu wird der Abgeordnete heute von ihm als ein bloß „organisatorisch-technisches Zwischenglied" gesehen, das allenfalls innerhalb seiner Partei und Fraktion Einfluß nehmen könne[283]. Die theoretische Enge des Leibholzschen Konzepts vermag nicht zu erfassen, daß der Abgeordnete gerade von Positionen außerhalb der Partei – zum Beispiel als Regierungsmitglied, Ausschußvorsitzender, Verbandsvertreter – großen Einfluß auf die Partei selbst ausüben kann, wie er innerhalb von Partei und Fraktion in den verschiedenen Rollen sehr unterschiedliche Einflußmöglichkeiten besitzt[284], die die Wendung vom „organisatorisch-technischen Zwischenglied" nicht abzudecken vermag. Auch trifft seine Kritik nicht, „daß man ... bei den Beratungen im Parlamentarischen Rat sich darüber nicht klar war, daß das Bekenntnis zum modernen Parteienstaat das gleichzeitige Bekenntnis zu den Grundsätzen der liberalen Demokratie" ausschließe, wenn auch einige seiner Mitglieder „aus Einsicht in das Unmögliche . . . die Streichung des Art. 38 Abs. 1 GG verlangten"[285]. Zwar ist es richtig, daß die parlamentarischen Praktiker des Parlamentarischen Rates sich nicht an der verfassungstheoretisch begründeten Entgegensetzung zweier Strukturprinzipien orientierten. Sie gingen, wie oben dargelegt, von der Frage aus, wie dem starken Einfluß von Partei und Fraktion auf die Willensbildung des Abgeordneten Grenzen gezogen werden könnten, damit er eben nicht ein „organisatorisch-technisches Zwischenglied" werde. Jedoch ist die Behauptung unrichtig, daß einige seiner Mitglieder „aus Einsicht in das Unmögliche . . . die Streichung des Art. 38 Abs. 1 GG verlangt" hätten. Richtig ist, daß auch die Abgeordnete *Elisabeth Selbert* (SPD), die diesen Antrag stellte, ihre Auffassung später modifizierte und wie die übrigen Mitglieder des Organisationsausschusses im Ergebnis ein imperatives Mandat und den Mandatsverlust bei Fraktionswechsel ablehnte[286].

Auch historisch ist die strikte Verknüpfung des freien Mandats mit der Funktion der Repräsentation und mit dem Anspruch, das ganze Volk zu vertreten, nicht zu halten. *Christoph Müller* weist an der Geschichte des freien Mandats in England nach, daß dieses zunächst überwiegend den Interessen der Krone diente, indem sie über die (anfänglich nur beratende) Versammlung von rechtlich ungebundenen Vertretern der Stände eine Zusammenarbeit aller politisch relevanten Schichten des Landes organisierte, um einheitliche und allgemein verbindliche Entscheidungen zu treffen[287]; auch hatten sie nur einen wechselnden Einfluß auf die Entscheidungen der Krone als der obersten Repräsentantin des Königreiches[289]. Daraus ergibt sich: Auch wenn Beschlußkörper mehr Legitimations- als Kreationsorgane allgemein verbindlicher Entscheidungen sind, ist – *Christoph Müller* zeigt das ferner an der Geschichte des imperativen Mandats als Obstruktionsmittel gegen Entscheidungen der Zentralgewalt[290] – das freie Mandat ihrer Angehörigen „eine funktionelle Notwendigkeit beschließender Versammlungen . . ., die eine politisch führende Rolle spielen"[291].

Die von *Gerhard Leibholz* begründete Lehre von der prinzipiellen Unvereinbarkeit der Art. 21 und 38 GG wird im wesentlichen verfassungstheoretisch begründet. Seine Theorie begegnet jedoch grundsätzlichen methodologischen und empirischen Einwänden; ihr mangelnder Realitätsbezug gründet in den Schwächen ihrer Methode. Sie vermag nicht den Gedanken zu erfassen, daß sich mit dem Strukturwandel des parlamentarischen Regierungssystems – nicht: „der Demokratie" – die Funktionen des freien Mandats geändert haben könnten, ohne zu einem Fremdkörper im System zu werden[292]. Außerdem wird nicht dargetan, wieso die Vorstellung von einem undemokratischen Regierungssystem und des mit ihm verknüpften Bild von Abgeordneten einem Artikel der Verfassung eines sich als demokratisch verstehenden Regierungssystems unterlegt werden kann. Der Hinweis des *Bundesverfassungsgerichts,* es handle sich „bei Art. 38 GG um einen Satz aus dem gesicherten ideologischen Bestand des Verfassungsrechts der liberalen Demokratie"[293], ist keine zureichende Begründung, sondern erklärt nur den Irrtum des Gerichts, der in der unreflektierten Verwendung des Begriffs Demokratie liegt und diese augenscheinlich auf die Tatsache, daß Wahlen zu einem Parlament stattfinden, reduziert. Schließlich bleibt das Verhältnis einer Verfassungstheorie als Mittel der Interpretation der Verfassung zu den herkömmlichen Interpretationsregeln – grammatische, systematische, teleologische und historische Auslegung –, zu denen sich das *Bundesverfassungsgericht* programmatisch bekennt[294], ungeklärt. Hier tut sich in der Praxis der Rechtsprechung des Gerichts ein Widerspruch auf, der zumindest die Auseinandersetzung mit jenen Entscheidungen notwendig gemacht hätte, die ausschließlich mit den bisherigen Interpretationsmethoden arbeiten.

Franz Ferdinand Siegfried geht, wie gezeigt wurde, zunächst von demselben Ansatz aus, stellt jedoch dann auf die durch das Parteiengesetz veränderte politische Wirklichkeit ab. Methodologisch ist einzuwenden, daß bei ihm das Verhältnis von empirischen Aussagen und Rechtsnormen ungeklärt bleibt. Er müßte begründen, warum tatsächliche Veränderungen zu veränderter Interpretation von Verfassungsnormen führen können. Die herkömmlichen Interpretationsmethoden bieten dazu jedenfalls keinen Rechtfertigungsgrund. Empirisch ist gegen seine Hypothese, das Parteiengesetz habe die innerparteiliche Demokratie zugunsten einer größeren Unabhängigkeit des Abgeordneten von der Parteiführung verändert, einzuwenden, daß das Parteiengesetz im wesentlichen nur die bis zu seinem Inkrafttreten geübte Praxis legalisiert hat[295]. Die von *Franz Ferdinand Siegfried* hervorgehobene Möglichkeit der geheimen Abstimmung und Wahl sowie die rechtliche Sicherung der Stellung des Parteimitgliedes vermögen das Übergewicht der Parteiführungsstäbe, das unter anderem in ihrem Informationsvorsprung, ihrer Verfügungsgewalt über personelle und materielle Mittel begründet ist[296], nicht entscheidend zu vermindern[297]. Auch die im Parteiengesetz festgelegten Inkompatibilitäten verhindern die weitgehende personelle Identität von Fraktions- und Parteiführung nicht[298], die die erhöhte Einflußmöglichkeit ihrer Angehörigen begründet. Im übrigen konnte die von der Fraktionsführung abhängige Stellung der ihr nicht angehörenden Abgeordneten durch das Parteiengesetz schon deswegen nicht verbessert werden, weil diese durch die Geschäftsordnung des Bundestages, den Parlamentsbrauch und die formellen wie informellen Regeln der Fraktionsarbeit bestimmt wird.

Außer diesen empirisch begründeten Einwänden ist seine Argumentation auch juristisch nicht zu halten. Art. 38 Abs. 1 Satz 2 GG kann nicht durch ein einfaches Gesetz, in diesem Fall also durch das Parteiengesetz unterlaufen werden. Vielmehr ist zu betonen, „daß das Grundgesetz die demokratische Verfassung (der Parteien, M. M.) bereits vorausgesetzt hat, als es das Verhältnis zwischen freiem Mandat und Parteien festgelegte"[299]. Art. 21 Abs. 1 Satz 3 GG ist dafür der Beweis; das Parteiengesetz ist daher als gesetzgeberische Konkretisierung des verfassungsrechtlichen Grundsatzes der innerparteilichen Demokratie anzusehen.

b) Kritik der These vom systematischen Gesamtzusammenhang

Der zweite Interpretationsansatz bestimmt das Verhältnis der beiden Artikel als ein sich gegenseitig ergänzendes. Dem liegt möglicherweise, bei *Horst Ehmke* und *Konrad Hesse* ausdrücklich[300], das Interpretationsprinzip der Einheit der Verfassung zugrunde. Jedoch hat das Prinzip eher einen „verfassungspolitischen als ausgearbeitet methodischen Charakter, gibt es doch nicht an, mit welchen Verfahren es sein Ziel erreichen will"[301]. Auch laßt es offen, welche Interpretationsverfahren angewendet wurden und wieso deren Anwendung dazu führte, daß nun ein Widerspruch festzustellen ist.

Daneben stellt *Peter Badura* – und ihm folgend *Horst Säcker* – es auf den systematischen Zusammenhang ab, der „letztlich" neben den Art. 21 und 38 GG auch den Art. 20 Abs. 2 GG einschließen müsse. Dieser Ansatz bleibt für die Frage des Mandatsverlustes bei Austritt folgenlos, nur die These der gegensitigen Ergänzung von Art. 21 Abs. 1 Satz 1 und Art. 38 Abs. 1 Satz 2 GG soll damit abgesichert werden[302]. Anders hingegen *Martin Kriele*; er erblickt in der Mandatsmitnahme bei Austritt einen auch nicht durch Art. 38 Abs. 1 Satz 2 GG gedeckten Verstoß gegen das durch Art. 20 Abs. 2 GG gesicherte Prinzip der Volkssouveränität, die sich auch in Wahlen ausdrücke: Die Wahlentscheidung des souveränen Volkes werde durch die Mandatsmitnahme verfälscht. *Martin Kriele* legt also die Grenze zwischen Art. 38 Abs. 1 Satz 2 und Art. 20 Abs. 2 GG anders als *Peter Badura*. Forscht man nach den Gründen, so stellt sich heraus, daß *Martin Kriele* vom Wortlaut her argumentiert[303], während *Peter Badura* die empirische Aussage, die Funktionsfähigkeit des Parlaments erfordere das freie Mandat des Abgeordneten[304], für durchschlagend hält. Bleibt zu fragen: Was leistet dann der Anspruch beider Autoren, nur eine systematische Auslegung führe zum Ziel[305], wenn dieses ein jeweils anderes ist? Die Formel von der systematischen Interpretation läuft solange leer, wie sie nicht anzugeben vermag, welche Normen zu einer solchen Interpretation heranzuziehen und wie sie auszulegen sind.

Dieses grundsätzliche Urteil wird auch nicht von den Einwänden wieder aufgehoben, die gegen die Argumentationen beider Autoren im einzelnen einzuwenden sind. *Peter Badura* muß sich – wie schon *Franz Ferdinand Siegfried* – vorhalten lassen, daß das Verhältnis von Rechtsnormen und empirischen Aussagen bei ihm ungeklärt bleibt. Es ist jedoch die Frage, ob Normen so ausgelegt werden dürfen, wie es unter beliebigen Gesichtspunkten zweckmäßig erscheint. Auch wenn dies statthaft wäre, müßte berücksichtigt werden, daß soziale Systeme nicht nur *einen* Zweck erfüllen müssen[306]. *Peter Badura* stellt jedoch ausschließlich auf die nicht näher definierte Effizienz des parlamentarischen Regierungssystems ab. Daß der Gesichtspunkt der Partizipation zu einer anderen Auslegung hinführen könnte[307], kommt nicht in den Blick. *Martin Kriele* hebt dagegen die durch die Mandatsmitnahme bei Austritt verfälschte Wahlentscheidung und damit eine angebliche Verletzung des Art. 20 Abs. 2 GG hervor. Da es sich einmal also um einen Verstoß gegen den durch Art. 79 Abs. 3 GG gesicherten harten Kern der Verfassung handeln soll, ist seine Forderung nach einer gesetzlichen Regelung des Mandatsverlustes[308] widersprüchlich; logisch wäre die Forderung nach Änderung der als verfassungswidrig zu kennzeichnenden Rechtssprechung und Staatspraxis. Außerdem wird die Wahlentscheidung des Volkes auch bei Ausschluß aus der Fraktion verletzt. Auch für diesen Fall müßte daher *Martin Kriele* den Mandatsverlust aussprechen, wenn er nicht wie *Friedrich Schäfer*[309] den Fraktionen das Recht zum Ausschluß nehmen will. Einen solchen Schluß zieht *Martin Kriele* jedoch nicht. Handelt es sich um ein Versehen oder steht dahinter die Einsicht, daß eine solche Auslegung den Art. 38 Abs. 1 Satz 2 GG funktionslos machen würde? Denn rechtlich verbindliche „Aufträge und Weisungen" kommen der Androhung des Ausschlusses verbunden mit automatischem Mandatsverlust faktisch gleich[310], sie sind „funktional äquivalent"[311].

Dieser Gedanke ist nun nicht bereits mit dem Hinweis auf das bereits kritisierte Verfahren abgetan, Rechtsnormen mit Hilfe von empirischen Aussagen auszulegen. War dabei die Auswahl der Fakten noch willkürlich, haben sie nun denselben „Bezugspunkt"[312] wie die Rechtsnorm des Art. 38 Abs. 1 Satz 2 GG, nämlich die Entscheidungsfreiheit des Abgeordneten. In diesem Punkt berühren sich die Überlegungen *Franz Ferdinand Siegfrieds, Heinhard Steigers* und *Horst Säckers* mit denen *Martin Krieles*. Für sie ist der Mandatsverlust bei Austritt mit Art. 38 Abs. 1 Satz 2 GG vereinbar, weil er die Entscheidungsfreiheit des Abgeordneten nicht einschränkt, also nicht dieselben Auswirkungen wie rechtlich verbindliche „Aufträge und Weisungen" hat[313]. Da der Mandatsverlust bei Ausschluß eben diese Wirkung hätte, ist er für *Franz Ferdinand Siegfried* nicht zulässig, da dies *Friedrich Schäfer* bestreitet, erklärt er ihn für verfassungsrechtlich möglich und verfassungspolitisch wünschenswert. Beides wird indes von einer Reihe weiterer Autoren bestritten; für sie ist das freie Mandat eine entscheidende Vorbedingung für innerparteiliche Demokratie[314]. Die Diskussion kann hier nicht zum Abschluß gebracht werden, da noch weitere Überlegungen berücksichtigt werden müssen[315]. Methodologisch ist jedoch einzuwenden, daß die Berechtigung zur Interpretation von Rechtsnormen unter Verwendung empirischer Aussagen, die durch funktionale Äquivalenz vermittelt sind, unreflektiert angenommen wird.

Die Interpretation *Friedrich Schäfers* stützt sich einmal auf eine am Wortlaut orientierte Auslegung des Art. 38 Abs. 1 Satz 2 GG und zum anderen auf seinen aus §§ 28 Abs. 1, 48 Abs. 1 BWahlG gewonnenen Gedanken eines „Dreiecksverhältnisses zwischen Wähler, Partei und Bewerber"[316]. Die zweite Argumentationskette ist problematisch. *Friedrich Schäfer* benutzt die so gewonnene „Geschäftsgrundlage der Wählbarkeit"[317], um sie gegen die herkömmliche Auslegung[318], vorzutragen. Ein solches Verfahren wird jedoch von einem Einwand getroffen, daß zwar in den angeführten Gesetzesnormen ein solches „Dreiecksverhältnis" enthalten sein mag, daß es aber wegen des Vorrangs der Verfassung unzulässig ist, sie mit Hilfe von aus einfachen Gesetzen gewonnenen Grundgedanken auszulegen. Daneben wäre die Frage zu beantworten, ob eine gesetzliche Regelung für den Bewerber auf den gewählten Abgeordneten übertragen werden kann, der durch Art. 38 Abs. 1 Satz 2 GG einen verfassungsrechtlich geschützten Status erhalten hat[319]. Zwar ist *Friedrich Schäfers* Hinweis nicht unzutreffend, daß sich nur mit dem Grundgedanken eines Dreiecksverhältnisses „die früheren Entscheidungen des *Bundesverfassungsgerichts* und § 49 BWahlG rechtfertigen (lassen), wonach die Mitglieder verbotener Parteien ihr Mandat verlieren"[320]. Doch muß er sich wie *Horst Säcker*[321] vorhalten lassen, daß das *Bundesverfassungsgericht* selbst wie der seine ursprünglich gegensätzliche Auffassung aufgebende[322] Gesetzgeber den Grundgedanken doch nur auf den Fall des Mandatsverlustes bei Parteiverbot hat anwenden wollen[323]. Es müßte also mit zusätzlichen rechtlichen Gründen dargetan werden, warum nun dieser Grundgedanke ausgeweitet werden kann und soll. Der Hinweis auf Bestimmungen in einfachen Gesetzen, die überdies nur für den Bewerber eines Abgeordnetenmandats gelten, ist unzureichend. Daneben ist auf zwei Widersprüche aufmerksam zu machen. (1) Das von Friedrich Schäfer postulierte „Dreiecksverhältnis" besteht zwar bereits, dennoch soll noch eine gesetzliche Änderung des § 46 BWahlG erforderlich sein[324], um unter anderem zum Mandatsverlust bei Austritt zu kommen. Wenn (2) nach seiner Auffassung das „Dreiecksverhältnis . . . für das Mandat so grundlegend (ist), daß es nach dem Wahlakt von keiner Seite mehr verändert werden kann"[325], dann dürfte der Abgeordnete eigentlich aus seiner Partei (auch unter Mandatsverlust) nicht mehr austreten, so wie er von seiner Partei nach *Friedrich Schäfer* nicht ausgeschlossen werden darf, weil sie durch seine Aufstellung bekundet hat, „daß sie für eine Legislaturperiode personalisiert durch einen Abgeordneten vertreten sein wird"[326]. Daß dann auch das Niederlegen des Mandats ebenso ausgeschlossen sein müßte, ist eine zwingende, von *Friedrich Schäfer* allerdings ebenfalls nicht ausgesprochene Konsequenz seines verabsolutierten „Dreiecksverhältnisses".

c) Kritik der These vom uneingeschränkt freien Mandat aus Art. 38 Abs. 1 Satz 2 GG

Dem dritten, nur von Art. 38 Abs. 1 Satz 2 GG ausgehenden Interpretationsansatz ist zunächst die implizierte Annahme, andere Verfassungsnormen seien nicht einschlägig, als unbewiesen vorzuhalten. Ferner ist die Interpretation, der Art. 38 Abs. 1 Satz 2 GG sichere das Mandat auch bei Austritt, nicht unmittelbar einsichtig. Diese ohne weitere Begründung vorgetragene Auffassung impliziert die willkürlich gewählte Definition des uneingeschränkt freien Mandats, die zwar aus der Übernahme des Abgeordnetenverständnisses des politischen Liberalismus erklärt werden mag, deren Gültigkeit für das Grundgesetz jedoch dargetan werden müßte. Die unreflektierte Rezeption dieser Theorie des Abgeordnetenstatus ist umso weniger statthaft, als das parlamentarische Regierungssystem durch das Entstehen der Parteien einem Strukturwandel unterworfen war, den Art. 21 GG verfassungsrechtlich aufnimmt.

Wilhelm Henke sieht in dem Art. 38 GG (neben einigen anderen Vorschriften) das Abgeordnetenmandat als öffentliches Amt konstituiert. Die Kritik der damit zusammenhängenden Unterscheidung von Staat und Gesellschaft sowie Gemeinwohlverpflichtung und Interessenvertretung ist bereits an anderer Stelle geleistet worden[327]. Anzufügen wäre nur, daß die Theorie der Rolle[328] die von *Wilhelm Henke* zutreffend gesehene relative Autonomie des Abgeordneten bei gleichzeitigem Einfluß der Partei auf seine Entscheidungen ebenso erklären könnte[329]. Zugleich vermag sie informelle Erwartungen ebenso zu erfassen wie Rollenkonflikte. Davon abgesehen, vermag seine Argumentation zur Frage des Mandatsverlustes bei Austritt nicht zu überzeugen. Denn wenn er hervorhebt, aus der Ausgestaltung des öffentlichen Amtes des Abgeordneten mit seiner sich aus Art. 38 Abs. 1 Satz 2 GG ergebenden eigenständigen Bedeutung folge seine Unabrufbarkeit durch die Partei, trägt er den bereits ausgeführten Gedanken von der funktionalen Äquivalenz der rechtlichen Verbindlichkeit von Aufträgen und Weisungen zum Mandatsverlust bei Ausschluß vor. Der Mandatsverlust bei Austritt wird dem ohne weitere Begründung gleichgesetzt, ein fragwürdiges Verfahren, übersieht *Wilhelm Henke* doch, daß beim Austritt – im Gegensatz zum Ausschluß – der Abgeordnete es ist, der die Initiative zum Bruch ergreift. Dieser vielleicht nicht nur formale Unterschied macht es erforderlich, die Berechtigung der Annahme eingehend zu prüfen, ob auch der Mandatsverlust bei Austritt wie der bei Ausschluß funktional äquivalent zu rechtlich verbindlichen „Aufträge(n) und Weisungen" ist. Außerdem muß der bereits gegen andere Autoren erhobene Einwand der ungeklärten Beziehung von Rechtsnormen und durch funktionale Äquivalenz vermittelten empirischen Aussagen gegen *Henke* wiederholt werden.

4. Der Pragmatismus der Verfassungsinterpretation

Unsere Untersuchung der Verfassungsinterpretation zur Frage des Mandatsverlustes bei Austritt erlaubt die Feststellung eines diffusen Methodenpluralismus. Die herkömmlichen Interpretationsregeln[330] – grammatische (*Kriele, Schäfer, Toews*), systematische (*Badura, Kriele, Säcker*) teleologische (*Bundesverfassungsgericht*), historische (*Badura, Leibholz*) – werden ebenso angewendet wie das Interpretationsprinzip der Einheit der Verfassung (*Ehmke, Hesse* und wohl auch *Badura, Kriele, Säcker, Steiger*). Außerdem liefern empirische Aussagen entweder in Gestalt von Verfassungstheorien (*Leibholz, Bundesverfassungsgericht, Niedersächsischer Minister des Innern*) und Theorien des Abgeordnetenstatus (*Kremer, Maunz; Henke, Leicht, Schäfer, Steiger*) oder durch funktionale Äquivalenz vermittelt (*Badura, Henke, Kriele, Säcker, Siegfried*) Interpretationshilfen. Ferner wird auf bestimmte Werte wie die Effizienz des parlamentarischen Regierungssystems Bezug genommen (*Badura*). Sieht man einmal von dem unterschiedlichen normativen Gehalt dieser Interpretationsmethoden ab, fällt vor allem ihr beziehungsloses Nebeneinander auf. Nirgends wird eine Rangordnung der Methoden erkennbar, die aber erforderlich ist, will man zu intersubjektiv prüfbaren Ergebnissen kommen, da die Methoden einzeln angewendet zu unterschiedlichen, ja gegensätzlichen Ergebnissen führen können. Verfassungsinterpretation wird so zu einem willkürlichen Verfahren, das auf intersubjektiv überprüfbare Normkonkretisierung verzichtet und es daher umso leichter hat, sich an dem aus welchen Gründen auch immer gewünschten Ergebnis auszurichten. Methodisch so entwickelte Ergebnisse der Rechtslehre sind dann aber als politische Meinungen, Urteile des *Bundesverfassungsgerichts* als politische Entscheidungen[331] zu qualifizieren, die sich im Mantel juristischer Wissenschaftlichkeit mit unangreifbarer Objektivität auszustatten suchen. Der daraus folgende, von *Horst Ehmke* als unabänderlich hingenommene[332], von *Friedrich Müller* gerügte[333], von uns an der Frage des Mandatsverlustes bei Austritt bestätigte „richtungslose Pragmatismus" der Verfassungsinterpretation von Rechtslehre und *Bundesverfassungsgericht* führt zu einer unreflektierten Rechtfertigung politischer Wünsche und Entscheidungen, deren tatsächliche Legitimation undiskutiert bleibt, solange sie behaupten, sich an den Normen der Verfassung zu legitimieren.

Diese Feststellungen haben für unsere weitere Untersuchung wichtige Konsequenzen. (1) Aussagen der Rechtslehre und der Rechtsprechung sind als politische Meinungen in die weiter unten vorgenommene Analyse des Meinungsbildes zur Frage des Abgeordnetenmandats einzubeziehen; denn sie sind ein Teil davon. (2) Die Methodik der bisherigen Verfassungsinterpretationen schließt für die Zukunft eine Auslegung des Art. 38 Abs. 1 Satz 2 GG nicht aus, die den Mandatsverlust bei Austritt ausspricht. Daran ist (3) die Hypothese anzuschließen, daß die Neigung dazu in dem Maße wachsen wird, in dem es politisch wünschenswert ist, den Mandatsverlust durchzusetzen. Und (4) drängt sich die Hypothese auf, ohne daß ihre Bewährung in dieser Arbeit geprüft werden könnte, daß eine juristische Methodologie, die eine intersubjektiv prüfbare Konkretisierung der Verfassungsnormen ermöglicht, wie sie *Friedrich Müller* aus rechtsstaatlichen Gründen für erforderlich hält[334], bisher nicht angewendet wird, um eine schnellere Anpassung juristischer Ergebnisse an politische Strömungen zu gewährleisten.

IV. Das Meinungsbild über den Fraktionswechsel

Die folgende Darstellung des Meinungsbildes über den Fraktionswechsel ist das Ergebnis der Analyse der Stellungnahmen der Parteien, von Kommentaren der Presse und Meinungsäußerungen des Bürgers in Leserbriefen. In diesen Stellungnahmen werden im wesentlichen drei Fragen aufgeworfen: die Frage nach den Grenzen der Parteibindung des Abgeordnetenmandats, die Frage nach dem Inhalt und der legitimierenden Funktion des Wählerauftrags und die Frage nach den Motiven der Fraktionswechsler. Danach gliedern wir unsere Darstellung in drei Themenbereiche. Ihre Unterscheidung ist eine analytische; in der tatsächlichen Argumentation sind die Themenbereiche naturgemäß eng verzahnt. Jedoch erfordert die Fülle des Materials eine Gliederung, die die kontroversen Punkte der politischen Diskussion um den Fraktionswechsel erfaßt und zugleich den Weg zu theoretischen Fragestellungen eröffnet, deren Relevanz sich im Verlauf der Untersuchung zu erweisen haben wird.

1. Das Mandat des Abgeordneten

a) Die Auffassungen der Parteien

(1) CDU/CSU

Die CDU hat ihre Auffassung vom Abgeordnetenstatus in ihrem Parteiprogramm von 1971 umrissen. Danach gehört zu den wesentlichen Bestandteilen einer Parlamentsreform: „Die Aktionsmöglichkeiten des einzelnen Abgeordneten müssen verbessert, seine Verbindungen zur Wählerschaft gestärkt und seine Unabhändigkeit gegenüber Partei, Fraktion und Interessengruppen gestärkt werden“[335]. Einen entsprechenden Beschluß der CSU gibt es zwar nicht, doch wird das freie Mandat „voll und ganz bejaht“[336]. In Übereinstimmung damit lehnt die Kommunalpolitische Vereinigung der CDU/CSU „die verfassungswidrigen Versuche (ab), die Unabhängigkeit der kommunalen Mandatsträger durch das imperative Mandat abzulösen“[337]. Entsprechend kritisieren einzelne Sprecher der Partei „das in Frankfurt von der SPD praktizierte imperative Mandat“[338] und erklären „die Union wolle es ‚im Interesse der Erhaltung und Festigung der repräsentativen Demokratie‘ nicht zulassen, daß Gemeindevertreter, Stadtverordnete oder Kreistagsabgeordnete künftig ihr Mandat zurückgeben müßten, wenn sie aus der Partei oder Wählergemeinschaft austreten“[339]. Und der parteioffizielle Deutschland-Union-Dienst qualifiziert „die Haltung der Koalitionsparteien zu der im Grundgesetz verankerten freien Gewissensentscheidung der Abgeordneten" und das von den Jungsozialisten geforderte „undemokratische imperative Mandat" als verfassungswidrig[340]. Ähnlich äußert sich der der CDU angehörende Bundestagspräsident angesichts der Fraktionswechsler des 6. Deutschen Bundestages. Neben dem Hinweis auf Art. 38 GG stellt er vor allem auf die Notwendigkeit der Kompromißfindung im Parlament ab, was dem Fraktionszwang und dem imperativen Mandat zuwiderlaufe[341].

Auch die Junge Union vertritt in diesem Punkt keine abweichende Auffassung. So betrachtet ihr Vorsitzender die Forderung nach der Aufhebung des Gewissensentscheides in der Politik als „unvereinbar mit den Grundsätzen des freiheitlich-demokratischen Rechtsstaates in der Bundesrepublik" und wertet die Forderung der Jungsozialisten nach Einführung des imperativen Mandats als einen „totalitären Import" aus den Staaten des Ostblocks[342]. Entsprechend argumentiert *Walter Sandtner* im „JU-Digest" gegen „zweifelhafte Bestrebungen und Pressionen" in der FDP, dissentierende Abgeordnete zur Niederlegung ihres Mandats zu veranlassen; das imperative Mandat müsse abgelehnt werden, einmal weil die Abgeordneten nicht Vertreter ihrer ihrer Parteien, sondern nach Art. 38 Abs. 1 Satz 2 GG Vertreter des ganzen Volkes seien, zum anderen, weil die Kontrollbefugnis und -pflicht des Parlaments die Weisungsunabhängigkeit des Abgeordneten erfordere[343]. In demselben Sinn fordert das Grundsatzprogramm der JU neben Maßnahmen zur Parlamentsreform wie Ausbau des parlamentarischen Hilfsdienstes, Kontrolle des Verbandseinflusses, Offenlegung von Beraterverträgen und finanzielle Sicherung der Unabhängigkeit des Abgeordneten: „Das Recht auf freie Entscheidung der Mandatsträger muß gegenüber jedem Versuch, das imperative Mandat einzuführen, gestärkt werden"[344].

Mit diesen Äußerungen wird die Frage des Mandatsverlustes bei Austritt nicht immer ausdrücklich beantwortet, wenn auch die Grundposition der Partei eine ablehnende Stellungnahme vermuten läßt. In der parlamentarischen Diskussion über die Fraktionswechsler präzisiert ihre Haltung. Im Niedersächsischen Landtag[345] meint der Vorsitzende der CDU-Fraktion, daß man die Fraktionswechsler „aus diesen oder jenen Gründen, die man nicht kennt, aber die man verurteilt"[346], kritisiere. Er verteidigt die Möglichkeit des Austritts ohne Niederlegung des Mandats mit dem Hinweis, daß es Abgeordnete gäbe, die überzeugt seien, eine Aufgabe erfüllen zu müssen, obwohl sie die Partei wechselten[347]. In der Bremischen Bürgerschaft begründet der Abgeordnete *Robert Fischer* (CDU) die Ablehnung seiner Fraktion zur verfassungsändernden Einführung des Mandatsverlustes bei Austritt[348] mit dem Argument, der Austritt eines Abgeordneten brauche nicht in jedem Falle freiwillig zu erfolgen. Vielmehr müßten die Möglichkeiten der einzelnen Fraktionen geprüft werden, „dem Abordneten, der einer Fraktionsmeinung, die er glaubt, mit seinem Gewissen nicht verantworten zu können, Widerstand leistet, das Leben so schwer zu machen, daß er letzten Endes nicht mehr anders kann, als aus dieser Fraktion auszutreten"[349].

Im Deutschen Bundestag anerkennt der Abgeordnete *Hans Dichgans* (CDU/CSU) zwar die Notwendigkeit des geschlossenen Handelns der Fraktion, jedoch seien dem Einfluß der Parteien auf die Willensbildung des Abgeordneten zu Recht durch das Grundgesetz Grenzen gesetzt. Sie suchten zwar den Kandidaten aus, wirkten auch auf ihn ein und hätten es in der Hand, ihm die erneute Aufstellung zu verweigern, seine Entscheidung dürften sie jedoch nicht festlegen[350].

In der Enquete-Kommission für Fragen der Verfassungsreform will der Abgeordnete *Hans Dichgans* am Wortlaut des Art. 38 GG und der Möglichkeit zum Fraktionswechsel ohne Mandatsniederlegung festhalten[351]. Er lehnt das imperative Mandat als unrealisierbar für das parlamentarische System ab[352]. Auch meint er, der Abgeordnete dürfe „klüger sein als sein als seine Wähler, sonst hätten wir längst die Todesstrafe für Taximörder, und unsere Universitäten wären Lehranstalten nach russischem Muster. Repräsentative Demokratie bedeutet Anreicherung mit Sachverstand, Verdünnung der Emotionen"[353]. Mandatsverlsut bei Ausschluß hält *Hans Dichgans* nicht für wünschenswert, da dieser den Abgeordneten zu sehr an seine Partei bindet, die „nicht konformistische Haltung einzelner mutiger Politiker zuweilen (jedoch) eine bedeutsame allgemeine politische Entwicklung in Gang setzt"[354]. Auch müsse es „bei der Wichtigkeit einer solchen Aktion . . . den Rechtsweg mit einem Rechtszug geben"[355]. Demgegenüber sei der Mandatsverlust bei Austritt als Disziplinarmittel ungeeignet, da der dissentierende Abgeordnete wahrscheinlich in seiner Fraktion verbleibe, „aber in wichtigen Fällen unter Berufung auf sein Gewissen gegen sie" stimme[356].

Zusammenfassend ist festzustellen, daß der Mandatsverlust bei Fraktionswechsel während der 6. Wahlperiode des Deutschen Bundestages von der CDU/CSU einhellig abgelehnt wurde. Sie war es allerdings auch, die von der Möglichkeit des Fraktionswechsels, ohne das Mandat niederlegen zu müssen, im Niedersächsischen Landtag wie im Deutschen Bundestag profitierte. Dennoch kann man ihr nicht Opportunismus unterstellen, da sie augenscheinlich die Abgeordneten, die sie in der Vergangenheit verließen, nicht zur Rückgabe ihres Mandats aufgefordert hat[357]. Die abweichende Ansicht des der CDU angehörenden Bundestagspräsidenten *Eugen Gerstenmaier* – der Abgeordnete kann sich nur „von dem Gedankengut und dem politischen Programm trennen . . . , mit dem er sich um einen Parlamentsitz beworben" habe, „wenn bessere Einsicht und reifere Erkenntnis ihm das gebieten"; in jedem Fall wird dann „die Frage der Niederlegung des Mandats zwar nicht de jure, aber moralisch aktuell"[358] – fand in den Konfliktfällen bei der CDU/CSU keine Anhänger. Dieses Festhalten am freien Mandat wird am 12. 5. 1973 vom CDU-Bundesvorstand bekräftigt, der, nachdem die CDU/CSU-Bundestagsfraktion sich entgegen der durch das Präsidium der CDU und die Ministerpräsidenten der von CDU und CSU regierten Bundesländer vertretenen Auffassung mit 101 zu 93 Stimmen gegen einen Beitritt der Bundesrepublik zu den Vereinten Nationen ausgesprochen[359] und damit den Rücktritt ihres Vorsitzenden ausgelöst hatte[360], erklärt: „Die CDU kennt kein imperatives Mandat. Gewählte Abgeordnete sind in ihrer Entscheidung frei und können auch durch Beschlüsse von Parteigremien nicht gebunden werden"[361]. Die Jugendorganisation der CDU/CSU nimmt eine übereinstimmende Haltung ein. Daher kann die Prognose gewagt werden, daß die Meinung der CDU/CSU sich in dieser Frage in absehbarer Zeit nicht ändern wird. Auch die Erwägung des Bundesvorsitzenden der JU: „Ob dieser legale Akt (mit Fraktionswechslern die Regierung zu stürzen, M. M.) von den Wahlbürgern auch als legitim angesehen würde, ist nach den Erfahrungen mit dem konstruktiven Mißtrauensvotum ohnehin fraglich"[362], bleibt zu unbestimmt, als daß eine andere Schlußfolgerung gezogen werden könnte. Vielmehr kann angenommen werden, daß die Grundsatzkommission der CDU fast einhellige Zustimmung in der CDU und der CSU findet, wenn sie in ihrem 2. Zwischenbericht feststellt: „Die CDU wird es nicht zulassen, daß ein Weisungsrecht der Parteien zwischen Parlamente und Wähler geschoben wird. Der Wähler in der Bundesrepublik braucht keine Bevormundung. Eine Demokratietheorie, die zwischen gewöhnlichem Volk und ‚Basis' unterscheidet, wäre ein arroganter Rückfall in vordemokratische Elitetheorien"[363].

(2) FDP

Bei der FDP lag bis zum Beginn der 6. Wahlperiode des Deutschen Bundestages keine programmatische Aussage zur Frage des Abgeordnetenmandats vor[364]. Die Wahlplattform der FDP für den Bundestagswahlkampf 1969 sprach sich lediglich für Einführung von Vorzugsstimmen für Listenkandidaten aus[365], was ein Festhalten am freien Abgeordnetenmandat impliziert. Es entsprach dem Honoratiorencharakter der Partei, daß bis zu diesem Zeitpunkt trotz zahlreicher Austritte und Fraktionsspaltungen in Bund, Ländern und Gemeinden das freie Mandat nicht angezweifelt wurde. Die geänderte Auffassung der FDP auch in dieser Frage signalisiert ein verändertes Selbstverständnis, das sich stärker als bisher an dem Typ der Volkspartei orientiert[366].

Im Niedersächsischen Landtag kritisiert ihr Abgeordneter *Winfried Hedergott* die Praxis der NPD, von ihren Abgeordneten Erklärungen unterschreiben zu lassen, in denen sie sich verpflichten, ihr Mandat bei Austritt niederzulegen oder 30.000,– DM Vertragsstrafe zu zahlen[367], als Verstoß gegen Art. 38 GG[368]. Ferner meint er, man würde einerseits der parlamentarischen Demokratie keinen „Gefallen tun, . . . wenn wir versuchen, durch Aufstellung solcher Hürden letzten Endes den Sinn dessen, daß der Abgeordnete frei seinem Gewissen verantwortlich sein soll, in das Gegenteil zu verkehren"[369]; andererseits müsse man sich jedoch darüber im klaren sein, daß die Glaubwürdigkeit des parlamentarischen Regierungssystems in Frage gestellt werden würde, wenn die Wanderungsbewegung zwischen den Fraktionen solche Ausmaße annähme, wie in Niedersachsen[370].

Bleibt seine Auffassung noch ambivalent, läßt die Haltung der FDP-Fraktion in der Bremischen Bürgerschaft keinen Zweifel aufkommen. Sie bringt am 24. 11. 1970 ein Gesetz zur Änderung des Art. 80 der Landesverfassung der Freien Hansestadt Bremen ein, wonach die Mitgliedschaft in der Bürgerschaft unter anderem durch Austritt eines Abgeordneten aus seiner Fraktion erlöschen soll[371]. Ihr Abgeordneter *Harry John* begründet den Antrag mit dem Hinweis auf die Unruhe in der Öffentlichkeit über die Fraktionswechsel im Bundestag und in Länderparlamenten sowie auf die Fragen der Bürger „in Fällen, wo ein Abgeordneter offenbar einen Teil dieses Gewissens verloren hat oder wo es sehr schwer ist, dieses Gewissen bei ihm zu entdecken"[372]. Der Antrag wurde zur weiteren Beratung an den nichtständigen Ausschuß überwiesen und hier wegen eines möglichen Verstoßes gegen Art. 4 Landesverfassung der Freien Hansestadt Bremen (Gewissensfreiheit) von der Mehrheit gegen die Stimme des FDP-Abgeordneten abgelehnt[373].

Der Forderung der FDP-Fraktion in der Bremischen Bürgerschaft nach Mandatsverlust bei Austritt vermag sich *Hans-Dietrich Genscher* nicht anzuschließen. Auch nach dem Übertritt der *Gruppe Mende* zur CDU/CSU-Bundestagsfraktion lehnt er eine entsprechende Grundgesetzänderung ab. Nach der Auffassung des Bundesinnenministers „müsse es zu den ungeschriebenen Spielregeln der Demokratie gehören, bei einem Übertritt das Mandat von selbst zurückzugeben ... Es müsse sich in dieser Frage ein öffentliches Gewissen bilden"[374]. Einen Schritt weiter geht *Karl-Hermann Flach*. Der Generalsekretär der FDP appeliert an „politischen Abstand, persönliche Fairneß und Ehrenhaftigkeit" des dissentierenden Abgeordneten zur Rückgabe des Mandats. Wünschenswert sei auch bei einem Wahlkreisabgeordneten die Nachwahl. Da aber die Appelle bisher nichts genützt hätten, Gewissensentscheid und persönliches Kalkül der eigenen politischen Karriere oft nicht unterscheidbar miteinander verknüpft seien und sich dieses Problem rechtlich nicht lösen lasse, „ohne im Zwiespalt zwischen Gewissensfreiheit und Parteiräson die Gewichte zu sehr zu verlagern, müßten alle demokratischen Parteien eine Übereinkunft ... schließen, indem sie sich verpflichten, Überläufer nicht aufzunehmen, solange diese ihr Mandat nicht niedergelegt haben"[375]. Dagegen kritisiert *Rolf Schroers* im editorial der parteioffiziösen Monatsschrift „Liberal" die Forderung nach Mandatsniederlegung bei Fraktionswechsel. Man dürfe nicht „dem Fraktionszwang Tür und Tor öffnen, um leidige Abgeordnete auszusperren und am Ende aus dem Parlament vertreiben. Der Einigungszwang im Streitfall ist ein besseres Mittel als Sanktionen, die Übereinstimmung allzu leicht erzwingbar machen"[376]. Er meint, durch die Fraktionswechsler habe die Partei die Quittung dadür erhalten, daß sie bei der Kandidatenaufstellung „schwächlich dafür oder opportunistisch, gar oligarchisch" verfahren sei. Dieser „Denkzettel" werde „für künftige Auslesen bei der Aufstellung ihrer Kandidaten nachhaltig wirken"[377]. Der Vorsitzende der FDP-Bundestagsfraktion versucht einen vermittelnden Weg. Er lehnt eine unterschiedliche Behandlung des Mandats bei Austritt und bei Ausschluß ab, „denn sonst würde sich der Austrittswillige so lange durch abweichende Abstimmungen und Erklärungen gegen seine Partei wenden, bis nur ein Parteiausschluß übrig bliebe"[378]. Die Koppelung von Mandatsverlust und Ausschluß käme aber dem imperativen Mandat gleich. Dies sei unerwünscht, denn: „Absolute Sterilität in den Fraktionen wäre die Folge. Die so notwendige kritische Meinungsbildung, die natürlich im Regelfalle nach Abwägung aller Gesichtspunkte zur geschlossenen Haltung einer Fraktion führen sollte, wäre von vornherein unterdrückt". Daher plädiert auch *Wolfgang Mischnick* für eine Regelung, nach der ein ausgetretener Abgeordneter nicht von einer anderen Fraktion aufgenommen werden darf und fraktionslos bleiben müsse. Damit wäre ihm zugleich „die Möglichkeit genommen, bei der politischen Gruppe mitzuarbeiten, bei der er das nächste Mal kandidieren will". So sei es für ihn „schwieriger, aus dem Austritt politisches Zukunftskapital zu schlagen".

Als erste Reaktion auf den Austritt der *Gruppe Mende* aus der FDP-Bundestagsfraktion veröffentlicht diese die Rücktrittsreverse von *Erich Mende* und *Siegfried Zoglmann*, die sie am 19. 6. 1969 bzw. am 4. 7. 1969 unterzeichnet hatten[379]. Der Rücktrittsrevers von *Erich Mende* lautet: „Ich verpflichte mich, mein Mandat getreu dem Programm und den Grundsätzen der FDP wahrzunehmen. Als Abgeordneter bin ich in den verfassungsmäßigen Grundsätzen (Art. 38 GG) nur meinem Gewissen verantwortlich. Sollte ich in freier Gewissensentscheidung aus der Partei ausscheiden oder aus der Partei ausgeschlossen werden, dann werde ich mein Mandat niederlegen"[380]. Deutlicher wird der Bundesvorstand der FDP; er wirft den drei Politikern Wortbruch vor, da sie ehrenwörtlich und schriftlich erklärt hätten, „im Fall des Parteiwechsels ihr Bundestagsmandat an die FDP zurückzugeben". Die Einlösung dieser Verpflichtung sei, wie *Erich Mende* selbst gesagt habe[381] „keine Verfassungsfrage, sondern Ausdruck persönlicher Ehrenhaftigkeit . . ."[382]. *Erich Mende* meint dazu, daß es „unter normalen Umständen" wünschenswert sei, daß ein Abgeordneter sein Mandat der Partei zurückgebe, wenn er sie verließe. Jetzt könne man jedoch von solchen Umständen nicht sprechen, da die FDP „über 20 Jahre ihrer Vergangenheit zu leugnen begonnen und sich von einem Vierteljahrhundert ihrer Programmatik und politisch-parlamentarischen Praxis . . . weit entfernt"[383] habe. *Siegfried Zoglmann* will sein Mandat nicht zurückgeben, weil die FDP mit keinem Abgeordneten im Bundestag mehr vertreten wäre, „wenn sie sich schon vor der Wahl 1969 wie jetzt gespalten hätte"[384]. Von *Heinz Starke* war eine Stellungnahme nicht festzustellen. Dagegen erklärt der Abgeordnete *Wilhelm Helms* sogleich nach seinem Austritt, „daß er auch künftig in Bonn im Sinne seiner Wähler weiterarbeiten werde"[385]. Auch die Aufforderung des niedersächsischen FDP-Landesvorsitzenden *Röttger Groß*, sein Mandat der Partei zurückzugeben[386], ändert nichts an *Wilhelm Helms* Entschluß.

Die unterschiedlichen Auffassungen legen der Partei nahe, einen verbindlichen Standpunkt zu suchen. So befaßt sich am 8. 9. 1972 der zuständige Bundesfachausschuß der FDP mit den Problemen des Mandatsverlustes bei Übertritt zu einer anderen Partei, bei freiwilligem Parteiaustritt sowie bei Parteiaustritt und Parteiausschluß wegen Austritt aus der Fraktion. Es bestehen dort erhebliche rechtliche wie politische Bedenken, auf Grund deren es nicht Aufgabe der FDP sein könne, „eine Änderung des Art. 38 GG oder der ihn ausführenden Gesetze (Bundeswahlgesetz) vorzuschlagen"[387]. Die Bedenken können zumindest zu einem Teil den Ausführungen des stellvertretenden Vorsitzenden des Bundesfachausschusses für Innen- und Rechtspolitik und Vorsitzenden des rechtspolitischen Arbeitskreises der FDP-Fraktion im 6. Deutschen Bundestag *Detlef Kleinert* entnommen werden:

„1. *Ausgleichsmandate:*
Die Regelung, daß die frühere Fraktion des Überläufers ein oder zwei Ausgleichsmandate durch nachrückende Parteifreunde erhält, würde eine Verfälschung des Wählerwillens bei einem Übertritt verhindern. Die Regelung könnte jedoch durch Scheinübertritte mißbraucht werden, die ihrerseits die Mehrheitsverhältnisse verfälschen würden.

2. *Imperatives Mandat:*
Die Einführung des sogenannten imperativen Mandats mit der Möglichkeit des Rückrufs des Abgeordneten würde die Grundlage der parlamentarisch-repräsentativen Demokratie vernichten. Der Abgeordnete wäre durch absolute Bindung an den Partei- oder einen bestimmten Wählerwillen nicht mehr in der Lage, konstruktiv mitzuarbeiten. Kompromisse im Bundestag wären unmöglich.

3. *Verlust des Mandats bei Parteiwechsel:*
Der Verlust des Mandats nur bei freiwilligem Austritt aus der Partei würde dazu führen, daß sich jeder Übertrittswillige vor diesem Schritt hüten und statt dessen die Arbeit in seiner Fraktion solange sabotieren, bis er ausgeschlossen würde, um dann mit seinem Mandat überwechseln zu können. Der Verlust des Mandats, auch

für den Fall des (unfreiwilligen) Ausschlusses aus der Partei, würde in seinen praktischen Auswirkungen dem imperativen Mandat gleichkommen. Die Partei oder Fraktionsspitze könnte die Abgeordneten durch die Drohung mit Ausschlußverfahren derart ‚disziplinieren' können, daß eine demokratische Willensbildung und eine kritische Diskussion innerhalb der Fraktion verhindert würde"[388].

Dagegen ist der Ausschuß wie auch *Detlef Kleinert*[389] „der Meinung, daß die Parteien des Deutschen Bundestages prüfen sollten, ob sie es mit ihrer Verantwortung gegenüber dem Wähler vereinbaren können, sogenannte Überläufer zu animieren und in ihrer Reihe aufzunehmen. Er schlägt eine Aktion dahingehend vor, daß eine Übernahme, von Abgeordneten einer anderen Partei während des Laufes einer Legislaturperiode nicht erfolgen darf"[390]. Dieser Empfehlung folgt der Bundesparteitag der FDP: „Die FDP beschließt, Mandatsträger einer anderen Partei, die einen Fraktionswechsel vollziehen, in keinem Fall in die Bundestagsfraktion der FDP oder Fraktionen anderer Parlamente aufzunehmen oder als Gast hospitieren zu lassen"[391].

Trotz dieser eindeutigen Stellungnahme dürfte die Diskussion um das Abgeordnetenmandat in der FDP auch für die nächste Zeit nicht beendet sein, da die Jugendorganisation der FDP in ihrem kommunalpolitischen Programm beschlossen hat: „Abgeordnete können während der Wahlperiode von den jeweiligen Parteiuntergliederungen mit Zweidrittelmehrheit zurückgezogen werden, dafür rückt der auf dem nächsten Listenplatz stehende Bewerber nach. Abgeordnete verlieren ihr Mandat automatisch mit dem Ende ihrer Parteimitgliedschaft. Im Fall des Ausschlusses bedarf der Mandatsverlust der Bestätigung der aufstellenden Parteiuntergliederung mit absoluter Mehrheit"[392]. Zwar gilt der Beschluß ausdrücklich nur für Abgeordnete der Kommunalparlamente. Da jedoch zumindest einige führende Mitglieder der DJD die Auffassung vertreten, daß „überzeugende sachliche Kriterien, Abgeordnete auf anderer Ebene in dieser Beziehung anders als kommunale Vertreter zu behandeln, ... nicht gegeben" sind[393], darf man mit Auseinandersetzungen im Konfliktfalle rechnen, die die augenblickliche Position der FDP in der Frage des Abgeordnetenmandats verändern könnten[394].

(3) SPD

In der Sozialdemokratischen Partei hat die grundsätzliche Kontroverse zwischen Parlamentarismus und Rätesystem und in ihrem Rahmen die Frage des freien und des imperativen Mandats immer wieder eine Rolle gespielt. Schon 1869 entwickelte der Solinger SPD-Reichstagsabgeordnete *Moritz Rittinghausen* sein System einer direkten Volksgesetzgebung[395], das eine solche Zustimmung fand, daß *Karl Kautsky* es für notwendig ansah, ihm mit seiner Schrift „Parlamentarismus und Demokratie"[396] zu antworten. Zwei Jahre später verfaßte *Karl Marx* seine Abhandlung über den Bürgerkrieg in Frankreich[397], in der er das Rätesystem der Pariser Kommune beschrieb. Diese Gedanken sollten *Wladimir I. Lenin* in seinen Vorstellungen über die Arbeitsweise der Sowjets maßgeblich beeinflussen[398]. In der deutschen Revolution von 1918 spielte dann das Rätekonzept und seine Forderung nach dem imperativen Mandat eine gewichtige Rolle[399], wenn seine Umsetzung in die Wirklichkeit auch scheitern sollte[400].

Der Fraktionswechsel von Abgeordneten im 6. Deutschen Bundestag war so nur ein Anlaß unter vielen, der diese Frage wieder in den Vordergrund der innerparteilichen Auseinandersetzungen treten ließ[401]. So ist auch der Beschluß des SPD-Parteivorstandes vom 27. 12. 1968, mit dem wir unsere Darstellung der Auseinandersetzung in der SPD um die Frage des Mandatsverlustes bei Austritt beginnen lassen, nur als eine Zwischenstation zu werten. In diesem Beschluß heißt es unter anderem: „Mandatsträger für die Partei auf allen Stufen der Parteiorganisation und in allen Volksvertretungen sind von Weisungen der Parteigremien und der sie entsendenden Parteimitglieder frei. Sie sind ihrem Gewissen verantwortlich. Von sozialdemokratischen Mandatsträgern wird erwartet, daß sie ihrem Verhalten bei Wahlen und Abstimmungen die im Wege der innerparteilichen Willensbildung gefundenen gemeinsamen Vorstellungen und Zielsetzungen zugrunde legen. Dazu gehören auch Beschlüsse von sozialdemokratischen Fraktionen der Parlamente . . . Es ist unzulässig, die Entscheidungen eines Mandatsträgers durch Androhung von Nachteilen oder durch Versprechen von Vorteilen für ihn oder seine Angehörigen zu beeinflussen"[402].

In demselben Sinn äußert sich der Parlamentarische Geschäftsführer der SPD-Bundestagsfraktion *Karl Wienand*. Auf Grund des Art. 38 Abs. 1 Satz 2 GG könne der Abgeordnete an Beschlüsse der Partei nicht rechtlich gebunden werden[403]. Jedoch bedeute der Ausschluß der Bindung im Rechtssinne „keineswegs, daß der Abgeordnete damit von der Beachtung der Richtlinien, Empfehlungen oder Beschlüsse seiner Partei und ihrer zuständigen Gliederungen freigestellt wäre. Neben der rechtlichen gibt es nämlich auch eine politische Bindung. Sie bleibt von Art. 38 unberührt. Es steht den zustandigen Parteigliederungen auch frei, faktischen Druck auf Abgeordnete auszuüben, etwa dadurch, daß politische Konsequenzen – etwa die Nichtwiedernominierung und die Abwahl aus Parteiämtern – angedroht werden"[404]. Auch die Einführung des Mandatsverlustes bei Austritt lehnt *Karl Wienand* ab. Unter Berufung auf *Konrad Hesse* führt er aus: „So unverständlich es scheinen mag, Art. 38 Abs. 1 GG läßt keinen Spielraum für einen Mandatsverlust. Es wäre unzulässig, in den Wahlgesetzen einen Mandatsverlust für im Wahlkreis direkt gewählte Abgeordnete vorzusehen. Allenfalls käme der Mandatsverlust für diejenigen Abgeordneten in Frage, die ihr Mandat ausschließlich der Liste verdanken – über diesen Punkt streiten sich die Juristen. Auch aus praktischen Erwägungen wäre es sinnlos, wenn man die Wahlgesetze so ändern würde, daß der Austritt aus einer Partei oder Fraktion mit der Folge des Mandatsverlusts verbunden wäre. Das würde nämlich dazu führen, daß Abgeordnete, die mit der Politik ihrer Partei oder Fraktion nicht mehr einverstanden sind, die Fraktion nicht verlassen, sondern in ihr als eine Art ‚Kartei-Leiche' formell ihr Dasein fristen"[405].

Dem steht die Auffassung der Jungsozialisten in der SPD entgegen, die das imperative Mandat fordern[406]. Dies gilt nicht nur für das Verhältnis zwischen Partei und Abgeordneten, sondern auch zwischen Belegschaft und Betriebsrat[407]. Auch rätedemokratische Modelle für Kommunen werden vertreten[408]. Es ist eine Antwort auf diese Vorstellungen, wenn in den „Stellungnahmen des SPD-Parteivorstandes zu den Beschlüssen des Bundeskongresses der Jungsozialisten in Bremen vom 11.–13. Dezember 1970" als Anhang der auf Empfehlung von Parteirat, Parteivorstand und Kontrollkommission vom Parteivorstand am 26. 2. 1971 gefaßte Beschluß beigefügt wird: „Die politischen Parteien und ihre Organisationen können und sollen nicht nur turnusmäßig durch die Kandidatenaufstellung, sondern auch durch aktuelle Beschlüsse und Stellungnahmen die politische Willensbildung beeinflussen. Deutlich muß jedoch bleiben: Die Begriffe Mitwirkung und Beeinflussung schließen nicht die Vollzugspflicht durch gewählte Abgeordnete und die von ihnen gestellten Organe ein. Die Unabhängigkeit der durch Volkswahl gewählten Mandatsträger in Bund, Ländern und Gemeinden darf nicht angetastet werden"[409]. Auch *Erhard Eppler* lehnt das imperative Mandat ab, meint allerdings, was auf ein Plädoyer für eine verstärkte Bindung des Abgeordneten an die Partei hinausläuft, daß der Ruf nach dem imperativen Mandat umso lauter werde, „je weniger die Führungsspitzen sich an das halten, was Parteitage beschlossen haben. Und er wird umso leiser, je mehr sie sich bemühen zu realisieren, was die Parteitage beschlossen haben. Man kann unmöglich so tun, als wären die Parteitagsbeschlüsse ein Fetzen Papier und gleichzeitig gegen das imperative Mandat wettern"[410]. In Konsequenz der Forderung nach dem imperativen Mandat beschließen die Jungsozialisten einen präzisen Themenkatalog für die Befragung von Kandidaten der Partei zur Wahl zum 7. Deutschen Bundestag mit zum Teil detaillierten Hinweisen zur Fragetechnik[411]. Diese Schrift führt zu einem Konflikt zwischen Partei und Jugendorganisation. Der Bundesgeschäftsführer der SPD nimmt sie „unter Verschluß"[412], während Parteirat, Parteivorstand und Kontrollkommission ihre Erwartung ausdrücken, daß die Jungsozialisten auf die Verbreitung des Papiers verzichten[413].

Angesichts der unterschiedlichen Auffassungen in der grundsätzlichen Frage des freien oder imperativen Mandats kann die lebhafte Diskussion um die Frage des Mandats bei Fraktionswechsel nicht verwundern. Im Niedersächsischen Landtag meint Ministerpräsident *Georg Diederichs* (SPD) unter Berufung auf *Gerhard Leibholz*, die „gewisse Dissonanz" von Abs. 21 und 38 GG solle zu einem freiwilligen Mandatsverzicht bei Parteiwechsel führen[414]. Ausführlich befaßt sich der Abgeordnete *Peter v. Oertzen* (SPD) mit der Frage des Fraktionswechsels. Er verweist zunächst auf das vom *Bundesverfassungsgericht* im SRP-Urteil behauptete Spannungsverhältnis der Art. 21 und 38 GG[415]. So sei zwar die Mandatsmitnahme bei Fraktionswechsel nach der gegenwärtigen Rechtslage möglich, und auch politisch sei „relativ wenig dagegen einzuwenden, wenn es sich um Einzelfälle handelt . . ."[416]. Aber inzwischen sei „fast eine kriegsstarke Fraktion von der einen zur anderen Seite übergegangen", was eine „vollständige Veränderung des Wahlergebnisses vom Juni 1967" bedeute[417]. Daher habe es einen guten Sinn, wenn in Art. 21 GG die Parteien besonders hervorgehoben seien, was auf die Tatsache aufmerksam mache, daß der Abgeordnete sein Mandat durch die Partei erhalte und er es deshalb im Falle des grundsätzlichen Dissenses an sie zurückgeben solle[418]. Und er hebt abschließend hervor, daß nach der Rechtsprechung des *Bundesverfassungsgerichts* die von der NPD zur CDU übergetretenen Abgeordneten ihr Mandat im Falle des (ja in der Öffentlichkeit geforderten) Verbots verlören[419].

Der Austritt der *Gruppe Mende* aus der FDP facht die Diskussion um das Abgeordnetenmandat auch in der SPD erneut an. So fordert der Abgeordnete *Rudolf*

Kaffka (SPD) vom Bundesinnenminister die Vorlage eines Gesetzentwurfs, mit dem der Mandatsverlust des Listenabgeordneten und die Nachwahl des Wahlkreisabgeordneten im Falle des Parteiwechsels eingeführt wird[420]. Dem schließt sich der Abgeordnete *Karl-Heinz Hansen* (SPD) mit der Einschränkung an, daß Mandatsverlust nicht im Falle des Parteiausschlusses ausgesprochen werden dürfe: „Im anderen Fall hätten Parteigremien die Möglichkeit, unliebsame Mitglieder ihrer Fraktion über einen Parteiausschluß aus dem Parlament zu entfernen"[421].

Solchen Auffassungen tritt das Mitglied des Rechtsausschusses, der Abgeordnete *Jürgen Schmude* (SPD), im Pressedienst der Partei entgegen. Einmal hält er eine unterschiedliche Behandlung von Wahlkreis- und Listenabgeordneten für sachlich nicht gerechtfertigt, da beide ihr Mandat der Partei verdankten[422]. Zum zweiten will er keinen Unterschied von Austritt und Ausschluß machen: „Wäre nämlich nur der Austritt die Voraussetzung für den Mandatsverlust, würde selbst bei offener Gegnerschaft zur eigenen Partei kein Abgeordneter austreten. Die jeweilige Fraktion müßte damit sogar zuverlässige Gefolgsleute des politischen Gegners in den eigenen Reihen dulden"[423]. Zum dritten erkennt er an, daß der Wähler durch den Fraktionswechsler sich getäuscht fühlen könne. Der Wähler würde jedoch auch getäuscht, wenn während einer Legislaturperiode sich die Meinung der Partei zu einer wichtigen Frage wandle – er nennt das Beispiel der Mitbestimmung – und sie nun versuche, durch Parteiausschlüsse von Abgeordneten ihre Meinung auch in der Fraktion durchzusetzen. Gegen eine solche Ausschlußpraxis gäbe es als notwendige Sicherung gegen Willkür nur die gerichtliche Überprüfung, die wegen der Prozeßdauer und der Schwierigkeit des zu entscheidenden Sachverhalts nicht gewünscht werden könne[424]. Aus diesen Gründen sei eine Parteibindung des Abgeordnetenmandats nicht möglich. Dieses im Arbeitskreis Rechtswesen der SPD-Bundesfraktion erarbeitete und von einer Parlamentarierkonferenz der SPD gebilligte Ergebnis[425] bekräftigt *Jürgen Schmude* noch einmal nach dem Austritt der SPD-Abgeordneten *Herbert Hupka* und *Franz Seume*: Auch „die jetzigen Vorgänge geben keine Veranlassung, von diesem Ergebnis abzurücken ..."[426]. Die Abwehr des Fraktionswechsels unter Mandatsmitnahme könne „nur im politischen Bereich und dort vor allem bei der Kandidatenaufstellung erfolgen"[427]. Demgegenüber fordert der Abgeordnete *Adolf Scheu* (SPD) in seinem allen Partei- und Fraktionsvorsitzenden zugesandten Antragsentwurf, daß Fraktionswechsler nicht mehr von einer anderen Fraktion als Mitglied oder Hospitant aufgenommen werden dürften und somit fraktionslos bleiben müßten[428]. Auch der nordrhein-westfälische Justizminister *Dieter Posser* vertritt eine von *Jürgen Schmude* abweichende Auffassung. Zwar hält auch er den Mandatsverlust bei Fraktionswechsel nicht mit Art. 38 GG vereinbar, meint jedoch, daß die durch das Wahlergebnis festgelegten Stärkeverhältnisse in den Parlamenten durch Fraktionswechsel nicht beeinträchtigt werden dürften. Er fordert daher, „daß die Fraktion, die ein Abgeordneter verläßt, so viele neue Abgeordnete über die Reserveliste erhält, daß die ursprünglichen Stärkeverhältnisse wieder hergestellt sind"[429]. Diesem Vorschlag schließt sich der SPD-Bezirk Niederrhein mit Mehrheit an[430]. Jedoch bleibt der Vorschlag nicht ohne Kritik. So wird darauf hingewiesen, daß das „*Posser*-Modell" nicht „manipulationssicher" sei. Denn Abgeordnete könnten zum Schein austreten und eine neue Fraktion bilden; gleichzeitig rückten Abgeordnete derselben Richtung nach[431]. Außerdem werden von einzelnen Delegierten desselben Bezirksparteitages das imperative Mandat, Entzug des Stimmrechts der Fraktionswechsler und strafrechtliche Maßnahmen wegen „Betruges und arglistiger Täuschung" gefordert[432].

Auch in den Reihen der SPD wird von den ausgetretenen Abgeordneten erwartet, daß sie ihr Mandat niederlegen. Den Abgeordneten *Klaus-Peter Schulz* fordert einmal der Berliner SPD-Landesvorsitzende *Klaus Schütz* zur Mandatsniederlegung auf[433]. Die übrigen Berliner SPD-Bundestagsabgeordneten schließen sich dem an und meinen, der Abgeordnete *Klaus-Peter Schulz* solle seinem „eigenen politisch-moralischen Anspruch gerecht ... werden" und sein Mandat niederlegen[434]. Er lehnt diese Aufforderung ab. Für ihn ist die in Art. 21 GG ausgesprochene Anerkennung der Parteien eine überflüssige Selbstverständlichkeit, die aber insofern „eine problematische Entwicklung begünstigt (habe), als die Parteien geneigt sind, ihren Einfluß auch auf Bereiche zu erstrecken, um die es besser bestellt wäre, wenn personelle und Sachentscheidungen weitgehend ohne parteipolitische Einflüsse fielen"[435]. Innerhalb der parlamentarischen Sphäre stelle der Art. 38 GG das „gestörte Gleichgewicht" wieder her. So seien Parteibindung und Gewissensentscheidung gleichermaßen notwendig. Den Vorrang müsse erstere haben, wenn der Abgeordnete seine Meinung im Laufe der Legislaturperiode ändere, letztere jedoch, wenn wir in seinem Fall die Partei ihre politischen und programmatischen Grundsätze wandele: „Wenn er (der Abgeordnete, M. M.) zu einer Gewissensentscheidung gezwungen wird, dann darf er sich nicht in seinen – in meinem Falle übrigens gesicherten und auskömmlichen – Privatberuf zurückziehen, sondern dann muß er politisch tätig bleiben und logischerweise auch sein Mandat behalten ..."

Der Abgeordnete *Herbert Hupka* sieht bereits in seiner Abberufung aus den Ausschüssen durch die Fraktion einen Verstoß gegen Art. 38 GG, den er nicht hinzunehmen bereit ist. „Was soll die ... freie Gewissensentscheidung", so fragt er, „wenn hierzu dem einzelnen Fraktionsmitglied in den Ausschüssen gar keine Gelegenheit gegeben wird? ... Die offene und faire Auseinandersetzung um die Ostverträge darf nicht dadurch gesteuert und verhindert werden, daß es auf der einen Seite nur das uneingeschränkte Kommando der Fraktionsführung gibt und auf der anderen Seite die Pflicht zum strikten Gehorsam einer Kaderpartei"[436]. Ähnlich hatte er sich bereits vor der SPD-Fraktion geäußert[437]. Der Vorsitzende der SPD-Bundestagsfraktion nennt dagegen als Grund für die Zurückziehung aus den Ausschüssen, „daß die Fraktion ihre Abgeordneten vor dem Gewissenskonflikt bewahren müsse, entweder gegen die eigene Überzeugung oder aber gegen den Fraktions*auftrag* verstoßen zu müssen. Im Plenum hätte *Hupka* gegen die Verträge sprechen und gegen die Verträge stimmen können, wir hätten es ihm nicht verübelt"[438]. *Herbert Wehner* meint, dem Abgeordneten *Herbert Hupka* habe ein ehrenhafterer Weg offengestanden als der Übertritt zum politischen Gegner, „nämlich der, sein Mandat der Partei zurückzugeben, von der er es empfangen hat, die ihn auf ihre Landesliste gesetzt hat, ohne daß er in einem Wahlkreis kandidierte"[439]. Mit ähnlicher Begründung fordern auch die Abgeordneten *Rudolf Kaffka* und *Günter Slotta* (SPD) *Herbert Hupka* zur Mandatsniederlegung auf[440]. Demgegenüber weist dieser darauf hin, daß andere Abgeordnete wie *Wolfgang Stammberger* (FDP) und *Peter Nellen* (CDU) unter Mandatsmitnahme zur SPD gewechselt seien, ohne daß die Partei Einwände dagegen gehabt hätte. Auch habe nicht er seine Meinung gewandelt, sondern die Partei; er habe vielmehr im Bundestagswahlkampf 1969 dieselbe Auffassung zur Ostpolitik vertreten wie heute und habe damit für die SPD manchen Wähler gewonnen[441]. Als Abgeordneter der CDU/CSU werde er diese Auffassung weiterhin vertreten, eine Mandatsniederlegung käme nicht in Frage[442]. Darin wird er vom Abgeordneten *Bruno Heck* (CDU) ausdrücklich unterstützt[443].

Auch der Abgeordnete *Franz Seume* wird vom Berliner SPD-Vorsitzenden *Klaus Schütz* zur Mandatsniederlegung aufgefordert: „Das Mandat ist keine Aktie, mit der man mal hier, mal dort spekuliert, sondern es ist Ihnen als Sozialdemokrat gegeben worden, und wenn Sie es ernst meinen mit ihrem Gewissen, so geben Sie es der SPD auch zurück"[444]. Dieses Ansinnen weist *Franz Seume* mit den Worten zurück: „Sie wissen genau, daß ich weder politisch noch sonst spekuliere, sondern lediglich an Grundsätzen festhalte, die Sie aufgegeben haben"[445]. Er beruft sich auf den im Arbeitskreis „Rechtswesen" der SPD-Bundestagsfraktion erarbeiteten Beitrag von *Jürgen Schmude* [446], und erklärt: „Ich behalte mein Mandat, weil ich laut Grundgesetz nicht Abgeordneter einer Partei, sondern des gesamten Volkes bin und weil ich es mit meinem Gewissen ernst nehme und die Berlin- und Deutschlandpolitik vertrete, die die SPD für richtig hielt, bevor die gegenwärtige Regierung sie in ihr Gegenteil verkehrte"[447].

In der Enquete-Kommission für Fragen der Verfassungsreform fordert der Abgeordnete *Friedrich Schäfer* (SPD) nach einer bereits analysierten, problematischen juristischen Argumentation[448] die gesetzliche Einführung des Mandatsverlustes bei Austritt und das Verbot des Ausschlusses[449]. Der Abgeordnete werde dadurch „nicht diszipliniert"; ein solches Argument verkenne „die innere Ordnung demokratischer Parteien"[450]. Vielmehr werde dadurch ein „Zwang zur Diskussion" ausgeübt, „daß die Abgeordneten dazu angehalten werden, sich dieser Diskussion unter allen Umständen zu stellen und Konflikte nicht dadurch zu umgehen, daß sie sich zu von vornherein politisch einheitlichen Lagern umgruppieren"[451]. Dem Ergebnis *Friedrich Schäfers* schließt sich die Arbeitsgemeinschaft sozialdemokratischer Juristen für den Mandatsverlust bei Austritt an[452], und auch der Abgeordnete *Karl-Heinz Hansen* (SPD) bezeichnet in seiner Besprechung des Buches von *Uwe Thaysen*[453] die Einführung des Mandatsverlustes „bei Partei- und Fraktionswechsel einzelner Abgeordneter" als Teil eines Mindestkataloges einer auf Transparenz und Partizipation bezogenen Parlamentsreform[454].

Differenzierter sieht neuerdings das Mitglied des Bundesvorstandes der Jungsozialisten *Johanno Strasser* die Frage des imperativen Mandats. Er betont, daß es nicht darum gehen könne, die „Delegierten in höheren Gremien in schlechthin jeder Entscheidung zu binden"; auch der Abgeordnete habe die Möglichkeit, selbst von einem sehr konkreten Basis-Auftrag abzuweichen. Nur sollten dann beide an die Basis gehen und die möglicherweise überzeugenden Gründe nennen, die sie zu ihrer abweichenden Entscheidung veranlaßt hätten[455]. *Johanno Strasser* hebt einerseits gegenüber denjenigen, die sich auf die Gewissensfreiheit des Abgeordneten berufen, hervor: „Man kann eine Gewissensentscheidung – wenn das mehr sein soll als eine Ausrede für pure Willkür – nur anhand von Regeln treffen, von programmatischen Richtlinien. . . . Wenn man einer Partei beigetreten ist, die ja ihr Programm, ihre Parteitagsbeschlüsse hat, dann hat man bestimmte vorgegebene Regeln bejaht, an die man sich bei Entscheidungen halten muß. Etwas anderes als Gewissen ausgeben, ist nur der Versuch, sich jeglicher Nachprüfung zu entziehen"[456]. Andererseits erkennt er als besondere Funktion des freien Mandats: „In einer komplexen Gesellschaft ist es . . . notwendig, daß man höherstufige Delegationen hat mit einem relativ freien Mandat, damit relativ schnell und flexibel reagiert werden kann auf wechselnde Entscheidungslagen. Man muß sich von dieser falschen Alternative lösen: Entweder das jetzt praktizierte freie Mandat mit all diesen Gewissensausreden oder die Bindung des Abgeordneten in schlechthin allen Entscheidungen. Die Verbesserung muß dazwischen liegen"[457]. In letzter Konsequenz vermag sich *Johanno Strasser* nicht eindeutig zu der Forderung auf Einführung der Möglichkeit von Abberufung von Abgeordneten zu bekennen, auch wenn er meint, es sprächen starke Gründe insbesondere im Falle der Listenabgeordneten dafür[458]. So bleibt es für ihn bei der bereits bestehenden Möglichkeit zur Sanktion, einen den Basisbeschlüssen zuwider handelnden Abgeordneten nicht erneut aufzustellen[459].

Auch der Parteivorsitzende der SPD greift die Frage der Parteibindung in seiner programmatischen Rede anläßlich des 100. Geburtstages des früheren Vorsitzenden der Sozialdemokratischen Partei Deutschlands *Otto Wels* auf. *Willy Brandt* stellt dazu zunächst „deutlich" fest: „Das sogenannte imperative Mandat ist für die SPD kein brauchbares Instrument zur weiteren Demokratisierung unseres Staates. Die wohlverstandene Autorität des demokratischen Staates drückt sich auch in der Unabhängigkeit seiner Mandatsträger aus"[460]; er schränkt diese Aussage allerdings durch die Feststellung ein: „Diese Überzeugung wird uns nicht hindern, nach Formen zu suchen, mit deren Hilfe die parlamentarische Demokratie nach Möglichkeit durchsichtiger und wirksamer gemacht werden kann"[461]. Ob die gesetzliche Einführung des Mandatsverlustes bei Austritt, die der niedersächsische Ministerpräsident *Alfred Kubel* bei der Vorlage des SPD-Wahlprogramms im Falle eines Wahlsieges seiner Partei bei der Landtagswahl 1974 ankündigt[462], zu den von *Willy Brandt* angesprochenen Möglichkeiten zählt, „die parlamentarische Demokratie durchsichtiger und wirksamer" zu machen, kann hier nicht entschieden werden.

Zusammenfassend ist festzustellen, daß die Diskussion in der SPD über die Frage des Mandatsverlustes noch keinen Abschluß gefunden hat. Dies ist nicht überraschend, ist doch die Bandbreite der Meinungen in der Partei zu dieser Frage besonders groß: Verteidiger der gegenwärtigen Rechtslage stehen Anhängern des imperativen Mandats gegenüber. Allerdings scheint die Zahl derjenigen, die eine stärkere Bindung des Mandats an die Partei fordern, so groß zu sein, daß sich die Meinung der Bundespartei auf den Vorschlag ihres niedersächsischen Landesverbandes, den Mandatsverlust bei Austritt einzuführen, einpendeln könnte.

b) Die Kommentare der Presse

Die „Frankfurter Allgemeine Zeitung" enthält nach unseren Feststellungen die ausführlichsten Kommentare zu nahezu allen Auseinandersetzungen über das Mandat des Abgeordneten. Dabei wird einheitlich für das freie Mandat plädiert. Deswegen steht die Analyse des Meinungsbildes dieser Zeitung am Beginn unserer Darstellung. Die übrigen Zeitungen,die wir ausgewertet haben, beschäftigen sich nur gelegentlich mit dieser Frage. Hier kann von einem bestimmten Meinungsbild einer Zeitung nicht gesprochen werden, da diese Zeitungen unterschiedliche Auffassungen zu Wort kommen lassen. Deswegen werden wir die Kommentare dieser Zeitungen gemeinsam und in ihrer historischen Abfolge untersuchen.

Bereits das Rechtsgutachten des *Niedersächsischen Ministers des Innern*[463] veranlaßt die „Frankfurter Allgemeine Zeitung“ zu einem kritischen Kommentar. Sie bezeichnet es als „unerträgliche Konsequenz“ der dort vertretenen Auffassung, „daß auch ein Fraktionsausschluß zum Mandatsverlust ausreichte“. Der Abgeordnete würde „zum reinen Vollzugsinstrument der Fraktionsmehrheit“. Da aber „die Rücksicht auf die Partei ohnehin dominiere“, sei es gut, über Art. 38 GG „Abweichungen zuzulassen“[464].

Die Forderung der Jungsozialisten nach dem imperativen Mandat und die angesichts der Fraktionswechsel im Niedersächsischen Landtag erhobene Forderung, den Mandatsverlust bei Austritt gesetzlich einzuführen, veranlassen *Peter Jochen Winters* die Frage des freien und des imperativen Mandats in einem Leitartikel zu erörtern[465]. Er verweist darauf, daß sich die Anhänger des imperativen Mandats auf *Gerhard Leibholz* und seine Lehre vom Parteienstaat berufen können, die in Art. 21 GG ihre verfassungsrechtliche Stütze finde. Danach müsse sich der Abgeordnete zu den Zielen und dem Programm einer Partei bekennen und sich der Fraktionsdisziplin unterwerfen. Ihm sei es nicht verwehrt, Aufträge und Weisungen anzunehmen und im Parlament zu vertreten. Auch könne er bei einem Parteiwechsel sein Mandat niederlegen. „Würden dem Abgeordneten jedoch alle diese Handlungen zur Rechtspflicht gemacht, dann würde damit nicht die Verfassungswirklichkeit legalisiert, sondern eine neue Wirklichkeit geschaffen. In dieser neuen Wirklichkeit, im totalen Parteienstaat, der jederzeit in Gefahr steht, zum totalitären Einparteienstaat zu werden, wären Abgeordnete nur noch Marionetten an den Fäden der Parteien“. Für *Peter Jochen Winters* sind daher „imperatives Mandat und freiheitlich-repräsentative Demokratie . . . miteinander unvereinbar . . . Gerade in dem Spannungsverhältnis zwischen der Vorschrift des Art. 38 und der Anerkennung der Parteien als verfassungsrechtlich notwendige Instrumente für die politische Willensbildung des Volkes in Art. 21 liegt die Chance der Freiheit, die Stärke unseres parlamentarischen Systems“.

Der Übertritt der *Gruppe Mende* veranlaßt die „Frankfurter Allgemeine Zeitung“ zunächst darauf hinzuweisen, daß die von den Abgeordneten *Erich Mende* und *Siegfried Zoglmann* unterschriebenen Rücktrittsreverse gegen das „Prinzip des freien und von der Partei prinzipiell unabhängigen Mandats (Art. 38 des Grundgesetzes)“ verstoße und daher „verfassungswidrig“ und „rechtsunwirksam“ seien. „Mit Erstaunen“ wird vermerkt, „daß nun ausgerechnet eine liberale Partei zu diesem zweifelhaften Mittel gegriffen hat“, dessen sich bisher nur radikale Parteien wie KPD und NPD bedient hätten[466]. Einen Tag später setzt sich *Günther Gillesen* mit der Frage: „Durfte Mende das?“[467] auseinander und betont, daß die Abgeordneten „nicht zu Marionetten der Parteibüros oder Parteiversammlungen degradiert“ werden dürfen. Denn: „Nur in sehr kleinen Gemeinwesen kann es noch Demokratie ohne Stellvertreter geben. In modernen Massenstaaten mit dem gleichen, demokratischen Wahlrecht für alle, ergibt sich klar die Notwendigkeit, dem Abgeordneten auf Zeit eine umfassende Vollmacht zu erteilen, nach bestem Wissen und Gewissen zu handeln". Deshalb seien imperative Mandate von Parteitagen und der Mandatsverlust bei Ausschluß oder Austritt „unstatthaft": „Es muß einen Überlastungsschutz für den einzelnen Abgeordneten, Sollbruchstellen für die Fraktionsdisziplin geben, ohne daß von der Linie abweichende ihre Sitze räumen müssen". Art. 38 GG bestätige diese Auffassung als richtig.

Von dem Scheinübertritt des Abgeordneten *Karl Geldner* (FDP) zur CSU befürchtet *Friedrich-Karl Fromme* einen abermaligen „Schub in Richtung darauf, daß der Abgeordnete, der die Partei wechselt, verpflichtet werden möge, das Mandat aufzugeben"[468]. Er hebt demgegenüber hervor, daß in der Geschichte des Deutschen Bundestages der Fraktionswechsel eine „nicht etwa ... ganz neue Unart ist", da man seit 1949 121 Fraktionswechsel feststellen könne. Auch lasse sich aus der Geschichte dieser Wechsel beweisen, daß das Verhalten der betroffenen und der begünstigten Partei jeweils übereinstimme, die Haltung aller Parteien zur Frage des freien Mandats also schon immer eine opportunistische gewesen sei[469]. Weiter setzt sich *Friedrich Karl Fromme* mit der Auffassung *Martin Krieles*[470] von einer im Volke bestehenden „Konventionalregel" auseinander, nach der der seine Partei verlassende Abgeordnete sein Mandat aufzugeben habe. Daran sei, so *Friedrich Karl Fromme*, sicher etwas richtig; jedoch könne diese Konventionalregel nicht die bestehende Verfassungsrechtslage überwinden; vor allem „würde gerade der Teil des Publikums, dessen Auffassungen dieser Konventionalregel entspricht, sehr verwundert und empört sein, wenn es das ‚freie Mandat' als Korrektiv gegenüber der Übermacht den Partei- und Fraktionsoligarchien nicht mehr gäbe"[471]. So vermögen freies Mandat und die genannte Konventionsregel sich für *Friedrich Karl Fromme* sinnvoll zu ergänzen: Die Berufung des Abgeordneten auf sein freies Mandat sei die „ultima ratio" „gegen den auf seine Willensbildung durch die Fraktionsführung ausgeübten Druck", die Konventionalregel wiederum lasse „den Fraktionswechsel für den einzelnen Abgeordneten zu einem nicht leichten Entschluß werden"[472].

Mit dem Vorstoß der FDP-Fraktion in der Bremischen Bürgerschaft zur verfassungsrechtlichen Einführung des Mandatsverlustes bei Austritt[473] setzt sich *Peter Jochen Winters* auseinander. Für ihn entbehrt es nicht einer gewissen „Pikanterie, daß ausgerechnet die FDP, die sich als liberale Partei versteht, darangeht, eine der wichtigsten Grundlagen des freiheitlich-demokratischen Parlamentarismus zu beseitigen: das freie Mandat des Abgeordneten"[474], während die Jungsozialisten, Anhänger des imperativen Mandats, einen solchen Antrag auf ihrem letzten Bundeskongreß abgelehnt hätten; nach *Peter Jochen Winters* mit der Begründung: „Wenn einem Fraktionsaustritt automatisch der Mandatsverlust folge, dann verleite das den Parteiapparat dazu, unbequeme, weil eigenwillige Abgeordnete durch allerlei Schikanen zum Austritt aus der Fraktion zu zwingen, um unprofilierte, dem Fraktionsestablishment willfähige Jasager ... nachrücken zu lassen"[475]. Für *Peter Jochen Winters* ist das freie Mandat nach Art. 38 GG konstitutiver Bestandteil einer freiheitlich-parlamentarischen Demokratie und „stellt eine wesentliche Stütze des Abgeordneten gegen die Herrschaft des Apparates, der Parteifunktionäre dar"[476]; nur in Staaten wie der DDR sei das imperative Mandat verfassungsrechtlich verankert.

Der Fraktionswechsel der SPD-Abgeordneten *Herbert Hupka* und *Franz Seume* veranlaßt die „Frankfurter Allgemeine Zeitung" zu der Feststellung: „Übertritte von Abgeordneten ins andere Lager sind Lehrstücke der repräsentativen Demokratie"[477]. Sie weist die an die übergetretenen Abgeordneten gerichtete Forderung, ihre Mandate niederzulegen, zurück mit dem Hinweis: „Das Grundgesetz versteht den Abgeordneten nicht als Beauftragten seiner Partei"[478]. Ebenso weist sie die Kritik aus den Reihen der Regierungskoalition an den Fraktionswechslern in der Debatte um den Mißtrauensantrag der Opposition zurück und bezeichnet es als „gefährlich . . . in hohem Maße . . . , wenn sich die Vorstellung breitmachte, das Mandat der Abgeordneten . . . gehöre nicht wirklich ihnen, sondern ihrer Partei, der es zurückzugeben sei, wenn man von der Meinung der Fraktion abweichen wolle"[479]. Zwar sei das parlamentarische Regierungssystem auf die Zuverlässigkeit der Gefolgschaft der Fraktionsführungen angewiesen. Jedoch dürfe sie nicht zum „absoluten Gebot" gemacht und damit „zur vollständigen Gewißheit der Machtverhältnisse" werden, denn das „hieße jederzeit drohendem Machtmißbrauch jeden Zügel nehmen. Es muß im Parlament Sollbruchstellen geben, Sicherungen, die bei Überanstrengungen des politischen Führungswillens durchbrennen".

Wie dieser Kommentar hebt auch *Dolf Sternberger* in seinem Leitartikel zum vorzeitigen Ende der Legislaturperiode hervor, daß das freie Mandat den Regierungskoalitionen nicht nur geschadet, sondern bei der Abstimmung über den Mißtrauensantrag der Opposition ebenso genützt habe; denn auch die Opposition habe es nicht vermocht, „alle Mann an Deck zu bringen"[480]. Für *Dolf Sternberger* sollen die „Repräsentanten . . . nicht zu Hampelmännern werden, die sämtlich an einer und derselben Schnur zappeln", und er meint: „Was auch die Motive sein mögen . . . , der Entschluß muß respektiert . . . werden. Wer die Fraktion wechselt, ist kein Überläufer, denn er bleibt in einem und demselben Parlament. Parteien sind keine Armeen".

Für *Hans Buchheim* ist es „sachlich notwendig und legitim, daß der Abgeordnete spezielle Interessen wahrnimmt und auf Solidarität mit seiner Partei und Fraktion bedacht ist, aber er muß sich dabei am allgemeinen Interesse und Konsensus orientieren"[481]. Der Abgeordnete kann und muß vielfältige Abhängigkeiten auf sich nehmen, aber gerade deswegen „bedarf er einer zusätzlichen ausdrücklichen Garantie jenes Grundrechts, welches jeder Staatsbürger besitzt: die Selbstbestimmung und die Freiheit, seinem Gewissen zu folgen . . . . Artikel 38 des Grundgesetzes . . . sichert ihm jene letzte Unabhängigkeit, ohne die er nicht in eigener Verantwortung Repräsentant aller Wähler sein könnte". *Hans Buchheim* ist deshalb der Auffassung, die öffentliche Meinung müsse „die nonkonfirmistische Entscheidung eines Abgeordneten auch dann respektieren, wenn sie glaubt, er treibe damit Mißbrauch". Es gehe nicht an, die Gewissensfreiheit dem Abgeordneten formal zuzusichern, „die daraus resultierende Entscheidung aber moralisch so in Mißkredit" zu bringen, daß kein Abgeordneter mehr davon Gebrauch zu machen wage.

Die „Stuttgarter Zeitung" hält in ihrem Kommentar zur Entscheidung der Fraktionen der SPD und FDP, an der Abstimmung über den Mißtrauensantrag nicht teilzunehmen, daran fest, daß die Abgeordneten nicht verpflichtet sind, ihr Mandat bei Austritt niederzulegen[482]. Aus dem auf die Art. 21 und 38 GG gegründeten „Spannungsverhältnis zwischen völliger Freiheit und totaler Parteiabhängigkeit" folge aber im vorliegenden Fall, daß es „der Partei und Fraktion überlassen bleiben muß, das Maß an lebensnotwendiger Fraktionsdisziplin und Parteiloyalität in eigener Verantwortung festzulegen“[483], so daß die Entscheidung der Regierungskoalitionen gerechtfertigt erscheine. – Der Einwand der Opposition, das Wahlgeheimnis werde verletzt, ist damit allerdings noch nicht ausgeräumt.

In der Wochenzeitung „Die Zeit“ beschäftigt sich *Theodor Eschenburg* mit der Frage des Mandatsverlustes bei Austritt und Ausschluß[484]. Er sieht für den Gesetzgeber keine Möglichkeit, „den Parteiwechsel von Abgeordneten je nach deren Beweggründen unterschiedlich zu bewerten und dementsprechend zu behandeln“. Auch Ämterpatronage könnte kaum verhindert werden; „politische Pathologie“ sei mit dem Mittel des Mandatsverlustes nicht zu bekämpfen. Die Verknüpfung des Mandatsverlustes mit dem Übertritt hat nach *Theodor Eschenburg* nicht die von den betroffenen Parteien gewünschte Wirkung, weil der dissentierende Abgeordnete zur Rettung seines Mandats lediglich aus der Fraktion auszutreten brauche und „dann als formal fraktionsloser Mitläufer einer anderen Fraktion doch in jedem Fall für diese stimmen könnte. Wenn aber schon der Austritt „den Mandatsverlust zur Folge hätte, dann könnte eine Fraktion dem ihr unbequemen Abgeordneten das Leben zur Hölle machen .... Andererseits: Ein Abgeordneter könnte formell in der Fraktion bleiben, aber ständig gegen diese stimmen“. So würde wohl nur die Verknüpfung des Mandatsverlustes mit dem Ausschluß den gewünschten Erfolg garantieren. Dagegen sprechen nach *Theodor Eschenburg* jedoch erhebliche Bedenken; der Abgeordnete stünde dann „völlig unter der Herrschaft der Fraktion“; diese Regelung würde auf die „Institutionalisierung eines jederzeit durch Ausschlußdrohung vollstreckbaren Fraktionszwanges hinauslaufen“. Auch den Gedanken einer Nachwahl lehnt *Theodor Eschenburg* ab, da „die Hälfte der Abgeordneten über Listen gewählt werden“, eine Nachwahl nur für Wahlkreisabgeordnete aber zweierlei Recht für Abgeordnete des gleichen Parlaments“ bedeute. Ebenso hält er den Vorschlag, Ausgleichsmandate einzuführen, in dem „Drei-Parteien-System“ des Deutschen Bundestages für nicht realisierbar, da zwar ein Mandatsausgleich für die von dem Übertritt benachteiligte Partei in dem Verhältnis zur begünstigten Partei möglich sei, dieser aber zugleich ihr Stärkeverhältnis zu der dritten Partei veränderte.

„Die Welt“ kritisiert in zwei Beiträgen die Forderung der Regierungsparteien, das Abgeordnetenmandat stärker an die Partei zu binden und demzufolge den Mandatsverlust bei Austritt auszusprechen, als einen Schritt, der der Einführung des imperativen Mandats bedenklich nahe kommen würde[485]. Dem widerspreche der Art. 38, der eine Degradierung der Abgeordneten zu „Befehlsempfängern“ verhindern will: „Die erniedrigenden Schauspiele in den ‚Volkskammern‘ von totalitären Staaten gaben nach 1949 bedrückenden Anschauungsunterricht über einen vergewaltigten Parlamentarismus“[486].

c) Stellungnahmen in Leserbriefen

Die Zahl der veröffentlichten Leserbriefe, die sich mit der Frage der Parteibindung des Abgeordneten beschäftigen, ist verhältnismäßig gering. Die beiden anderen Themenbereiche stehen eindeutig im Vordergrund. – In der „Frankfurter Allgemeinen

Zeitung" wird die Möglichkeit des Austritts ohne Mandatsniederlegung verteidigt; der Art. 38 GG gebe dem Abgeordneten dieses Recht[487]. Er kann nach *Gerhard Göser*, der insofern *Horst Säcker* kritisiert, nur durch ein verfassungsänderndes Gesetz geändert werden[488]. *Ilse Manke* hält dies nicht für wünschenswert, weil eine solche Regelung den Abgeordneten, der auf Diäten angewiesen sei, über diese finanzielle Abhängigkeit politisch an die Partei binde[489].

Eine verstärkte Parteibindung hält dagegen *Helmut Kramer* für wünschenswert, um „nicht wegen Meinungsverschiedenheiten in einer einzelnen Frage die Funktionsfähigkeit des parlamentarischen Systems (zu) gefährden"[490]. „Kontinuierliche" Innen- und Außenpolitik sei auf eine verläßliche Mehrheitsbildung angewiesen, der „maßvoll angewandte Fraktionszwang" sei daher „systemnotwendig", um die Politik nicht „unberechenbaren Zufällen" auszuliefern. Das würde durch Austritt mit „Mandatseinbringung in eine andere Fraktion" geschehen. Aus vermutlich ähnlichen Überlegungen wird in „Die Zeit" der Vorschlag gemacht, die Partei solle das Recht erhalten, dissentierenden Abgeordneten das Mandat zu entziehen, während der Abgeordnete das Recht behalten solle, das Mandat aus Protest gegen die Fraktionsmeinung niederzulegen; in beiden Fällen sollte jedoch kein neuer Abgeordneter über die Reserveliste nachrücken[491]. Neben diesen differenzierteren Überlegungen wird die Formel von den „Überläufern" aufgenommen, die noch niemals „die geachtetesten Leute" gewesen seien[492]. Kategorisch wird gefordert: „Wir müssen Schluß machen mit der Überläufer-Demokratie"[493].

2. Wählerauftrag und Fraktionswechsel

a) Die Auffassungen der Parteien

(1) SPD und FDP

SPD und FDP stellen die durch die Fraktionswechsel des 6. Deutschen Bundestages betroffenen Fraktionen. Sie erheben auch übereinstimmend den Vorwurf, der in dem Wahlergebnis zum Ausdruck kommende „Wählerauftrag" oder „Wählerwille"[494] werde durch die Fraktionswechsel verfälscht. Es erscheint daher zweckmäßig, ihre Äußerungen gemeinsam zu analysieren.

Bereits in der Diskussion um die Fraktionswechsel im Niedersächsischen Landtag fallen entsprechende Äußerungen. So meint der Abgeordnete *Winfried Hedergott* (FDP), man müsse von einer „Verfälschung des Wählerwillens" sprechen, wenn bei den Fraktionswechslern keine „Gewissensentscheidung" eine Rolle gespielt hätte, sondern „manipuliert" worden sei[495]. Deutlicher wird der Abgeordnete *Helmut Kasimier* (SPD): „Dieser massenhafte Wechsel (von Abgeordneten, M. M.), der der Stärke einer jetzigen Fraktion entspricht, stellt eine derartige Verfälschung des Wählerwillens dar, daß man nicht mehr davon ausgehen kann, daß der Landtag dem Votum entspricht, daß die Wählerschaft 1967 abgegeben hat"[496]. Ebenso argumentiert der Abgeordnete *Peter v. Oertzen* (SPD)[497].

Schon die ersten Fraktionswechsler des 6. Deutschen Bundestages sehen sich dem Vorwurf ausgesetzt, durch den Fraktionswechsel werde der Wählerwille verfälscht. „Die Herren *Mende, Zoglmann* . . . haben nicht nur das in sie gesetzte Vertrauen mißbraucht, sondern auch unsere Wähler schwer enttäuscht", schreibt der FDP-Landesvorsitzende von Nordrhein-Westfalen *Willi Weyer* in einem Brief vom 14. 10. 1970 an alle Mitglieder des Landesverbandes[498]. Und der FDP-Bundesvorstand stellt zu dem Übertritt der *Gruppe Mende* fest: „Damit wird nachträglich der Wählerwille verfälscht und die Glaubwürdigkeit der parlamentarischen Demokratie geschwächt"[499]. In der Debatte um den Mißtrauensantrag der Opposition wird die Argumentationskette „Wählerwille – Verfälschung des Wählerwillens durch Fraktionswechsler – Illegitimität des Fraktionswechsels" durch den Gesichtspunkt der Illegitimität des Fraktionswechsels des Regierungssturzes erweitert. Bundeskanzler *Willy Brandt* hebt ihn bereits in seiner ersten Stellungnahme zum Mißtrauensantrag hervor: „Die Opposition hat von ihrem verfassungsmäßigen Recht Gebrauch gemacht . . . Die CDU setzt offensichtlich auf Abgeordnete, die sich nicht an den Wählerauftrag gebunden fühlen"[500], wenn er auch die Legalität des Verfahrens nicht bestreitet. Ähnlich äußert er sich im Bundestag: „. . . die Unionsparteien also setzen offensichtlich darauf, daß noch der eine oder andere Abgeordnete dem Wählerauftrag von 1969 seine eigenwillige Deutung geben könnte"[501]. Er sieht zwar in dem Parteiwechsel nichts „Ehrenrühriges", hat jedoch seine „eigene Meinung dazu, ob man willkürlich Mandate mitnehmen darf"[502]. Ähnlich argumentiert auch der FDP-Vorsitzende. Für ihn ist der Antrag der Opposition der „Versuch, eine Veränderung politischer Mehrheitsverhältnisse ohne Wählerentscheid herbeizuführen. Das trifft, unabhängig von der formalen Legitimität, den Nerv dieser Demokratie". Die FDP achtet nach seinen Worten die freie Gewissensentscheidung des Abgeordneten. „Höchster Maßstab der Gewissensprüfung müssen aber die Achtung vor dem Votum der Wähler, die Funktionsfähigkeit des demokratischen Systems und das Ansehen der politischen Partei sein"[503]. Er lehnt das imperative wie das „elitäre", d. h. das „ohne Rücksicht auf den Willen des Wählers" ausgeübte Mandat ab[504] und wirft der Opposition vor: „Sie wollen an die Regierung, ohne eine Bundestagswahl gewonnen zu haben . . . was hier gespielt werden soll, ist ein schäbiges Spiel. Sie hoffen auf Mitglieder dieses Hauses, deren Nervenkraft und Charakterstärke nicht ausreichen, in einer schweren Stunde zu ihrer Partei zu stehen oder ihr Mandat zurückzugeben"[505]. Auch der Abgeordnete *Friedrich Schäfer* (SPD) meint, nur eine aus Wahlen hervorgegangene Regierung habe eine „echte originäre Legitimation"[506]. Dagegen verfüge die aus einem mit der Unterstützung von „Zugelaufenen" erfolgreichen Mißtrauensantrag hervorgegangene Regierung nur über eine Legitimation, „die vor der Bevölkerung als manipulierte erscheinen könnte"[507]. Die Opposition respektiere mit ihrem Antrag nicht die „Entscheidung des Wählers" für die sozial-liberale Regierung[509].

(2) CDU/CSU

Der Behauptung, der Wählerwille werde durch Fraktionswechsel verfälscht, wird von den Sprechern der CDU/CSU-Bundestagsfraktion mehrfach entgegengetreten. So verweist der Abgeordnete *Hans Dichgans* darauf, daß es sich bei dem Wählerwillen um keine konstante Größe handele, da, was die Landtagswahlen bewiesen, auch die Wähler ihre Meinungen ständig wandelten[509]. Der Abgeordnete *Klaus-Peter Schulz* meint, die Bildung der kleinen Koalition sei bereits eine Verfälschung des Wählerwillens gewesen[510]. Der Abgeordnete *Günther Müller* stellt darauf ab, daß er gegen einen Kandidaten aufgestellt worden sei, „der eine scharfe linke Politik forderte" und daß er als Direktkandidat „4 000 persönliche Stimmen mehr (hatte) als die Partei, und zwar mit dieser Haltung, die von mir bekannt war"[511]. Anders bestimmt der Vorsitzende der CDU/CSU-Fraktion den Wählerauftrag. In seiner Antwort auf die erste Stellungnahme des Bundeskanzlers zum Antrag der Opposition nach Art. 67 GG, die CDU setze „offensichtlich auf Abgeordnete, die sich nicht an den Wählerauftrag gebunden fühlen"[512], meint *Rainer Barzel*: „Er (der Abgeordnete, M. M.) hat genau den Auftrag, den das Grundgesetz in seinem Art. 38 beschreibt: Seinem Gewissen zu folgen, an Aufträge und Weisungen nicht gebunden zu sein. Dies ist der Wählerauftrag, Herr Bundeskanzler"[513]. Und er zitiert aus dem Kommentar der „Frankfurter Allgemeinen Zeitung" dazu unter anderem den Satz: „Wir kämen sonst zu einem völlig schiefen Verfassungsverständnis und in die gefährliche Nähe des imperativen Mandats"[514]. Im übrigen wird das Wort „Überläufer" als ein militärischer Begriff kritisiert, „der sich auf Männer bezieht, die, aus welchen Gründen auch immer, bei Nacht und Nebel, klamm und heimlich, die eigene Truppe verlassen und zum Feinde überlaufen"[515] – dazu der Zwischenruf des Abgeordneten *Hans Apel* (SPD): „Genauso war es" – und den Regierungskoalitionen vorgeworfen, sie spielten aus opportunistischen Gründen mit dem Verfassungsgrundsatz des freien Mandats[516].

b) Die Kommentare der Presse

Bereits der Übertritt der *Gruppe Mende* löst die Diskussion in der Presse um den Wählerwillen aus. Für *Armin Grünewald* wird der „Wähler an der Nase herumgeführt"[517]; nicht wenige Wähler fühlten „sich um ihre Stimme betrogen, viele zumindest düpiert". Er „liest" die Art. 20, 21 und 38 GG „im Zusammenhang" und kommt so zu der Erkenntnis, „daß hier eine Lücke besteht, nämlich zwischen der Mitwirkung der Parteien an der politischen Willensbildung und der Art, wie diese Willensbildung in der Praxis vollzogen wird, nämlich durch Abgeordnetenmandate". Aber *Armin Grünewald* ist sich wohl selbst nicht ganz sicher, denn er fährt fort: „Wer keine Lücke zu entdecken vermag, der kann auch sagen, im Artikel 38 verflüchtige sich der Realitätsgehalt des Grundgesetzes in die reine, abstrakte Sphäre des ideell Wünschbaren . . . , in die graue Theorie". Und er beruft sich unter Zitierung des SRP-Urteils auf die These von der prinzipiellen Unvereinbarkeit der Art. 21 und 38 GG, um fortzufahren: „Wenn nicht alle Erfahrung täuscht, dann umschreibt der Artikel 21 die Rolle der Parteien nur höchst unvollständig. Sie wirken nicht nur an der Willensbildung mit, sondern sie ermöglichen sie überhaupt erst". Indem *Armin Grünewald* so ausschließlich auf den Art. 21 GG abhebt, der angeblich die dann noch näher beschriebene Wirklichkeit zu schwach abbildet, schafft er sich die Voraussetzung, nun nach dem Gesetzgeber zu rufen, damit die „Lücke" in der Verfassung, die die Mandatsmitnahme erlaubt, geschlossen werden könne, „um Mißständen vorzubeugen, die manchen Wähler an diesem Staate irre werden lassen können". Denn träten 251 Abgeordnete aus ihrer Partei aus, mit deren Hilfe sie ihr Mandat errungen haben, träten sie dann in eine im Bundestag überhaupt nicht vertretene Splitterpartei (zum Beispiel NPD, DFU oder DKP) ein, „so wären sie imstande, mit legaler Mehrheit einen Bundeskanzler ihrer Couleur zu wählen, ohne daß das Wahlergebnis zum Bundestag ihnen überhaupt legalen Eintritt ins Parlament verschafft hätte".

Ähnlich argumentiert *Hans Schueler*[518]. Er bezeichnet es als das „unbewältigte Problem der ‚Mandatsüberträger' . . . , die den Sturz der sozial-liberalen Regierung und die vorzeitige Auflösung des Parlaments bewirkten, ohne . . . ihre Wähler zuvor . . . gefragt zu haben, ob die solches denn auch gutheißen würden". Zwar vermeidet es *Hans Schueler* darzulegen, wie diese Befragung praktisch (auch angesichts des Wahlgeheimnisses) durchgeführt werden könnte, beruft sich jedoch auf Art. 20 GG und verneint die Frage, ob denn die in Art. 38 GG geforderte Freiheit von Aufträgen auch eine solche „vom Auftrag des Wählers und eigentlichen Souveräns der parlamentarischen Demokratie" sein könne; der „Zuständigkeitsbereich des individuellen Abgeordnetengewissens" werde so vom Grundgesetz selbst eingeschränkt. Dieses Ergebnis wird nach *Hans Schueler* auch durch die prinzipielle Unvereinbarkeit der Art. 21 und 38 GG bestätigt. Der Art. 38 GG könne danach nur als Verbot des imperativen Mandats und als Berechtigung des Abgeordneten verstanden werden, in „politischen Grundsatzfragen" wie bei den Ostverträgen von der Fraktionsdisziplin und dem Parteiwillen abzuweichen. Jedoch werde von der Verfassung nicht mehr gedeckt, daß Abgeordnete der Regierungskoalition zur Opposition überlaufen und helfen die Regierung zu stürzen: Eine solche „Selbstrechtfertigung der Mandatsüberläufer" läuft auf den Anspruch hinaus, den Wähler jederzeit entmündigen zu dürfen . . . Wer als Abgeordneter die Partei wechselt, hat sein Mandat niederzulegen".

Nur von einem solchen Ansatz her sind auch die Kommentare verständlich, die die Legitimität des Mißtrauensantrags der Opposition in Zweifel ziehen. Dabei können die Prämissen, die bei *Hans Schueler*, wenn auch juristisch verklausuliert, offen gelegt werden, meist nur vermutet werden. So weist die „Stuttgarter Zeitung" daraufhin, daß es zwar in Nordrhein-Westfalen schon zweimal ein erfolgreiches konstruktives Mißtrauensvotum gegen die CDU-Ministerpräsidenten *Karl Arnold* (1956) und *Franz Meyers* (1966) gegeben habe, „jedoch (waren) keine Parteiaustritte und -übertritte im Spiel"[519]; vielmehr sei jedes Mal die FDP – 1956 im übrigen unter der Beteiligung von *Walter Scheel* und *Siegfried Zoglmann* – aus der Koalition ausgeschieden.

Marion Gräfin Dönhoff meint zu demselben Thema: „Zwar läßt sich nicht bestreiten, daß das konstruktive Mißtrauensvotum eine ganz *legale* Sache ist. Viele aber bezweifelten, daß sein Gebrauch in diesem Fall auch *legitim* war"[520]. Nach ihrer Auffassung ist der Bürger „gewöhnt, daß ein Regierungswechsel im allgemeinen das Ergebnis von Neuwahlen ist, bei denen es auch auf seine Stimme ankommt, nicht aber, daß der Wechsel durch Überläufer im Parlament bewirkt wird".

Hans-Peter Schwarz konstatiert aus ähnlichen Überlegungen eine „Legitimationskrise des freien Mandats"[521], und er fragt: „Ist ein Regierungswechsel legitim, sofern er auf den Dissens vergleichsweise weniger und zumeist noch über Landeslisten gewählter Abgeordneter zurückgeht?"[522]. Er schlägt daher vor, die Legitimation des freien Mandats der Listenabgeordneten dadurch zu stärken, daß der Wähler über die Zweitstimme zugleich die Möglichkeit erhält, „seine Präferenz für bestimmte Abgeordnete – also auch für bestimmte Richtungen innerhalb der Partei – zum Ausdruck zu bringen und die Reihenfolge auf der Landesliste zu ändern“[523].

Die These von der Verfälschung des Wählerwillens durch Fraktionswechsler findet in den Kommentaren der Presse allerdings nicht nur Zustimmung. *Peter Jochen Winters* meint dazu, die Verfassungen von Bund und Ländern gingen „grundsätzlich davon aus, daß sich der Wählerwille nur im Augenblick der Wahl in der Mandatsverteilung im Parlament exakt widerspiegelt. Danach können sich die Meinungen der Wähler und der Gewählten auseinanderentwickeln . . . “[524]. Eine ähnliche Meinung vertritt *Friedrich Karl Fromme*, wenn er diesen Wähler als „eine fiktive, mit beliebigem Gesicht ausgestattete Figur“ nennt und fragt: „Wer will zum Beispiel auseinanderrechnen, wie viele Stimmen die FDP von den wenigen, die sie 1969 bekommen hat, etwa dem konservativ-schlichten Bauern *Helms* aus Niedersachsen . . . verdankte?“[525].
Auch *Dolf Sternberger* meint, die Verfassung lasse „sich nicht allein auf den Wählerwillen gründen“[526]. Daneben hätten nun einmal die Parteien und die Abgeordneten „ihren Willen, der nicht durchweg mit demjenigen ihrer Wähler“ gleichlaufe.

Ferner findet die Behauptung des Bundeskanzlers, die Opposition setze mit ihrem Mißtrauensantrag „auf Abgeordnete, die sich nicht an den Wählerauftrag gebunden“ fühlten, ein kritisches Echo. Die „Frankfurter Allgemeine Zeitung“ wendet ein, man käme damit „zu einem völlig schiefen Verfassungsverständnis und in die gefährliche Nähe des imperativen Mandats“[527]. *W. Hertz-Eichenrode* meint dazu, der Wähler erteile nach der Verfassung „keinen ‚Auftrag‘, sondern nur eine auf vier Jahre befristete Vollmacht . . . , als Parlamentarier Politik zu machen“[528]. Allenfalls könne sich der Bundeskanzler auf den „Wählerwillen“ berufen, über den sich allerdings „wenig Präzises sagen ließe, zumal die Opposition nach dem eindeutigen Wahlergebnis in Baden-Württemberg für ihre Politik den Wählerwillen eher in Anspruch nehmen könne. Der Kommentar schließt mit einer ambivalenten Stellungnahme zur Frage der Legitimität des Regierungswechsels nach Art. 67 GG: „Kanzlersturz durch ein konstruktives Mißtrauensvotum ist *legitim*. Sollte *Rainer Barzel* . . . zum Regierungschef gekürt werden, wäre er Bundeskanzler nach Verfassung und *Recht*. Dennoch: Die Abwahl des Sozialismus in unserem Land sollte sich nicht allein im Parlament vollziehen. Sie müßte *unangreifbare* Legitimität durch einen Wahlentscheid der Bevölkerung erhalten“. Die inhaltliche Übereinstimmung mit den Ausführungen des Abgeordneten *Friedrich Schäfer* (SPD) vor dem Deutschen Bundestag[529] ist evident und zugleich bemerkenswert, weil unterschiedliche Parteipräferenzen vermutet werden müssen.

Auch *Hans Buchheim* relativiert die These vom Wählerauftrag, wenn er zunächst daran festhält, daß der Abgeordnete von allen Wählern, auch von denen „die ihn ursprünglich nicht wollten“, beauftragt worden ist, und sodann behauptet, daß der Fraktionswechsler „zwar die Akzentuierung, nicht aber die grundlegende Orientierung seines Auftrags“ geändert habe[530]. Der Wähler müsse sich daher „über die ‚Geschäftsbedignungen‘ (der Wahl, M. M.) im klaren sein“. Das heißt, der Wähler müsse 1. „wissen, daß der Abgeordnete . . . dem Parteiwillen gar nicht auf Biegen und Brechen folgen darf“, und 2. daß er mit der Option für eine Partei „doch nicht einen

Markenartikel und keine Prinzipien wählt, sondern bestimmte einzelne Personen, die das Recht der Selbstbestimmung besitzen . . . ".

c) Stellungnahmen in Leserbriefen

Die veröffentlichten Leserbriefe zur Frage des Wählerauftrages sind sehr zahlreich. Sie können daher nur exemplarisch vorgestellt werden. Immer wieder wird betont, daß der deutsche (im Gegensatz zum britischen[531]) Wähler Parteien und ihre Programme wähle. Er vertraue darauf, daß die Abgeordneten im Rahmen der Programme stellvertretend für die Wähler handelten. Der Wähler fühle sich daher in seinen Erwartungen getäuscht, wenn Abgeordnete der von ihm gewählten Partei zum politischen Gegner – insbesondere aus den Regierungsfraktionen zur Opposition – unter Mandatsmitnahme wechselten. Hierzu eine Auswahl entsprechender Äußerungen:

„Da haben also wieder einmal Wähler für eine durch Programm und Politik definierte politische Gruppe votiert, für eine Partei also, und der durch Parteiwählergunst zu einem politischen Mandat gekommene handelt damit, als sei es eine Pfründe, nutzt geliehene, ihm anvertraute politische Macht für sich und gegen den Willen seiner Wähler, bringt sie nach eigener wahrscheinlich eigennütziger Entscheidung als Mitgift in eine neue, ihm plötzlich genehmere politische Verbindung sein"[532].

„Es ist erstaunlich, daß ein Abgeordneter es fertigbringt, ungeachtet der Meinung seiner Wähler, nach zweieinhalb Jahren plötzlich das ihm geschenkte Vertrauen zu brechen und aus der Partei, die doch durch ihn gewält wurde, auszutreten, um eventuell sogar in das Lager der Opposition überzuwechseln"[533].

„In der politischen Arena wird der Wählerwille einfach hintergangen . . . Solche Abgeordnete müßten automatisch ihr Mandat verlieren, sie könnten es erst wiedergewinnen, wenn ihnen mit ihrer neuen Gesinnung identische Wähler ein ausreichendes Votum geben"[534].

„*Mende* wurde als Repräsentant einer Partei gewählt, und er hat sich um das Mandat beworben als die Partei ihre politische Programmatik (Nürnberger Plattform) verabschiedet hatte. Diese Programmatik ist Teil der Regierungserklärung der SPD/FDP-Koalition. Sie blieb auch für die Politik der Fraktion der FDP verbindlich . . . Zum Zeitpunkt seines Übertritts zur CDU stand im Bundestag keine Entscheidung an, die sein Gewissen gegen die FDP hätte beschäftigen können. Also gab es weder von der politischen Substanz noch von der Aktualität her einen politisch schwerwiegenden Grund, des repräsentative Mandat der Wähler der FDP deren Opposition zuzuführen. Dazu war *Mende* nicht legitimiert. Der . . . legale Rahmen (des Art. 38 GG, M. M.) hilft hier nicht weiter, denn er setzt selbstverständlich voraus, daß das Gewissen sich zu legitimieren versteht"[535].

„Das Mandat des Wählers darf doch kein Erbhof für einen Abgeordneten sein . . . Denn . . . der Wähler erwartet von seinem Abgeordneten, daß er . . . zu der Partei und ihrem Programm steht, für die ihn der Wähler ins Parlament geschickt hat"[536].

„Der Wähler trifft mit seiner Stimmabgabe für ein Parteiprogramm gleichfalls eine Gewissensentscheidung. Er ist gezwungen, diese Entscheidung einem Abgeordneten seiner Partei anzuvertrauen; er erteilt diesem den ‚Auftrag' ihn im Parlament zu vertreten. Für die Erfüllung dieses Auftrages hat er keine andere Garantie als das Vertrauen"[537].

„Es ist eine Tatsache, daß sich der Wähler mehr als nach der Persönlichkeit des Kandidaten ... nach dessen Parteizugehörigkeit entscheidet. Er erwartet also, daß der Gewählte so gut als möglich das Programm seiner Partei verficht. Wenn dieser aber nach der Wahl seine Partei wechselt, so muß der Wähler sich betrogen fühlen"[538].

„Meiner Meinung nach muß das Ergebnis einer Bundestagswahl doch vier Jahre lang ... maßgebend für die Verteilung der Abgeordneten auf die einzelnen Fraktionen sein ... Der Wählerwille wird in empörender Weise verfälscht, wenn die vom Volke bestimmten Abgeordneten ganz nach Belieben zu anderen Parteien überwechseln und damit noch ihr Mandat mitnehmen können"[539].

Aus demselben Verständnis, aus dem diese Leserbriefe geschrieben sind, wird auch die Legitimität des Regierungswechsels durch Fraktionswechsel angezweifelt. Dazu folgende Belege:

„Es ist doch erschreckend, daß gerade solche Leute (wie die *Gruppe Mende*, M. M.) Mehrheitsverhältnisse ermöglichen, und eventuell eine Regierung als handlungsunfähigen Debattierklub erscheinen lassen"[540].

„Die demokratische Idee wird auf den Kopf gestellt, wenn mehrere Abgeordnete im Laufe einer Legislaturperiode ihre Mandate von der Regierungskoalition auf die Opposition übertragen, so daß möglicherweise der Sturz der Regierung herbeigeführt wird. Will ... (man) im Ernst behaupten, dies sei keine Verletzung der demokratischen Idee? Das würde bedeuten, daß wir nicht einen demokratischen Staat, sondern eine Repräsentativordnung haben, deren dominierende Figur statt des Volkes der Abgeordnete wäre"[541].

„Wer gibt ihm (dem Wähler, M. M.) die Garantie, daß der Kandidat, dem er seine Stimme gab und damit dem Kanzler und der Partei, die er in der Regierungsverantwortung sehen will, nicht plötzlich in ‚Gewissensnöte' kommt, die Partei wechselt und damit der Partei seine Stimme gibt, die seine Wähler eben nicht in der Regierung sehen wollten! ... Das kann doch nicht der Sinn einer ‚Volksvertretung' sein!"[542].

Ist dies nur eine Auswahl aus den Stellungnahmen, die von einer Verfälschung des Wählerauftrags sprechen[543], so konnten in den ausgewerteten Zeitungen insgesamt nur vier Leserbriefe festgestellt werden, die sich gegen die These vom Wählerauftrag wenden; zwei stammen davon noch von den CDU-Abgeordneten *Hans Dichgans* und *Herbert Hupka*[544]. Außer diesen lehnt nur *Hans Gorsler* die Behauptung von der Verfälschung des Wählerwillens als „vom engherzigen und natürlich gekränkten parteipolitischen Denken diktiert"[545] ab, während *Gerhard Staerk* meint, der Abgeordnete erhalte „von den Wählern für die Wahlperiode de facto eine Blankovollmacht"[546]. Dementsprechend müsse der Wille der Parteien im Parlament nicht mit dem Wählerwillen „identisch" sein, sonst „wären Wahlen in der Demokratie überflüssig und unsinnig". Es ist auch *Hans Gorsler*, der den Vorwurf der Illegitimität des Regierungswechsels durch Fraktionswechsel zurückweist: „Es ist überaus fraglich, ob die derzeitige Regierungskoalition eine von Anfang an von allen ihren Wählern getragene Exekutive ist. Für viel wahrscheinlicher würde ich es halten, daß die zwischenzeitliche Abwanderung von Abgeordneten nur eine Teilkorrektur der seit langem falschen Interpretation des Wählerwillens darstellt"[547].

3. Zwischen Gewissensentscheidung und Korruption – Zur Motivation der Fraktionswechsler

a) Die Auffassungen der Parteien

(1) CDU/CSU

Die Fraktionswechsler begründen wie dargelegt ihre Entscheidung, ihre Partei zu verlassen, ausschließlich mit dem veränderten Kurs ihrer Parteien, in den von ihnen jeweils als besonders bedeutsam angesehenen Fragen. Die neue politische Richtung könnten sie nicht mehr vertreten; ihr Gewissen zwinge sie, das nicht nur öffentlich zu sagen, sondern auch die Konsequenzen zu ziehen und ihre Partei zu verlassen.

In dieser Argumentation werden sie von der sie aufnehmenden Fraktion der CDU/CSU unterstützt. Immer wieder betont die Fraktion, daß nicht die Fraktionswechsler ihre politischen Überzeugungen geändert hätten; die Wahrheit sei vielmehr, „daß sie sich zu ihrem gewiß nicht leichten Schritt entschlossen haben, weil nicht sie, sondern ihre Parteien ihre Politik in entscheidenden Punkten geändert haben“[548]. In diesem Sinne hebt der Fraktionsvorsitzende *Rainer Barzel* in seiner Antwort auf den Antrag des Bundeskanzlers nach Art. 68 GG die Motive der Fraktionswechsler und der Abgeordneten *Gerhard Kienbaum* (FDP) und *Knut v. Kühlmann-Stumm* (FDP), die ihre Mandate niedergelegt hatten, noch einmal hervor[549], während die zur Fraktion der CDU/CSU übergetretenen Abgeordneten *Klaus-Peter Schulz, Günther Müller* und *Erich Mende* ihre Position selbst darlegen[550].

(2) SPD und FDP

Demgegenüber betonen die betroffenen Parteien mögliche andere Motive. Teils wird von mehreren Fraktionswechslern behauptet, sie wären als Kandidaten zum 7. Deutschen Bundestag von ihren bisherigen Parteien überhaupt nicht oder nur auf unsicheren Plätzen aufgestellt worden; nur durch den Fraktionswechsel hätten sie ihr weiteres Verbleiben im Parlament sichern können[551]. Teils wird behauptet, die Opposition habe gut dotierte Stellungen[552] oder Beraterverträge angeboten[553]; auch von unmittelbaren finanziellen Zuwendungen wird gesprochen[554]. Damit wird der Vorwurf der Korruption erhoben, der bei dem „Scheinübertritt“ des Abgeordneten *Karl Geldner* (FDP) zur CSU eine gewisse Plausibilität gewann[555].

In der Debatte um den Mißtrauensantrag der Opposition wird der Vorwurf der Korruption mehrfach aus den Reihen der Koalition laut. So meint der Abgeordnete *Dietrich Sperling* (SPD) nach dem Hinweis, daß das Thema Beraterverträge von Abgeordneten immer noch nicht gelöst sei, und angesichts der Tatsache, daß die Fraktionen der SPD und FDP beschlossen haben, während der Abstimmung über den Mißtrauensantrag im Plenarsaal auf ihren Plätzen zu bleiben und nicht an der Abstimmung teilzunehmen, um mögliche Dissidenten bloßzustellen[556], daß jeder Abgeordnete, der an der Abstimmung sich beteilige, „unter dem Verdacht (stehe), einen honorierten Gang zur Urne zu tun"[557]. Der FDP-Vorsitzende bestreitet die Ehrenhaftigkeit der Motive der Fraktionswechsler mit den Worten: „Hüten wir uns davor, große Worte (wie Gewissensentscheidung, M. M.) zu strapazieren, wenn es um ganz handfeste Dinge geht. Die Sicherung der persönlichen Zukunft ist keine Gewissensfrage"[558]. Und der Bundeskanzler meint: „Über die Methoden, mit denen man glaubt, der Überzeugung einzelner gelegentlich nachhelfen zu können, wird sich vermutlich im Laufe der Zeit auch noch einiges zutage fördern lassen"[559]. Der Stenographische Bericht vermerkt an dieser Stelle „Beifall bei den Regierungsparteien", bei den Ausführungen des Bundesaußenministers war dieser sogar „lebhaft". Von der Opposition kommt augenscheinlich keine Reaktion; nur der Abgeordnete *Dietrich Sperling* (SPD) handelte sich „Pfui-Rufe" und Zwischenrufe wie „unerhört" und „Unverschämtheit" ein. Als dagegen der Bundeskanzler zu Beginn des Wahlkampfes seine Äußerungen vor dem Parlament in einem „Spiegel"-Interview sinngemäß wiederholt, bricht bei der Opposition, aber auch in der Öffentlichkeit ein Sturm der Entrüstung los:

„*Spiegel:* War Korruption im Spiel?
Brandt: Daran kann für mich kein Zweifel sein.
Spiegel: Bei wem?
Brandt: Das wird alles noch rauskommen"[560].

Noch am selben Tag fordert der der CDU angehörende Bundestagspräsident den Bundeskanzler auf, seinen Vorwurf, der „alle Abgeordneten (trifft), die in den letzten drei Jahren ihre Fraktion gewechselt haben" und der das Ansehen des Parlaments „ins Zwielicht" gerückt hat, zu konkretisieren[561]. Selbst die der FDP angehörende Bundestagsvizepräsidentin *Liselotte Funcke* meint: „Jeder, der pauschale Angriffe startet, sollte sie beweisen können. Es wird Sache des Kanzlers sein, dies zu tun"[562]. Und der Abgeordnete *Herbert Hupka* (CDU/CSU) nennt den Vorwurf der Korruption in seiner Presseerklärung eine „infame Lüge" und als einen „lediglich aus der Katastrophe der eigenen Niederlage erklärbaren Rufmord"[563]. Der Versuch des Bundeskanzlers vor der Bundespressekonferenz am 27. 9. 1972, seine Äußerungen mit dem Hinweis auf seine „subjektive Überzeugung" herunterzuspielen, mißlingt; bereits hier wird er aufgefordert, „Roß und Reiter" zu nennen[564]. Die CDU verweigert am 28. 9. 1972 so lange die Unterschrift unter das Wahlkampfabkommen der Parteien, bis der Bundeskanzler seinen Vorwurf beweise oder zurückziehe[565]. In zwei Gesprächen zwischen Bundestagspräsident und Bundeskanzler wird keine Einigung erzielt. Letzterer interpretiert den Begriff der Korruption dahingehend, daß es sich nicht in jedem Fall um „finanzielle Zuwendungen" handeln müsse; auch das Angebot sicherer Mandate, die Erhaltung politischen Einflusses und die Sicherung der persönlich-politischen Karriere „können in die gleiche Richtung wirken"[566]. Der Bundestagspräsident stellt demgegenüber fest, der Bundeskanzler habe weder seine Behauptungen bewiesen noch zurückgenommen: „Dieser Vorwurf (der Korruption, M. M.) ist nicht begründet"[567]. Auch die SPD-Abgeordneten *Günther Metzger* und *Hans Bardens* können keine überzeugenden Beweise in ihren Ausführungen vom 11. 10. 1972 vor der Bundespressekonferenz vorlegen[568]. Während die Informationen des Abgeordneten *Hans Bardens* (SPD) nur aus zweiter Hand stammen[569], kann der Abgeordnete *Gün-*

ther Metzger (SPD) konkret nur von einem Angebot an den Abgeordneten *Günther Müller* (CDU/CSU) über eine Professur berichten. Letzteres wird von *Franz-Josef Strauß* und *Günther Müller* dementiert[570]; letzterer nennt den Bundeskanzler einen „Lügner"[571]. Der Abgeordnete *Erich Mende* (CDU/CSU) wendet sich an den Bundespräsidenten mit der Bitte, „aller Staatsbürger vor allgemeinen Diffamierungen zu schützen, die in unserem Land von den Freiheitsrechten Gebrauch machen, eine demokratische Partei zu wechseln . . . "[572]. Bundespräsident *Gustav Heinemann* macht *Erich Mende* in seiner Antwort darauf aufmerksam, daß er selbst zwar auch inzwischen der dritten Partei angehöre, in keinem Fall jedoch einen Parteiwechsel unter Mandatsmitnahme vollzogen habe[573]. Im übrigen nimmt *Gustav Heinemann* die Formulierung vom Wählerauftrag auf: „Der Auftrag hebt den Artikel 38 des Grundgesetzes nicht auf, verpflichtet aber meines Erachtens einen Abgeordneten, bei einem mit Mandatsübertragung verbundenen Parteiwechsel eben auch an den Auftraggeber zu denken"[574]. Demgegenüber hält der Abgeordnete *Erich Mende* (CDU/CSU) in seinem Antwortschreiben daran fest: „Läßt man dennoch (d. h. im Gegensatz zu Art. 38 GG, M. M.) einen Wählerauftrag oder einen Parteiauftrag gelten, bewegt man sich vom freien Mandat in Richtung auf imperative Mandat hin"[575].

b) Die Kommentare der Presse

Auch in der Presse finden sich zahlreiche Hinweise auf ein angebliches wie auch immer geartetes materielles Interesse der Fraktionswechsler, mit denen ihre, folgt man ihren Erklärungen, in Überzeugungstreue wurzelnde Entscheidung in Zweifel gezogen wird. So wird von den Abgeordneten *Erich Mende, Siegried Zoglmann, Herbert Hupka* und *Wilhelm Helms* behauptet, sie hätten mehr oder weniger damit rechnen müssen, für den 7. Deutschen Bundestag nicht wieder auf einen aussichtsreichen Platz aufgestellt zu werden[576]. „Der Spiegel" berichtet, „in Bonn (sei) die Rede von einer finanzellen Altersversorgung" für den Abgeordneten *Herbert Hupka* durch die CDU/CSU[577]. Von *Erich Mende* wird gesagt, er laufe „Gefahr, dem Bild immer ähnlicher zu werden", das seine Gegner von ihm entworfen haben: „ein Anpasser und Umfaller, ein Mann der hohlen Suada, zerfressen vom Ehrgeiz des bloßen Karrieristen"[578]. *Erich Mende,* den „versprengten Offizier ohne Soldaten", hätten in der Vergangenheit „Ehrgeiz und Geltungsbedürfnis" auch zu bemerkenswerten Leistungen angespornt, jetzt jedoch zählten nur noch seine Schwächen: „die eitle Sucht, sich stets in Pose zu setzen, die Gier auf öffentliche Beachtung, das mangelnde Stehvermögen, die bis zur Grenze der Anbiederei betriebene Neigung, Sympathie und Vertrauen zu erwecken, die pathetischen Reden über die Gewissensentscheidung des Politikers, wo es oft lediglich um Pragmatismus ging". Ähnlich wird der Abgeordnete *Wilhelm Helms* als ein Mann gekennzeichnet, der durch den Austritt aus der FDP einmal einen „Ausflug in die Welt der großen Politik" machen wollte und dennoch ein „politischer Sonntagsmaler" bleibe[579]; in Analyse und Entscheidung der Probleme, um die es gehe, sei er völlig überfordert[580]. Auch der Abgeordnete *Heinz Starke* wird so charakterisiert. Er gilt einigen als ein Mann, der als „hypersensible(r) Finanzminister . . . *Konrad Adenauer* zermürbte"[581] und dessen „Nervenkostüm . . . schon nicht mehr in Ordnung (war), als er für kurze Zeit glückloser Bundesfinanzminister war"[582].

So wird mit verschiedenen Gründen die Überzeugungstreue einzelner Fraktionswechsler in Zweifel gezogen. *Hans Dieter Kloss* schlußfolgert daraus in seinem Kommentar in der „Stuttgarter Zeitung", daß das „konstruktive Mißtrauensvotum als notwendiges Instrument einer parlamentarischen Demokratie . . . in ein schiefes Licht geraten ist . . . durch den Übertritt von gewählten Abgeordneten, die in den Verdacht gerieten, ihnen sei der Übertritt durch materielle Vorteile schmackhaft gemacht worden"[583]. Mit diesen Argumenten zieht er die Legitimität *dieses* Mißtrauensantrages in Zweifel. Noch deutlicher wird „Der Spiegel" in seiner Beurteilung des gescheiterten Mißtrauensantrages der Opposition und der damit verbundenen Ereignisse. Sein Kommentar faßt die bisher von uns nur verstreut festgestellten Gesichtspunkte der Polemik gegen die Fraktionswechsler in einer einzigartigen Weise zusammen:

„Am Ende einer Woche politischer Abenteuer, in die *Barzel* und seine Union sich, den Staat und die Gesellschaft gestürzt hatten, stand der wieder zu früh gestartete Kanzler-Kandidat vor der bitteren Erkenntnis: daß es sich ebensowenig lohnt, die Macht durch unseriöse Verlockungen und Versprechungen zu erstreben wie auf die Unterstützung desperater Überläufer zu zählen. In seinem Drang zur Macht stützte er sich auf ein Trio schwacher Chargen und verhalf ihnen für Tage und Stunden zu zweifelhafter Berühmtheit:

- dem politisch überforderten, auf dem heimischen Hof überschuldeten Bauern *Wilhelm Helms,* dem parlamentarisches Überleben seine bürgerliche Existenz garantiert;
- dem von manischen Stimmungen getriebenen Edelmann *Knut Freiherr von Kühlmann-Stumm*, der den Kampf gegen Brandts Ostpolitik zu seinem ‚Lebenszweck' erklärt hat;
- dem aufs Geschäft versessenen oberbergischen Querkopf *Gerhard Kienbaum*, der sein Privatinteresse gern über das Wohl von Partei und Koalition stellt.

Drei Scheingrößten haben die Republik an den Rand einer Staatskrise gebracht"[584].

Wie die Opposition und die Fraktionswechsler selbst so betont demgegenüber *Hans-Erich Bilges* in „Die Welt" die Überzeugungstreue der Fraktionswechsler; die Parteiführungen hätten seit Beginn der Legislaturperiode „um die Haltung der heute von ihnen zu Gewissensfrevlern herabgestuften Abgeordneten"[585] gewußt. Ähnlich äußert sich auch der Verleger dieser Zeitung vor der 26. Vertriebstagung seines Konzerns. *Axel Springer* meint, wenn die Fraktionswechsler „Überläufer" genannt würden, daß er ebenfalls als ein solcher bezeichnet werden müßte. Denn er habe früher, was er nun nicht mehr könne, die Politik *Willy Brandts* unterstützt. Er habe aber nicht wie auch die Fraktionswechsler seine Überzeugung geändert: „In Wirklichkeit haben natürlich *Willy Brandt* und seine Freunde die Kertwendung gemacht . . . Dieser Umschwung von Fraktionen und Parteien war möglich, weil viele in ihren Reihen den Weg mitgegangen sind, die ganz einfach zu allem ja sagen, was die Partei tut oder befiehlt"[586].

Zu den Behauptungen, bei denen Fraktionswechslern hätten auch von der Opposition zugesicherte materielle Anreize in welcher Form auch immer eine Rolle gespielt, finden sich auch solche, die Ähnliches den Regierungsparteien unterstellen. So soll der Bundesminister des Inneren im Juni 1970 versucht haben, den Abgeordneten *Siegfried Zoglmann* durch einen Staatssekretärsposten an die Koalition zu binden[587]. Den FDP-Abgeordneten *Wilhelm Helms, Georg Gallus* und *Gerhard Kienbaum* sei die Wiederaufstellung auf sicheren Plätzen für den 7. Deutschen Bundestag durch ihre Partei versprochen worden, wenn sie Parteidisziplin wahren würden[588]. Dem Abgeordneten *Gerhard Kienbaum* sei darüber hinaus das noch zu schaffende Industrieministerium in der nächsten Regierung zugesagt worden[589]. Dem Abgeordneten *Günther Müller* (SPD) habe man unter denselben Bedingungen einen „lukrativen Botschafter-Posten" durch die SPD angeboten[590], während für ihn wenig später der für die SPD sichere Wahlkreis Nürnberg im Gespräch ist[591].

Ob all diese Behauptungen materieller Angebote von welcher Seite auch immer zutreffen, muß dahingestellt bleiben. Es kommt darauf in unserem Zusammenhang auch gar nicht an. Hervorzuheben ist vielmehr die Ausschließlichkeit, mit der auf Überzeugungstreue *oder* materielle Bindungen abgestellt wird. Selten findet man Hinweise, daß beides sich nicht ausschließen müsse, wie bei *Eduard Neumaier*: „Wäre *Hupka* mit Mandatszusicherungen zu bestechen, wären *Erich Mende* oder selbst der wieselige *Zoglmann* lediglich darauf aus gewesen, so hätten sie sich dies leichter machen können. Sie hätten nur mit den Wölfen heulen, in ihrer Fraktion die vermeintlichen oder tatsächlichen Umorientierungen mitvollziehen zu müssen. Es muß also wohl auch Beweggründe für die Partei- oder Fraktionswechsel geben, die sich nicht nur mit Zerstörungswut an der eigenen Partei und mit Käuflichkeit erklären lassen. Es muß, mit anderen Worten auch Gewissensentscheidungen geben"[592]. Die Härte der Auseinandersetzung, die Polarisierung der politischen Standpunkte im Machtkampf zwischen Regierung und Opposition besonders im April und Mai 1972 sowie der heraufziehende Wahlkampf erlaubten im übrigen auch der Presse kaum differenzierende Kommentare.

c) Stellungnahmen in Leserbriefen

Zur Frage der Motive der Fraktionswechsler läßt sich eine größere Zahl von Meinungsäußerungen in Leserbriefen feststellen. Eindeutig überwiegen dabei die Stellungnahmen, die die Überzeugungstreue der betreffenden Abgeordneten in Zweifel ziehen. Hierzu folgende Auswahl:

„Die wahren Vorder- und Hintergründe, die MdB *Helms* zum Parteiaustritt ... veranlaßten, wird die Öffentlichkeit vermutlich nie erfahren"[593].

„Wie kann man ihm (dem Abgeordneten, M. M.) gestatten, über ‚sein' Mandat wie über einen Privatbesitz zu verfügen, den er entweder behält, verschenkt – oder verkauft?"[594]

„Mir will scheinen, daß das Volk ein Recht auf die Gewissensforschung der Abgeordneten hat, beziehungsweise durch was oder wieviel das ‚Gewissen" mobilisiert wurde"[595].

„Wenig Verständnis bringen viele Wähler für die Zickzackkurse auf, die wir bei zweifelnden Bundestagsabgeordneten in den letzten Wochen erleben mußten ...

Auch gutmütige Zuschauer zweifeln, ob hier nur das Gewissen die Entscheidung bestimmt hat"[596].

„So hat der ehrenhafte Don Quichote (gemeint ist der Abgeordnete *Herbert Hupka*, M. M.) seinen von Edelmut triefenden Abgang, und die Diäten können weiter kassiert werden"[597].

In diesem Zusammenhang wird auch die Möglichkeit der Abwerbung von Abgeordneten durch die Opposition mit finanziellen Mitteln angesprochen:

„Mit einiger Phantasie kann ich mir sogar vorstellen, daß einige Leute in unserem Lande, wie uns vor einiger Zeit die ‚*Geldner*-Affäre' gezeigt hat, einen Parteiwechsel unter Umständen sehr gut honorieren würden"[598].

„Man darf vermuten, daß . . . kapitalkräftige Parteien in Versuchung geführt werden, Abgeordnete des Gegners abzuwerben. Dies wäre eine bequeme Methode für eine Opposition, ohne riskante Neuwahlen an die Macht zu gelangen"[599].

Können die kritischen Stellungnahmen nur in einer Auswahl vorgestellt werden[600], so sind insgesamt nur vier Leserbriefe festzustellen, die die von den Fraktionswechslern hervorgehobene Gewissensentscheidung für glaubwürdig erachten. So wirft ein Leser dem „Spiegel" vor: „Sie machen hier Bemerkungen über Abgeordnete, die sich redlich bemühen, um ihrer Aufgabe und Verantwortung gerecht zu werden"[601], und *Jeanne Hesse* meint: „Tatsächlich gehört heute anerkennenswerter Mut dazu, sich der Parteidisziplin zu entziehen, um dem eigenen Gewissen zu folgen"[602]. *F. Münch* kritisiert die Tendenz von „Politologen", „Zwecke und Werte von Institutionen (wie das freie Mandat, M. M.) nicht zu sehen"; ihr Mißbrauch sei ihnen „interessanter als der gute Brauch"[603]. Er fährt wenig später fort: „Man kann auch fragen, woher jemand das Recht nimmt, sich über Korruption zu beklagen, wenn man das Gewissen als überholt beiseite schiebt. Wenn der Abgeordnete bei der Wahl nur ein Geschäft mit seiner Partei macht, warum soll er dann nicht ein besseres mit einer anderen machen dürfen? Oder gibt es da eine Ganovenehre? " Solche Bedenken und Einwände werden von der Mehrzahl der Leserbriefschreiber jedoch nicht anerkannt. Ihre Stimmung drückt vielleicht *Harald Voss* am deutlichsten aus, wenn er schreibt: „Wer hier noch von Volksvertretern spricht, meint wahrscheinlich Handelsvertreter"[604].

V. Analyse und Kritik des Meinungsbildes

1. Der Erfolg der Argumentation der Regierungsparteien

Unsere Untersuchung des Meinungsbildes über den Fraktionswechsel begann mit der Analyse der rechtswissenschaftlichen Äußerungen. Diese werden in Parlamentsdebatten, Stellungnahmen der Parteien und in einigen Kommentaren der Zeitungen wieder aufgenommen[605]. In Leserbriefen finden sie sich nur sporadisch[606]; in ihnen wird vielmehr wie auch sonst in der von Parteien und Zeitungen geführten Diskussion überwiegend auf angebliche Vor- oder Nachteile einer verstärkten Parteibindung des Abgeordneten, auf die angeblich vorliegende oder fehlende Berechtigung der Forderung nach mehr Mitbestimmung des Wählers durch den Wahlakt und auf den tatsächlichen oder vorgegebenen Mißbrauch des Mandats durch die Fraktionswechsler abgestellt. In dieser Diskussion dominieren eindeutig die Parteien: Sie wählen die Argumente nach Belieben aus, ihre Aktionen und Äußerungen werden von der Presse zustimmend oder ablehnend kommentiert, der Bürger nimmt ihre Argumente auf und reformuliert sie. Rechtswissenschaftliche Argumentation, bis 1968 übereinstimmend in der Ablehnung des Mandatsverlustes bei Austritt, öffnet sich seit der Regierungskrise in Niedersachsen zunehmend den Argumenten für eine verstärkte Parteibindung des Abgeordneten und verhilft einer in den Regierungsparteien SPD und FDP vertretenen Ansicht zur Reputation einer wissenschaftlichen Minderheitsmeinung, die nicht mehr übergangen werden kann. Unsere oben formulierte Hypothese, die unzureichende methodologische Basis der bisherigen Verfassungsinterpretation schließe eine pragmatische Anpassung rechtswissenschaftlicher Ergebnisse an politischen Strömungen nicht aus[607], wird damit bestätigt. Die Presse leistet keinen erkennbaren eigenständigen Beitrag zur Problemlösung, sondern bleibt Resonanzboden der Argumentation der Parteien. Wo ein eigenständiger Beitrag vom Bürger kommt[608], bleibt er unberücksichtigt. Wir formulieren daher die Hypothese: Die Parteien haben in der Frage des Fraktionswechsels das Meinungsbild entscheidend bestimmt. Sie bewährt sich auch durch nachfolgende Überlegungen.

Mit dem Fraktionswechsel von Abgeordneten werden drei Probleme diskutiert: (1) Verstärkung der Parteibindung, (2) politische Teilhabe durch Stimmabgabe bei der Wahl, (3) Mandatsmißbrauch. Die Regierungsparteien SPD und FDP als die von den Fraktionswechseln Betroffenen finden dafür einprägsame Formeln: (1) „Überläufer“, (2) „Verfälschung des Wählerauftrages“, (3) „Korruption“, die von einem Teil der Presse und der Wähler bereitwillig aufgenommen werden. Diese Formeln kennzeichnen die „Reduktion von Komplexität“ (*Niklas Luhmann*), die augenscheinlich umso mehr als erforderlich angesehen wird, desto näher die Möglichkeit des Scheiterns der eigenen Regierung zunächst durch ein Mißtrauensvotum, dann durch eine Ablehnung der Ostverträge rückt und schließlich eine in den Augen des Wählers positive Erklärung für die Notwendigkeit der vorzeitigen Auflösung des Parlaments gefunden werden muß. Im anschließenden Wahlkampf ist die Frage des Fraktionswechsels eines der wichtigen Themen[609].

In welch großem Umfang die Argumentation der Regierungsparteien von der Bevölkerung zustimmend aufgenommen wurde, belegen die Ergebnisse von Repräsentativumfragen[610]:

Frage: „Man hört ja jetzt öfter, daß ein Abgeordneter die Partei wechselt. Was ist Ihre Ansicht: Billigen Sie das, oder finden Sie, das sollte nicht sein?"

	Billige es		Sollte nicht sein		Unentschieden		
	März 70 %	Juni 72 %	März 70 %	Juni 72 %	März 70 %	Juni 72 %	%
Insgesamt	25	22	55	62	20	16	
Schulbildung							
Volksschule		19		64		17	= 100
Höhere Schule		32		55		13	= 100
Berufskreise							
Facharbeiter		19		65		16	= 100
Angelernte Arbeiter		18		62		20	= 100
Leitende Angest./Beamte		29		60		11	= 100
Andere Angest. Beamte		26		58		16	= 100
Selbst./freie Berufe		28		62		10	= 100
Landwirte		12		66		23	= 100
Parteipräferenz							
SPD-Anhänger		13		78		9	= 100
CDU/CSU-Anhänger		35		35		17	= 100
FDP-Anhänger		13		80		7	= 100

Eine nähere Untersuchung der Umfrageergebnisse erlaubt zunächst die Feststellung, daß die von uns herangezogenen Leserbriefe in ihrer überwiegenden Ablehnung des Fraktionswechsels durchaus repräsentativ sind. Dies ließ schon die Tatsache vermuten, daß selbst die „Frankfurter Allgemeine Zeitung", die sich ständig eindeutig für das uneingeschränkt freie Mandat des Abgeordneten und seine Möglichkeit, die Fraktion zu wechseln, aussprach, ganz überwiegend gegen ihre Position gerichtete Leserbriefe veröffentlichte. Wir können daher die Leserbriefe benutzen, um Erkenntnisse über die Gründe für die Ablehnung des Fraktionswechsels durch die Mehrheit der Bevölkerung zu gewinnen, die aus den Umfrageergebnissen nicht abzuleiten sind.

Des weiteren fällt die Eindeutigkeit auf, mit der Fraktionswechsel abgelehnt wird. Dabei ist umso überraschender, daß die 62 % der Befragten, die dem Fraktionswechsel negativ gegenüberstehen, auch 48 % und damit die klare Mehrheit der CDU/CSU-Anhänger umfassen. Daß es den Regierungsparteien zu 78 % (SPD) und 80 % (FDP) gelungen ist, ihre Anhänger in dieser Frage für sich zu gewinnen, ist demgegenüber weniger eindrucksvoll. So eindeutige Zahlen können kaum ausschließlich mit werbewirksamer Argumentation der Regierungsparteien erklärt werden[611]. Dies gilt umso mehr, als sie auf die heftige Gegenargumentation der Opposition traf. Auch muß berücksichtigt werden, daß bereits im März 1972, also vor den Höhepunkten der eigentlichen Auseinandersetzung um den Fraktionswechsel, 55 % der Befragten ihn ablehnten. Weitere Überlegungen zur Erklärung sind daher notwendig; sie werden weiter unten vorgenommen[612].

Mit werbewirksamer Argumentation allein könnte allenfalls die Zunahme der Ablehnung der Fraktionswechsler erklärt werden, wie sie von 55 % im März auf 62 % im Juni zu verzeichnen ist. Daneben ist auch die überwiegende Ablehnung des durch die Fraktionswechsel erst mit einiger Aussicht auf Erfolg durchgeführten Mißtrauensvotums zu berücksichtigen, die durch folgende Zahlen einer Repräsentativumfrage vom Mai 1972 belegt wird[613]:

Frage: „Kürzlich hat die CDU/CSU im Bundestag den Antrag gestellt, der Regierung Brandt/Scheel das Mißtrauen auszusprechen und Rainer Barzel zum Bundeskanzler zu wählen. Begrüßen Sie es, daß es zu dieser Auseinandersetzung gekommen ist, oder bedauern Sie es?"

	Mai 1972			
	Begrüße es %	Bedaure es %	Unentschieden %	%
Bevölkerung insgesamt	29	42	29	= 100
Schulbildung				
Volksschule	25	42	33	= 100
Höhere Schule	43	40	17	= 100
Berufskreise				
Facharbeiter	27	44	29	= 100
Angelernter Arbeiter	24	39	37	= 100
Leitende Angest./Beamte	31	45	24	= 100
Andere Angest./Beamte	27	48	25	= 100
Selbst./freie Berufe	40	35	25	= 100
Landwirte	43	20	37	= 100
Parteipräferenz				
SPD-Anhänger	18	67	15	= 100
CDU/CSU-Anhänger	56	17	27	= 100
FDP-Anhänger	28	44	28	= 100

Zusammenfassend läßt sich daher zum Meinungsbild über den Fraktionswechsel ein Durchschlagen der Argumentation der Regierungsparteien feststellen. Dabei muß zunächst die Frage unbeantwortet bleiben, wie dieser Erfolg zu erklären ist. In der nachfolgenden Analyse und Kritik der Argumente der Regierungsparteien wollen wir einer Antwort näher kommen.

2. Der Vorwurf der Korruption als polemisches Argument

In der Argumentation der Regierungsparteien gegen die Fraktionswechsler spielte der Vorwurf der Korruption eine gewichtige Rolle; mit ihm wurde unter anderem die Einführung des Mandatsverlustes bei Austritt gefordert. Eine genauere Prüfung der Argumente führt uns jedoch zu der Überzeugung, daß die Rechtsfolge des Mandatsverlustes kaum geeignet ist, Verhaltensweisen zu bekämpfen, die pauschal als „Korruption" qualifiziert werden. Zunächst ist das Fehlen von präzisen juristischen Tatbeständen, die angesichts der Schwere der Rechtsfolge aus rechtsstaatlichen Erwägungen erforderlich sind, zu bemängeln. *Theodor Eschenburg* fragt zu Recht, ob denn schon die Zusicherung eines sicheren Wahlkreises, eines Botschafterpostens oder eines Regierungsamtes „Bestechung" sei[614]. Mit der Frage wird deutlich, daß ein entsprechend den §§ 331, 332, 334 Strafgesetzbuch gebildeter Tatbestand der Abgeordnetenbestechung[615] von bloßer Ämterpatronage abgehoben werden muß. Ein solcher Tatbestand mit der Rechtsfolge des Mandatsverlustes[616] könnte präventiven Charakter haben. Dennoch wäre er ungeeignet, gerade die Fälle des „Mandatsmißbrauchs" zu erfassen, die in der 6. Wahlperiode aktuell waren. Denn ein Tauschgeschäft, materielle Vorteile gegen gewünschte Stimmabgabe, wie sie der Tatbestand der Bestechung voraussetzt[617], konnte bisher nicht nachgewiesen werden[618]. Zuwendungen beispielsweise über Beraterverträge, bei denen sich ein solches Tauschgeschäft nicht nachweisen läßt, können jedoch nur erfaßt werden, wenn man sich zu einem generellen Verbot von Nebeneinnahmen der Abgeordneten entschlösse. Denn zu vielfältig sind die möglichen Formen solcher Zuwendungen, als daß eine klare, in einem juristischen Tatbestand formulierbare Abgrenzung gefunden werden könnte. Hier bieten sich nur Auswege an, die mögliche Abhängigkeiten einer wie auch immer gearteten politischen Kontrolle unterwerfen, wie sie als Folge der Affäre um die Parlamentarischen Staatssekretäre *Wolfram Dorn* und *Joachim Raffert*[619] (und eben nicht als Folge der Fraktionswechsel) in „Verhaltensregeln"[620] für Abgeordnete gesucht wurden[621].

Zum dritten ist Ämterpatronage bei Abgeordneten mit juristischen Mitteln nicht, mit politischen in einem parlamentarischen Regierungssystem nur schwer faßbar, weil das Bereitstellen von Personal für bestimmte Ämter zu den wichtigsten Funktionen der Parteien gehört[622] und dafür immer sogenannte „sachliche" Gründe von der delegierenden Partei ins Feld geführt werden können. Allenfalls könnte öffentliche Kritik ein wirksames Mittel gegen bloße Patronage sein, was die Transparenz des Entscheidungsprozesses voraussetzt. Bei alledem ist erneut hervorzuheben, daß nicht nur bei Fraktionswechsel, sondern auch bei dem Verbleiben eines an sich mit seiner Fraktion grundsätzlich *uneinigen* Abgeordneten alle Arten der unter dem Stichwort „Korruption" behaupteten materiellen Versprechen möglich sind.

Diese Feststellung, die mangelnde Differenzierung des Problembereichs und das Unvermögen der Regierungsparteien, Bestechung auch nur bei einem Fraktionswechsler nachzuweisen, legen die Vermutung nahe, daß es sich bei dem Vorwurf des Mandatsmißbrauchs durch die Fraktionswechsler im wesentlichen um ein polemisches Argument in der Auseinandersetzung zwischen Regierung und Opposition handelt; augenscheinlich ein erfolgreiches[623]. Dann aber ist es mit *Heidrun Abromeit* als Versuch der „Diffamierung eines ‚Feindes'" zu kennzeichnen, als ein Mittel der „Psychotechnik" im heraufziehenden Wahlkampf, das „dazu dient, ein möglicherweise aufkommendes Unbehagen am Status quo nach außen abzulenken und damit innerhalb der ingroup zu neutralisieren; Unerfreuliches und Konflikte sollen als nur dem Außen zugehörig perzipiert werden, gegen den ein idyllischer Innenraum abgeschirmt wird"[624]. Die Formel vom „Überläufer" entspricht diesem Schema von innen und außen und projiziert das Bild zweier sich bekämpfender Armeen auf das Parlament. Dem paßt sich die Perhorreszierung der Fraktionswechsler als Verräter ihrer Freunde und ihrer eigenen Überzeugung nahtlos ein. Die Formel vom „Überläufer" ist daher zwar geeignet, von den eigenen Fehlern bei der Kandidatenaufstellung[625] wie bei dem Bemühen, die möglichen Kritiker in den eigenen Reihen *rechtzeitig* an sich zu binden[626], abzulenken, leistet aber zu der Frage, wie denn der behauptete Mandatsmißbrauch zu bekämpfen sei, keinen Beitrag. Das ist auch nicht verwunderlich. Kritisch-rationale Problemlösung[627] und Wahlkampfpolemik der geschilderten Art schließen sich gegenseitig aus.

3. Der Vorwurf der Verfälschung des Wählerauftrages als polemisches Argument

Die Kritik an den Fraktionswechseln, die mit der Formel von der „Verfälschung des Wählerauftrages" operiert, ist hinreichend bestimmt, um sie, abgesehen von ihrer Wirksamkeit in der politischen Auseinandersetzung, als empirische Hypothese auffassen zu können. Sie beinhaltet die Vorstellung, der Wähler beauftrage mit seiner Stimmabgabe eine bestimmte Partei und die von ihr präsentierte Regierungsmannschaft, im Sinne des von ihr im Wahlkampf vertretenen Programms für die folgende Legislaturperiode Politik, sei es als Regierung, sei es als Opposition, zu machen.

Die Vorstellung von einem mit der Wahlentscheidung des Bürgers erteilten Wählerauftrag insbesondere an die Regierung ist in der Geschichte des parlamentarischen Regierungssystems der Bundesrepublik Deutschland nicht neu. Bereits in der Auseinandersetzung um den Wehrbeitrag spielte das Argument bei der oppositionellen SPD eine bedeutsame Rolle: „Die sozialdemokratische Fraktion bestreitet diesem Bundestag die Legitimation, in der Frage des Wehrbeitrags eine Entscheidung zu fällen. Kein Wähler und kein Gewählter hat im August 1949 bei seiner Stimmabgabe oder bei der Annahme des Vertrauensvotums seiner Wähler daran gedacht, daß der

Bundestag im Laufe seiner Amtsdauer über die Frage eines deutschen Verteidigungsbeitrags zu entscheiden haben werde"[628]. *Erich Ollenhauer* fordert daher vor der Entscheidung dieser Frage Neuwahlen[629]. Auch der Abgeordnete *Adolf Arndt* (SPD) hebt diesen Gesichtspunkt unter Hinweis auf die entsprechende Übung in Großbritannien hervor. Er zitiert *Friedrich Glum*[630]: „Auch hat sich die Theorie immer mehr durchgesetzt, daß das Parlament über neue Fragen von fundamentaler Bedeutung nicht ohne Auftrag der Nation entscheiden kann. Dem liegt der Gedanke zugrunde, daß das Parlament als solches in dem Sinne delegierte Gewalt ausübt, daß es moralisch verpflichtet sei, keine Fragen zu behandeln, die dem Volk nicht bei den vorhergehenden Wahlen unterbreitet worden sind"[631]. Auf einen entsprechenden Zwischenruf des Abgeordneten *Gerhard Schröder* (CDU/CSU) bekräftigt er seine Ansicht: „Das gilt auch für das Grundgesetz . . . "[632]. Dem widerspricht *Friedrich Glum*: Zwar würde die anstehende Frage in Großbritannien Parlamentsauflösung und Neuwahlen erforderlich machen[633]; jedoch sei die britische „theory of the mandate" nicht auf das Grundgesetz übertragbar, da dieses die Parlamentsauflösung nur über Art. 63 Abs. 4 und Art. 68 GG vorsehe[634].

Auch in dem späteren Verfahren vor dem Bundesverfassungsgericht spielt die theory of the mandate eine Rolle. Nach *Walter Schätzel* handelt es sich dabei um eine „lex imperfecta", deren „Anwendung . . . von der Parlamentsminderheit nicht erzwungen werden kann, sondern von der politischen Fairness der Regierung abhängt"[635]. Deutlicher wird *Ulrich Scheuner*, der sie zwar als eine „befestigte Lehre" bezeichnet, „die aber jeweils von Opposition und Regierung nach ihren politischen Interessen ausgelegt und gehandhabt wird"[636]. Dieses Urteil bestätigt auch *Karl Loewenstein*, wenn er die zahlreichen Fälle aus der politischen Praxis Großbritanniens hervorhebt, in denen der „Mandatstheorie" zuwider gehandelt worden ist[637]. Dasselbe gilt auch für die politische Praxis der Bundesrepublik. Sieht man einmal von der Frage der Übertragbarkeit der theory of the mandate auf das Grundgesetz ab[638], so kommt ihr nur der Rang eines populären Arguments in der politischen Auseinandersetzung zu.

Dagegen spricht auch nicht die Tatsache, daß ein großer Teil der Bevölkerung von der Vorstellung ausgeht, mit der Stimmabgabe einen Auftrag an die gewählte Partei zu erteilen. Ist doch die Hypothese von einem vom Wähler über die Parteien zu Parlament und Regierung laufenden Entscheidungsprozeß, in dem die „Reduktion der Komplexität" über den in den Leserbriefen mehrfach ausdrücklich genannten[639] Mechanismus des Vertrauens[640] stattfindet, leicht zu falsifizieren. So kann angesichts der Unbestimmtheit der programmatischen Aussagen der Parteien im allgemeinen[641] und im Wahlkampf im besonderen[642] von einem Auftrag, der die Partei zu einem bestimmten Handeln verpflichtet, nicht gesprochen werden[644], was auch nicht verwundert, da die Parteien programmatische Aussagen der Anwendung von „Psychotechniken" unterordnen[645]. Bei seiner Wahlentscheidung orientiert sich der Wähler primär nicht an den programmatischen Aussagen der Parteien, sondern an ihrem und ihrer Spitzenpolitiker[646] Image.

Beides ist aber durchaus nicht identisch; so wird das Vorstellungsbild von einem Markenartikel eben nicht nur von den Produkteigenschaften, sondern auch von dessen Preis, den Vorstellungen von der herstellenden Firma, den vermuteten Konsumenten, dem sozialen Ansehen eines solchen Produkts überhaupt, der Verpackung, den Namen und dem Einfluß der Werbung bestimmt[647]. Entsprechendes gilt von dem Image der Parteien, was nicht ohne Folgen für das Verhältnis vom Image und programmatischer Aussage bleibt. Das Bestreben der Wahlkampfmanager der Parteien „möglichst geschlossene Partei-Images zu entwickeln . . . signalisiert . . . die Zurückdrängung argumentativer Elemente; ein Marken-Image als eine Konstellation von Bildern in der Vorstellung des Menschen, die es ihm ermöglicht, sich in bestimmter Weise zu der Marke zu verhalten, ohne in Einzelheiten über sie nachzudenken, ist kein reflektorisches, sondern ein intuitiv wirkendes Orientierungsmittel . . . "[648]. Je mehr dies gelingt, je mehr so das Image der Partei sich von ihrer tatsächlich verfolgten Politik abzulösen vermag, desto weniger kann im Ernst von einem inhaltlich einigermaßen faßbaren Wählerauftrag gesprochen werden. Auch wenn *Niklas Luhmanns* Hypothese, die Darstellung der Politik müsse „im großen und ganzen mit den sichtbaren Aspekten der Entscheidungspraxis in Einklang gebracht werden, soll die Persönlichkeit bzw. die Partei weiterhin als Entscheidungsprämisse fungieren"[649], zugestimmt werden kann, ist ihr geringer Informationsgehalt („im großen und ganzen") zu berücksichtigen wie die Tatsache, daß eben nur die „sichtbaren" Aspekte der Politik in das Image der Handelnden eingehen. Gegen diese Einsicht hilft auch nicht der Hinweis auf die Struktur des politischen Systems der Bundesrepublik, hat doch selbst das auf Öffentlichkeit angelegte parlamentarische Regierungssystem in weiten Bereichen seine arcana imperii[650]; die Forderung nach mehr Transparenz der Entscheidungsprozesse als ein Bezugspunkt von Parlamentsreform[651] wird ja nicht ohne Anlaß erhoben. So wird man mit *Marek Sobolewski* die Hypothese vom Wählerauftrag aufzugeben haben[652] und allenfalls daran festhalten können, daß schließlich diejenige Partei die Regierung stellt, „whose programme shows features of greater simularity to the attitudes of the electorate than the programmes of the other parties do"[653].

Wenn auch die Hypothese vom Wählerauftrag einer empirischen Überprüfung nicht standzuhalten vermag, spielt sie dennoch im Bewußtsein eines großen Teils der Wähler eine große Rolle. Dem entspricht, daß das Wählerverhalten sich kaum an den Kandidaten, sondern fast ausschließlich an der Partei orientiert[654]. Auf den ersten Blick scheint das Wahlergebnis der Bundestagswahl 1972 dieser Hypothese zu widersprechen. Denn während es bei der Bundestagswahl 1969 nur 11 Wahlkreise gab, in denen der Erst- vom Zweitstimmenanteil einer Partei oder von zwei Parteien um mehr als 4 Prozentpunkte und damit signifikant differierte, waren es bei der Bundestagswahl 1972 91 Wahlkreise. Jedoch ist die Erklärung schnell gefunden, wenn man die Stimmenprozente von SPD und FDP vergleicht. In 90 dieser Wahlkreise entspricht der um mehr als 4 Prozentpunkte höhere Anteil der FDP-Zweitstimmen einem annähernd gleichen Verlust der SPD[655]. Es handelt sich also um ein extensives Stimmensplitting zugunsten des kleineren, durch 5 % – Klausel gefährdeten Partners der bisherigen und beabsichtigten neuen Regierungskoalition. Mit anderen Worten: die Mehrheit der Wähler wählte bei der Bundestagswahl 1972 nicht einzelne Parteien, sondern das Bündnis zweier Parteien[656]. Sie orientierte sich auch dieses Mal nicht an der Persönlichkeit des Wahlkreiskandidaten. Auch bei den CDU/CSU-Wählern zeigt sich deutlich die Parteipräferenz. In keinem Wahlkreis war die Differenz der Erst- und Zweitstimmen größer als 4 Prozentpunkte, in 197 der 248 Wahlkreise lag sie jedoch unter 1 Prozentpunkt[657]. Insgesamt wählten 96,8 % der CDU/CSU-Zweitstimmenwähler die Union auch mit der Erststimme; in den einzelnen Bundesländern erzielte die CDU/CSU höchstens 0,9 Prozentpunkte bei den Erststimmen mehr als bei den Zweitstimmen[658]. Damit entsprach auch bei der Bundestagswahl 1972 das Wählerverhalten der These vom Wählerauftrag.

4. Die Forderung nach verstärkter Parteibindung des Abgeordneten

a) Das imperative Mandat

Die stärkste Form der Bindung des Abgeordneten an die Partei, das imperative Mandat als die potentiell zu allen Fragen praktizierte, „sachlich-politische Instruktion seitens zuständiger Parteigremien an Mandatsträger der Partei“[659], wurde nicht erst in der Auseinandersetzung um die Fraktionswechsler gefordert. Auf eine eingehende Kritik[660] kann daher verzichtet werden. Doch soll angemerkt werden, daß wir gegenüber der Idee des imperativen Mandats im wesentlichen ihr Leugnen einer angesichts der Komplexität der Probleme erforderlichen Arbeitsteilung[661] und ihre fehlerhafte Annahme einer (unter Umständen erst nach gesellschaftlicher Umgestaltung realisierbaren) Interessenidentität aller[662] bemängeln. Diesen Einwänden können nur Repräsentativkörperschaften entgehen, die die Komplexität der Sachverhalte und die Pluralität der Interessen aufzunehmen und zu verarbeiten vermögen. Dazu benötigen ihre Mitglieder Entscheidungsspielraum[663], dem die Forderung nach dem imperativen Mandat zuwiderläuft. Jedoch gilt es immer die Möglichkeit zu berücksichtigen, daß solche Führungsgruppen sich verselbständigen, das heißt im wesentlichen nur noch ihre eigenen Interessen wahrnehmen, und damit ihre demokratische Legitimation zur Farce werden lassen[664]. Erscheint zwar ein parlamentarisches Regierungssystem prinzipiell geeigneter, der Forderung nach Aufnahme und Verarbeitung von Komplexität und Pluralität zu entsprechen[665], so ist dennoch die „Demokratisierungsfähigkeit des liberalen Repräsentationsgedanken zu überprüfen“[666]. Dazu muß der dem imperativen Mandat zugrunde liegende normative Anspruch auf politische Beteiligung aller mit der Effizienzanforderung an das gesamtgesellschaftliche System in einem Optimierungsprozeß gekoppelt werden[667]. Unter solchen Prämissen erscheint es durchaus als ein[668] gangbarer Weg zur Ausweitung innerparteilicher Demokratie, generelle Instruktionen an die Parteiführung durch die Mitglieder aussprechen zu lassen und diese mit abgestuften Sanktionsmöglichkeiten zu koppeln[669]. Eine fruchtbare Diskussion des Gedankens wird allerdings erst geführt werden können, wenn er in einem Organisationsmodell[670] operationalisiert worden ist. Das prinzipiell freie Mandat des Abgeordneten würde durch solche Regelungen nicht aufgehoben. Allerdings würden, wie die Entwicklung der SPD in den letzten Jahren zeigt, die innerparteilichen Auseinandersetzungen über Sachfragen zunehmen. Dem Wähler wäre so im verstärkten Maße die Möglichkeit gegeben, seine Wahlentscheidung nach inhaltlichen Kriterien zu treffen.

b) Mandatsverlust bei Austritt und Ausschluß

In der bisherigen Kritik der Argumentation der Regierungsparteien und, sich dieser anschließend, eines Teils der Presse und der Schreiber von Leserbriefen konnte gezeigt werden, daß die Forderung nach einer verstärkten Bindung des Abgeordneten an die Partei als ein primär polemisches Argument gewertet werden muß. Soweit sie auf die Forderung des Mandatsverlustes bei Austritt oder Ausschluß zugespitzt wurde, muß dasselbe Urteil gelten. Die in diesem Zusammenhang vorgetragenen empirischen und normativen Aussagen vermochten die Forderung nach Mandatsverlust nicht hinreichend zu rechtfertigen. Damit soll nicht behauptet werden, daß es solche Aussagen nicht gäbe, sondern nur festgestellt werden, daß sie in der Argumentation der Regierungsparteien nicht zu finden waren. Das bestätigt nur deren polemischen Charakter.

Gegen die Forderung nach Mandatsverlust wird nun eingewandt, sie gefährde die innerparteiliche Demokratie. Bereits bei der Analyse des rechtswissenschaftlichen Schrifttums waren wir auf diese Hypothese gestoßen, hatten ihre Prüfung aber aufgeschoben. Nimmt man sie nun vor, so ist zunächst auffällig, daß auf eine nähere Begründung der Hypothese verzichtet wird. Dabei ist es doch fraglich, ob die innerparteiliche Demokratie sichernde Funktion des freien Mandats[671] gefährdet wird, wenn Mandatsverlust und Austritt gekoppelt würden. Es ist nicht so ohne weiteres zu erkennen, wie sich durch die Möglichkeit eines Mandatsverlustes bei Austritt die Stellung des Abgeordneten in bezug auf die Teilnahme an den innerparteilichen und insbesondere innerfraktionellen Auseinandersetzungen verschlechtern könnte. Zu denken wäre allenfalls daran, daß ihm die Möglichkeit genommen würde, mit seinem Austritt zu drohen, um so eine größere Bereitschaft bei seinen Parteifreunden und Fraktionskollegen zu erringen, mit ihm über die Angelegenheiten zu diskutieren, die er für wesentlich ansieht. Das setzt bereits voraus, daß das nach der Geschäftsordnung der Fraktion und den Satzungen der Partei zustehende Rederecht aus welchen Gründen auch immer dem dissentierenden Abgeordneten verweigert würde[672] und sich seine Kollegen auch zu informellen Gesprächen nicht mehr bereitfänden. Jedoch würde derselbe Effekt durch andere Drohungen erzielt werden können, wie durch die, mit dem politischen Gegner im Ausschuß und im Plenum, insbesondere über einen Mißbilligungsantrag oder über einen Antrag nach Art. 67 oder 68 GG, zu stimmen, in der Plenardebatte gegen die eigene Fraktion zu sprechen, sich in anderer Weise in der Öffentlichkeit kritisch über die Politik der eigenen Partei und Fraktion zu äußern oder eine eigene politische Gruppierung innerhalb oder außerhalb der eigenen Partei zu gründen. Fast alle diese Mittel sind von den Fraktionswechslern des 6. Deutschen Bundestages angewendet worden. Ein Teil könnte im Anwendungsfall – das Beispiel des Abgeordneten *Günther Müller* (SPD) zeigt es – den Ausschluß nach sich ziehen. So wird deutlich, daß der Abgeordnete über einen ganzen Fächer von Mitteln verfügt, die der Drohung des Austritts unter Beibehaltung des Mandats funktional äquivalent zur Erzwingung der innerfraktionellen und innerparteilichen Diskussion sind. Keinesfalls kann daher argumentiert werden, daß die Drohung mit dem Austritt unter Mandatsmitnahme das einzige Mittel sei, innerparteiliche Diskussion erzwingen und ein imperatives Mandat der Parteiführung[673] zu verhindern.

Die spezifische Wirksamkeit dieses Mittels – spezifisch in der Richtung, nicht unbedingt in der Intensität, die auch von den konkreten Umständen abhängt – liegt im übrigen in der Dysfunktionalität im Fall seiner Anwendung. Ein austretender Abgeordneter entzieht sich nämlich der Diskussion, er „gibt den Versuch auf, Fraktionskollegen und Parteigenossen von der Richtigkeit seiner Ansicht zu überzeugen. Gleichzeitig verschließt er sich der Möglichkeit, selbst überzeugt zu werden“[674]. Ein Abgeordneter, der den Rubikon des Austritts überschritten hat, wird sich nicht mehr zurückgewinnen lassen, wie das Beispiel des Abgeordneten *Wilhelm Helms* zu zeigen vermag.

Wenn auch der Mandatsverlust bei Austritt nicht als funktionales Äquivalent von verbindlichen „Aufträge(n) und Weisungen“ der Partei angesehen werden kann, ist doch der Mandatsverlust bei Ausschluß anders zu beurteilen. Denn mit ihm würde der von der Mehrheit unterstützten Parteiführung eine zusätzliche Möglichkeit zur Sanktion gegeben, die das Mittel des Ausschlusses erheblich verstärkte. Demgegenüber ist der Austritt auch eine – je nach den Stärkeverhältnissen im Parlament mehr oder weniger schwere – Sanktion des Abgeordneten gegenüber seiner Fraktion. Bei der Koppelung von Mandatsverlust und Ausschluß jedoch hätte eine entschlossene Mehrheit jederzeit die Möglichkeit, den dissentierenden Abgeordneten vor die Alternative zu stellen, sich ihrer Auffassung anzuschließen oder das Mandat zu verlieren. Die Prognose, daß eine große Anzahl den ersten Weg wählen würde, ist wohl nicht aus der Luft gegriffen. Die funktionale Äquivalenz einer solchen – unter Umständen gar nicht ernst gemeinten, jedoch als solche dargestellten – Drohung zu von der Fraktionsmehrheit erteilten verbindlichen „Aufträge(n) und Weisungen“ ist offenkundig. Sie wäre auch dann gegeben, wenn der Abgeordnete sich nicht unterwürfe, sein Mandat verlöre und ein willfähriger Abgeordneter nachrückte. Jedoch könnte sie nicht angenommen werden, wenn ein Abgeordneter nachrückte, der nicht bereit wäre, sich dem Druck der Fraktionsmehrheit zu beugen, und es der Fraktion aus welchen Gründen auch immer – zum Beispiel Kritik in der Öffentlichkeit – ratsam er scheinen würde, nicht einen erneuten Ausschluß vorzunehmen. Mit dieser Differenzierung ist dem Urteil von *Wilhelm Kewenig* zuzustimmen, der meint: „Würde man dem Parteiapparat Gelegenheit geben, durch den Ausschluß unliebsamer Abgeordneter deren Mandat an kooperationswilligere Bewerber zu vererben, so wäre zumindest potentiell einer totalen Parteiherrschaft keine spürbare Grenze mehr gesetzt“[675].

Als Zwischenergebnis unserer Überlegungen ist somit festzuhalten, daß die Behauptung, nur das freie Mandat gewähre dem Abgeordneten die erforderliche freie Willensbildung in der Partei und leiste somit einen Beitrag zur innerparteilichen und innerfraktionellen Demokratie, nicht zu halten ist. Der Mandatsverlust bei Austritt, sicher eine erhebliche Einschränkung des freien Mandats und ein Schritt hin zu einer verstärkten Parteibindung, schließt die Möglichkeit des Abgeordneten nicht aus, die innerparteiliche Auseinandersetzung zu erzwingen. Umgekehrt wird er selbst gezwungen, sich der innerparteilichen Kritik zu stellen, solange er als Abgeordneter im Parlament Einfluß ausüben will; er kann sich natürlich auch mit der Rolle des passiven Diätenempfängers abfinden[676]. Gerade diejenigen, die eine auch kontroverse innerparteiliche Diskussion für wichtig ansehen, müßten daher eher für Mandatsverlust bei Austritt und nicht für das uneingeschränkt freie Mandat plädieren. Es verdient festgehalten zu werden, daß kein Politiker die Auffassung vertritt, die Einführung des Mandatsverlustes bei Austritt beeinträchtige innerparteiliche Demokratie. Hier wird die Brüchigkeit der Argumentation, die sich im wesentlichen in Wissenschaft und Publizistik findet, augenscheinlich gesehen.

Mandatsverlust bei Ausschluß wird allgemein als Disziplinierungsmittel der Parteiführung gegen dissentierende Abgeordnete gesehen. Unsere Analyse bestätigt diese Ansicht als im wesentlichen zutreffend. Die Behauptung *Friedrich Schäfers*, ein solches Argument verkenne die „innere Ordnung demokratischer Parteien"[677], ist zu allgemein, als daß sie zu überzeugen vermöchte. Seine Partei, die den Abgeordneten *Günther Müller* ausschloß, hätte nicht solange gezögert, wenn sie angesichts der Mehrheitsverhältnisse im Parlament nicht auf seine Stimme angewiesen gewesen wäre oder durch seinen Ausschluß mit Mandatsverlust einen nachrückenden Abgeordneten hätte gewinnen können, der ihre Politik mitgetragen hätte. Man kann darüberhinaus sicher sein, daß dasselbe Urteil auch für die übrigen Fraktionswechsler zutrifft.

Grundsätzlich wäre es denkbar, daß die Einführung des Mandatsverlustes bei Ausschluß auch zu einem imperativen Mandat der Parteimitgliedschaft führen könnte, da auch Parteiuntergliederungen das Recht des Antrages auf Ausschluß aus der Partei haben[678]. Im Unterschied zum Ausschluß aus der Fraktion hat jedoch über einen solchen Antrag nach § 10 Abs. 5 Parteiengesetz das zuständige Schiedsgericht zu entscheiden. Dessen Entscheidung kann vor einem Schiedsgericht höherer Instanz angefochten werden. Gegen seine Entscheidung kann wie gegen jede andere Entscheidung eines Vereinsorgans das ordentliche Gericht angerufen werden[679]. So ist das Ausschlußrecht der Fraktionsführung wesentlich effektiver als das der Parteiuntergliederungen. Zwar erstreckt es sich formell nur auf den Ausschluß aus der Fraktion, jedoch wird dadurch der Abgeordnete in seinen Wirkungsmöglichkeiten bereits entscheidend eingeschränkt. Daneben ist zu berücksichtigen, daß der Ausschluß aus der Partei nur nach dem wenn auch weit gefaßten Tatbestand des § 10 Abs. 4 Parteiengesetz erfolgen kann[680], während eine solche Bindung für den Ausschluß aus der Fraktion überhaupt nicht gegeben ist. Auch hierin zeigt sich der größere Spielraum der Parteiführung, der mit ihren sonstigen Einflußmöglichkeiten auf den Abgeordneten gegen den Willen der Parteiführung kaum durchsetzbar erscheint.

Gegen die Einführung des Mandatsverlustes bei Austritt wird nun geltend gemacht, es „hieße den Abgeordneten menschlich zu überfordern, wenn man ihn zum Verbleib in einer Fraktion nötigte, gegen deren Politik er innerlich bereits Front gemacht hat"[681]. In demselben Sinn meinte der Abgeordnete *Robert Fischer* (CDU) in der Bremischen Bürgerschaft, daß man die Unterscheidung von Austritt und Ausschluß nicht aufrechterhalten könne, da die Fraktion möglicherweise über Mittel verfüge, den dissentierenden Abgeordneten hinauszudrängen[682]; Beispiele nannte er allerdings nicht. Anders sehen das die übrigen Praktiker der Politik. So lehnen Sprecher von CDU/CSU, FDP und SPD die Einführung des Mandatsverlustes bei Austritt ab, weil dann der dissentierende Abgeordnete in der Fraktion bleibe und dennoch ständig gegen den Kurs der Partei opponiere[683]. Sie nehmen augenscheinlich die „erhebliche charakterliche Robustheit" als gegeben an, deren Fehlen *Horst Säcker* befürchtet. Diesem Urteil schließt sich der Verfasser, nicht zuletzt durch eigene Beobachtungen bestärkt, an.

Auch der Einwand *Horst Säckers*, die Einführung des Mandatsverlustes bei Austritt verhindere Parteispaltungen[684], vermag nicht zu überzeugen. Er wird durch das Beispiel der NLA widerlegt. Die FDP sah sich schließlich veranlaßt, den Ausschluß des NLA-Vorsitzenden zu betreiben und Unvereinbarkeitsbeschlüsse zu fassen, wohl wissend, daß sie damit neben einer größeren Anzahl von Mitgliedern und Funktionsträgern auch Mandatsträger in Bund, Ländern und Gemeinden verlieren würde. Nicht zuletzt war die FDP auch aus juristischen Gründen gezwungen so zu handeln, nachdem die NLA am 6. 10. 1970 die Gründung einer Partei beschlossen hatte. Denn die Mitgliedschaft in einer anderen Partei ist nach der Satzung der FDP ebenso wie nach den Satzungen anderer Parteien ein Ausschlußgrund[685].

Zusammenfassend kann somit festgestellt werden, daß die Einführung des Mandatsverlustes bei Ausschluß die Freiheit der innerparteilichen und innerfraktionellen Willensbildung einschränken und die Macht der Parteiführung stärken würde. Die Einführung des Mandatsverlustes bei Austritt würde demgegenüber den dissentierenden Abgeordneten, will er nicht sein Mandat niederlegen, vor die Alternative stellen, im Parlament untätig zu bleiben oder die Auseinandersetzungen aufzunehmen. Im letzteren Fall müßte er versuchen, seine Fraktionskollegen von seinem Standpunkt zu überzeugen sowie die Öffentlichkeit und die Parteimitglieder für sich zu mobilisieren. Von der Koppelung des Austritts mit dem Mandatsverlust könnte daher ein Zwang zu verstärkter innerparteilicher Demokratie ausgehen. So gesehen haben Mandatsverlust bei Ausschluß und bei Austritt als gemeinsamen Bezugspunkt die innerparteiliche Auseinandersetzung; ersterer ist geeignet, sie einzuschränken, letzterer sie zu fördern.

c) Die übrigen Vorschläge zur verstärkten Parteibindung des Abgeordneten

Neben der Forderung nach Mandatsverlust bei Fraktionswechsel werden in der Auseinandersetzung um das Abgeordnetenmandat noch einige andere Vorschläge gemacht, um die Parteibindung des Abgeordneten zu verstärken. Ihre Kritik kann kurz gehalten werden, da wesentliche Gegenargumente in der öffentlichen Diskussion bereits genannt wurden.

(1) Verhinderung des Übertritts

Der Vorschlag der FDP, keine Fraktion solle in Zukunft aus ihrer Fraktion ausgetretene Abgeordnete als Mitglied oder Gast aufnehmen[686], verstärkt sicher die Parteibindung des Abgeordneten. Jedoch erreicht eine solche Regelung zur Verhinderung eines Übertritts nicht die Ziele, die von den Sprechern der FDP in der Auseinandersetzung um die Fraktionswechsler hervorgehoben wurden. Austritt, parlamentarische Niederlagen der Regierungsmehrheit bis zum Regierungssturz, Zusammenarbeit mit dem politischen Gegner und alle kritisierten Formen des „Mandatsmißbrauchs" sind damit nicht zu verhindern. Allenfalls ist die Maßnahme geeignet, die parlamentarischen Mitgestaltungsmöglichkeiten des ausgetretenen Abgeordneten einzuschränken, da diese für fraktionslose Abgeordnete sehr begrenzt sind. Das könnte dazu führen, daß den an einer intensiven Mitarbeit interessierten Abgeordneten der Entschluß zum Austritt schwerer fallen würde. Solche Erwägungen würden sich jedoch weitgehend erübrigen, wenn, wie im Falle der Abgeordneten *Herbert Hupka* und *Franz Seume* geschehen, die Fraktion die dissentierenden Abgeordneten gerade aus den für sie interessanten Ausschüssen zurückziehen kann.

(2) Ausgleichsmandate

Die mehrfach geforderten Ausgleichsmandate („*Posser*-Modell"[687]) führen in einem Drei-Parteien-System zu kaum lösbaren Komplikationen. Keinesfalls kann, wie *Theodor Eschenburg* zeigt[688], der Ausgleich zwischen der vom Fraktionswechsel begünstigten und der betroffenen Partei allein erfolgen, da die dritte Partei benachteiligt würde. Wollte man ihre Benachteiligung vermeiden, dürfte der Ausgleich jedoch auch wieder nicht so bemessen sein, daß nun die durch den Fraktionswechsel ursprünglich begünstigte Partei benachteiligt würde. Genau genommen ist überhaupt kein proportionaler Ausgleich möglich, solange die drei Parteien unterschiedlich stark sind. Nach dem „*Posser*-Modell" hätten der FDP für den Übertritt des Abgeordneten *Erich Mende* zum Beispiel zwei nachrückende Abgeordnete zugestanden. Das hätte ihr Stärkeverhältnis zur SPD geändert. Nun hätte man daran denken können, jeder der beiden Regierungsparteien einen Nachrücker zuzusprechen. Aber auch dann wäre die SPD im Verhältnis zur FDP noch geringfügig benachteiligt. Man sage nicht, das könne vernachlässigt werden, da die Regierungskoalition insgesamt einen „gerechten" Ausgleich erhalten habe. Was aber geschieht, wenn die Koalition zerbricht und einer der Parner in die Opposition geht? – Neben diesen Bedenken ist der bereits erhobene[689] Einwand zu wiederholen, daß Ausgleichsmandate Scheinaustritte und eine Verbreiterung der parlamentarischen Basis derjenigen Partei ermöglichen, aus der die Austritte erfolgen.

(3) Mandatsverlust ohne Nachrücker

Von *Dieter Holtmann* wurde vorgeschlagen, Mandatsverlust bei Austritt und Ausschluß einzuführen, ohne allerdings einen Abgeordneten nachrücken zu lassen[690]. Der Gedanke hat auf den ersten Blick etwas Bestechendes, hätte er doch die Regierung möglicherweise vor der Erosion ihrer parlamentarischen Mehrheit bewahren können. Dies gilt selbst für den Fall, daß sie die Fraktionswechsler, die unter diesen Umständen vermutlich nicht ausgetreten wären, ausgeschlossen hätte. Die Regierungskoalition hätte zwar in ihrer zahlenmäßigen Stärke abgenommen, die Opposition aber keinen entsprechenden Gewinn verbuchen können.

Neben diesen Konsequenzen scheint der Vorschlag auf den ersten Blick geeignet, den Einwand der funktionalen Äquivalenz des Mandatsverlustes bei Ausschluß zu einem imperativen Mandat der Parteiführung auszuräumen, wird die Fraktion doch zögern, ihre zahlenmäßige Stärke selbst zu vermindern. Dies wird jedoch umso fraglicher, je größer die zahlenmäßige Überlegenheit einer Fraktion oder Regierungskoalition ist und je grundsätzlicher die Meinungsverschiedenheiten mit dem betreffenden Abgeordneten sind. Kann die Fraktion sowieso nicht mehr mit seiner Stimme rechnen, wird ihr der Ausschluß umso leichter fallen. Dasselbe gilt, wenn die Regierungskoalition über eine so eindeutige Mehrheit verfügt wie im 7. Deutschen Bundestag. Außerdem darf nicht übersehen werden, daß bereits die zwar nicht ernst gemeinte, aber als solche dargestellte Drohung mit dem Ausschluß einen dissentierenden Abgeordneten zur Anpassung veranlassen könnte. Die Einführung des Mandatsverlustes bei Ausschluß auch ohne Nachrücken von Ersatzleuten ermöglicht somit der Parteiführung zumindest in einer ganzen Reihe von politischen Konstellationen, „Aufträge und Weisungen" gegen den erklärten Willen des Abgeordneten durchzusetzen.

(4) Nachwahl bei Fraktionswechsel

Die Forderung nach Nachwahlen bei Fraktionswechsel bietet, solange das geltende Wahlrecht nicht in ein Mehrheitswahlrecht geändert wird, nur eine Problemlösung für die Wahlkreisabgeordneten an. So hätte bei den Fraktionswechslern des 6. Deutschen Bundestages nur im Fall des Abgeordneten *Günther Müller* eine Nachwahl stattfinden können, da alle anderen Fraktionswechsler über eine Landesliste in den 6. Deutschen Bundestag eingezogen sind. Jedoch liegt der Forderung auf Nachwahl die irrige Annahme zugrunde, mit der Erststimme würde tatsächlich der Abgeordnete als Person und nicht als Vertreter seiner Partei gewählt. Unsere Überlegungen dazu haben jedoch letzteres bestätigt[691]. Aus diesem Grunde vermag eine solche Forderung nicht zu überzeugen.

5. Die Ursachen des Erfolges der Argumentation der Regierungsparteien

In dem aus den Leserbriefen gewonnenen und durch Repräsentativumfragen bestätigten Meinungsbild der Bevölkerung über den Fraktionswechsel spiegelt sich der Erfolg der Argumentation der Regierungsparteien. Dieser bedarf einer Erklärung. Sie kann kaum in der sachlichen Überzeugungskraft der Argumente der Regierungsparteien gefunden werden, denn diese war nach unseren vorangegangenen Feststellungen eher dürftig[692]. Das einzig wirklich tragende Argument für den Mandatsverlust bei Austritt vermögen wir in der Stärkung der innerparteilichen Demokratie zu erkennen, eine Überlegung, die in dem zwischen Regierung und Opposition im Jahre 1972 ausgetragenen Machtkampf ohne Bedeutung blieb.

Bei der Erklärung des Erfolges der Regierungsparteien können wir daher nicht auf die Validität ihrer Argumente abheben. Uns scheint vielmehr die bei unserer Analyse und Kritik der These vom Wählerauftrag festgestellte Differenz zwischen Bewußtsein des Wählers von der Struktur und dem Verlauf des Prozesses der politischen Willensbildung und der Wirklichkeit[693] einen geeigneten Ansatz zu bieten. Die Erklärung dieses Auseinanderfallens von Realität und Bewußtsein könnte in Sozialisationsprozessen gefunden werden, die augenscheinlich den dem politischen System der Bundesrepublik zugrunde liegenden demokratischen Anspruch schlicht als Wirklichkeit vermitteln, nicht aber ein empirisch überprüftes Bild seiner komplexen Strukturen und Prozesse. Dafür bieten die angeführten Repräsentativumfragen Belege, denn die Befragten mit höherer Schulbildung und höherem sozialen Status, bei denen also ein zutreffenderes Bild von der Realität des politischen Willensbildungsprozesses angenommen werden kann, sind weitaus eher geneigt, dem Fraktionswechsel und dem Regierungswechsel durch einen erfolgreichen Mißtrauensantrag zuzustimmen. Daneben bietet sich mit *Heidrun Abromeit* der Hinweis als Erklärung an, daß es im Wahlkampf keine Partei unterläßt, den Wähler auf die Wichtigkeit der Wahl hinzuweisen, „weil er durch seine Wahl die politische Situation mit beeinflusse“[694] und „weil in der Wahl bedeutende Entscheidungen anstehen“[695]. Beide Erklärungsversuche schließen sich nicht aus, sondern ergänzen sich, zumal Werbung von Soialisation nicht strikt unterschieden werden kann, sondern in ihrer Funktion der „Wertkonservierung“ in letztere eingeht[696]. So kann man die Hypothese wagen, daß das „Umschmeicheln des Wählers“[697] mit dem Hinweis auf die Wichtigkeit seiner Entscheidung, deren Inhalt jedoch kaum reflektiert wird, nur gelingt, weil es auf ein bereits internalisiertes Bild von der Realität trifft, in das es sich nahtlos einzupassen vermag.

Jedoch sollte nicht übersehen werden, daß der Verweis auf die durch bestimmt Sozialisationsprozesse vermittelte politische Kultur der Bundesrepublik noch nicht alles erklärt. Denn es ist zu fragen, warum nicht bereits in früheren Wahlperioden den Fraktionswechslern solch eindeutige Ablehnung entgegenschlug. Die Verletzung von Normen der politischen Kultur reichte in diesen Fällen als Aufmerksamkeitsregel[698] offensichtlich nicht aus, um den Fraktionswechsel zu einem Thema der öffentlichen Meinung zu machen. Eine Erklärung könnte nach unseren bisherigen Überlegungen auf zwei, möglicherweise sich ergänzenden Wegen gefunden werden. Einmal muß berücksichtigt werden, daß in der 6. Wahlperiode zumindest die dritte von *Niklas Luhmann* genannte Aufmerksamkeitsregel zum Zuge kam, so daß ein kulminierender Effekt anzunehmen ist. Nach den empirischen Feststellungen spielte offensichtlich der „Status des Absenders“[699] eine bedeutsame Rolle. Nur dadurch daß die Spitzenpolitiker von Regierung und Opposition sich des Themas annahmen – die Regierungskoalition, um die Disziplin in den eigenen Reihen zu stärken und den drohenden Zerfall ihrer parlamentarischen Basis zu verhindern, die Opposition, um politische Differenzen im Regierungslager hervorzuheben und Zweifel in der Bevölkerung an der Richtigkeit der Regierungspolitik zu wecken – konnte es zum hervorragenden Bestandteil der öffentlichen Meinung werden mit dem sich dann auch Publizistik, Wissenschaft und Bevölkerung auseinandersetzten. Fraktionswechsel in früheren Wahlperioden, auch die aus dem Regierungslager zur Opposition[700], lösten bei den Parteien nur beiläufige Kommentare aus, führten in der Presse demzufolge nur zu einer bescheidenen Berichterstattung und blieben daher nicht von ungefähr in der Bevölkerung und in der Wissenschaft unbeachtet. Zum anderen muß die Frage gestellt werden, ob die Vorstellung vom Wählerauftrag schon immer ein Bestandteil der politischen Kultur gewesen ist. Damit wäre zugleich die

Behauptung verknüpft, daß die Bundesrepublik im Bewußtsein der Wähler erst im Verlauf ihrer nun bald fünfundzwanzigjährigen Geschichte zu dem geworden ist, was sie nach der Theorie von *Gerhard Leibholz* schon immer war: eine „parteienstaatliche" d. h. „plebiszitäre" Demokratie. Diese Hypothese wird durch die Untersuchung von *Franz Urban Pappi* gestützt, nach der 1961 nur 34 %, 1965 aber bereits 45 % der Wähler ihre Stimmabgabe als politische Entscheidung und nicht als bloß formalen Akt verstanden, der zu den Pflichten des Staatsbürgers gehört[701]. Da dies außerdem überwiegend das Verständnis der jüngeren Wähler ist[702] kann ein weiteres Anhalten des Trends vermutet werden.

Die damit signalisierte Veränderung der politischen Kultur der Bundesrepublik auf direkt-demokratische Vorstellungen hin – Vorstellungen, die nach *Ernst Fraenkel* eine lange Tradition in Deutschland haben[703] und die durch die jugendliche Protestbewegung der letzten Jahre mit der Forderung nach „Demokratisierung", nach *Wilhelm Hennis* „der Grundtenor aller Ansprüche auf Veränderung der uns umgebenden gesellschaftlichen Welt"[704], unüberhörbar artikuliert wurden – könnte mit dem bereits angeführten Hinweis auf die Inhalte politischer Sozialisation erklärt werden, die besonders durch die heranwachsende Generation angenommen wurden. Das würde zugleich die These rechtfertigen, die Fraktionswechsel der 6. Wahlperiode seien schon deswegen zu einem Thema der öffentlichen Meinung geworden, weil sie im Gegensatz zu den Fraktionswechseln in den Anfangsjahren der Bundesrepublik mit der politischen Kultur des Landes[705] kollidierten.

Zu berücksichtigen ist jedoch auch, daß durch die Fraktionswechsel der 6. Wahlperiode eine Regierungskrise hervorgerufen wurde, was als Bestätigung der zweiten Aufmerksamkeitsregel von *Niklas Luhmann*[706] angesehen werden kann. In diesem Zusammenhang müßte auf den starken gouvermentalen Zug der politischen Kultur dieses Landes hingewiesen werden, der sich auch in der überwiegenden Ablehnung des konstruktiven Mißtrauensvotum in der Bevölkerung ausdrückt: Die Fraktionswechsler gefährden den Bestand der Regierung; der Mißtrauensantrag der Opposition wurde dafür Symbol[707].

Der offenkundige Erfolg der Argumentation der Regierungsparteien gegen die Fraktionswechsler bis weit in die Reihen der Anhänger der Opposition hinein wird auf diese Weise verständlich. Dabei muß die Gewichtung der einzelnen Faktoren einer empirischen Untersuchung überlassen bleiben. Die Empörung der Mehrheit der Wähler erklärt sich daraus, daß die Fraktionswechsler den fiktiven Charakter des „Wählerauftrages" und damit den geringen politischen Einfluß des sich weithin auf die Teilnahme an den Wahlen beschränkenden Bürgers so eindeutig dokumentieren[708], daß ein Verdrängen dieser mit den internalisierten Vorstellungen frontal kollidierenden Vorgänge nicht mehr möglich war; dies umso mehr, als die Parteien dieses Thema zu einem der öffentlichen Meinung machten. Das mußte zu emotionalen Reaktionen führen, denen mit rationalen Argumenten kaum erfolgreich zu begegnen war. Einer öffentlichen Argumentation, die solche Reaktionen in eingängigen Formeln wie „Überläufer", „Verfälschung des Wählerauftrages" und „Korruption" einzufangen vermochte, konnte der Erfolg kaum versagt bleiben.

6. Die Forderung nach verstärkter Legitimation des freien Mandats

Die Wahlplattform der FDP von 1969 und *Hans-Peter Schwarz* fordern, dem Wähler die Möglichkeit einzuräumen, für die Kandidaten der Landesliste Vorzugsstimmen abzugeben[709]. *Hans-Peter Schwarz* verspricht sich davon eine verstärkte Legitimation des freien Mandats, also auch der Möglichkeit des Austritts ohne Mandatsniederlegung. Daß dieses Ziel erreicht werden könnte, kann angesichts der Vorstellung des ganz überwiegenden Teils der Wähler, eine Partei und ihre Führungsmannschaft und nicht einen bestimmten Abgeordneten zu wählen[710], bezweifelt werden. So ist es auch nicht verwunderlich, daß der direkt und immerhin mit einem Persönlichkeitsbonus von 3,3 Prozentpunkten gewählte Abgeordnete *Günther Müller* trotz Ausschlusses ebenso kritisiert wurde wie die übrigen Fraktionswechsler. Das Bewußtsein der Wähler vom Parteienstaat verurteilt Bemühungen zum Scheitern, die die persönliche Beziehung des Wählers zu seinem Abgeordneten wieder aufleben lassen wollen. Außerdem wären die Folgen für das parlamentarische Regierungssystem dysfunktional, denn dies ist auf die Funktionsfähigkeit der Parteien und ihrer Fraktionen angewiesen. Daher kann es nicht darum gehen, die „Abgeordneten-Selbstherrlichkeit" und damit die Vielfalt der politischen Vorstellungen im Parlament zu fördern[711], sondern nur darum, die institutionellen Voraussetzungen zu schaffen, daß sich programmatisch unterscheidbare Parteikonturen zu bilden und zu halten vermögen. Diese sind eine wesentliche Voraussetzung dafür, daß der Bürger eine Wahlentscheidung im Sinne einer politischen Richtungsbestimmung treffen kann. Hier gilt entsprechend, was *Hans-Joachim Veen* in seiner Kritik an dem Vorschlag, offene Vorwahlen in der Bundesrepublik einzuführen, betont: „Mit dem Verlust der politisch-ideologischen Identität der Parteien verliert a) das politische System als Ganzes an Übersichtlichkeit und Transparenz; b) wird die Verantwortungsfähigkeit der Parteiführung bzw. -regierung beeinträchtigt; c) ginge in dem Maße, in dem die Möglichkeit der einzelnen Wahlkreisbürgerschaften wächst, ihre Wahlkreiskandidaten zu bestimmen, die Entscheidung der Bürger über eine Parteiregierung und eine bestimmte staatspolitische Handlungskonzeption verloren"[712]. Entscheidungstheoretisch formuliert: Die Fähigkeit des Bundestages zur Reduktion von Komplexität zu politisch bindenen Entscheidungen kann im parlamentarischen Regierungssystem der Bundesrepublik nur dann auf dem gegenwärtigen Niveau gehalten werden, wenn die Parteien und ihre Fraktionen als entscheidungsfähige, die Komplexität bereits auf wenige Alternativen reduzierende Einheiten erhalten bleiben. Eine Ausweitung der Freiheit des Abgeordneten gegenüber ihren Parteien würde das Parlament mit einem Maß an Komplexität konfrontieren, das es zumindest mit seinem gegenwärtigen Strukturen nicht zu bewältigen vermag. Das Gewicht der Regierung im Entscheidungsprozeß würde unter diesen Umständen weiter anwachsen. Zugleich würde die Chance der Bürger vermindert, alternierende politische Richtungen zu erkennen und mit bestimmten Parteien zu identifizieren; dies ist jedoch die Voraussetzung, um insbesondere über die Stimmabgabe bei Wahlen inhaltlich und nicht nur formell mitzubestimmen.

7. Mandatsverlust bei Austritt – Ein Plädoyer für die Ausweitung innerparteilicher Demokratie

Unsere Untersuchung der Diskussion um den Fraktionswechsel hat deren weitgehend polemischen Charakter und dem entsprechend ihren geringen Beitrag für eine Reform des parlamentarischen Systems der Bundesrepublik Deutschland herausgearbeitet. Das Streben nach Machtgewinnung und Machterhaltung verzerrte und simplifizierte die Komplexität des Problembereichs des Abgeordnetenstatus. Es kann daher nicht verwundern, daß nahezu alle in der Auseinandersetzung eingeschlossenen Hypothesen (meist verhältnismäßig einfach) falsifiziert werden konnten und alle Vorschläge zur Einschränkung des freien Mandat der näheren Prüfung, ob sie ihren eigenen Anspruch erfüllen, nicht standzuhalten vermochten.

Die Auswertung der Auseinandersetzung hat dennoch einen wichtigen Aspekt herausarbeiten können: die Beziehung von Mandatsverlust bei Austritt und Ausschluß zu innerparteilicher Demokratie. Nun ist die positive Einschätzung von innerparteilicher Demokratie nicht gleichsam „evident". Vielmehr bedarf sie der Explikation ihrer Prämissen. Dies wird von allen Autoren, die augenscheinlich für sie eintreten und daher das freie Mandat – wie wir gesehen haben, unzutreffenderweise – fordern, unterlassen. Ihrem Beispiel wollen wir nicht folgen.

Innerparteiliche Demokratie als Möglichkeit für Mitbestimmung der Parteimitglieder setzt innerparteiliche Artikulation von politischen Inhalten und Auseinandersetzung über sie voraus. Dabei wird Mitbetstimmung[713] als die inhaltliche Teilnahme eines Individuums an einem Entscheidungsprozeß operationalisiert, in dem dieses wenigstens eine Information als Entscheidungsprämisse in die „Definition der Situation"[714] eingibt[715]. Die Entscheidungsprämissen müssen von den Beteiligten zusammengetragen werden, was bereits ihre Artikulation voraussetzt. Da sie oft konfligieren, sind Auseinandersetzungen über sie unvermeidbar.

Der Stellenwert von innerparteilicher Demokratie hängt davon ab, was man als Aufgabe von Parteien ansieht. Er ist gering, sieht man in Parteien vorrangig Wahlkampforganisationen, deren Mitgliedschaft lediglich das durchzuführen hat, was an einzelnen Maßnahmen des Wahlkampfes von der Parteiführung in Zusammenarbeit mit Fachleuten der public relations[716] beschlossen wurde[717]. Stellt man es auf die Funktion der Auswahl von Führungspersonal ab, ist die Reduktion des Begriffs politischer Mitbestimmung auf Akklamation[718] durch eine innerparteiliche Variante der „Theorie demokratischer Eliteherrschaft"[719] nahezu zwingend[720]. Geht man wie der Verfasser jedoch davon aus, daß Freiheit und Selbstbestimmung des Menschen untrennbar verknüpft sind, daß nur die sozialen Systeme demokratisch genannt werden können, die Bedingungen schaffen, unter denen Selbstbestimmung – in Gemeinschaft mit anderen – als Mitbestimmung praktiziert werden kann[721], und daß dazu in der Gesellschaft der Bundesrepublik auch die Parteien als Mitwirkende an politischen Entscheidungsprozessen beitragen können und sollen, stellt sich die Forderung nach innerparteilicher Demokratie unabweislich. Zu ihr gehört, wie bereits bemerkt, innerparteiliche Auseinandersetzung. In dieser Auseinandersetzung sollen sich die Interessen und Meinungen der Beteiligten artikulieren, in Entscheidungen umsetzen und so die Forderung nach Selbstbestimmung durch Mitbestimmung der Menschen in einen Teilbereich der Gesellschaft praktisch werden lassen. Da auch in den Parteien, die sich selbst als demokratisch verstehen, starke Tendenzen zu unkontrollierter Herrschaftsausübung bestehen[722], sind zusätzliche Maßnahmen erforderlich, ihnen entgegenzuwirken; Mandatsverlust bei Austritt würde dieser Forderung entsprechen, Mandatsverlust bei Ausschluß würde ihr zuwiderlaufen.

Nun wäre Komplexität einer Demokratisierungsstrategie sicher zu gering, würde sich sich ausschließlich von der Forderung nach Ausweitung der Mitbestimmung leiten lassen[723]. Mit *Winfried Steffani* wird man die Forderung aufzustellen haben: „Komplexe Gesellschaft verlangt nach komplexer Demokratietheorie"[724]. Als erkenntnisleitende Begriffe erscheinen dafür neben „Partizipation" „Effizienz" (= Leistungsfähigkeit) und „Transparenz" (= Öffentlichkeit) geeignet[725]. Auf unsere Fragestellung angewendet bedeutet dies, daß die unter dem Gesichtspunkt der Mitbestimmung gerechtfertigte Forderung nach mehr innerparteilicher Auseinandersetzung insbesondere – da Öffentlichkeit als Voraussetzung von Mitbestimmung verstanden werden kann – unter dem Erfordernis der Leistungsfähigkeit geprüft werden muß. Dabei sehen wir davon ab, daß innerparteiliche Auseinandersetzungen von einem Teil der Bevölkerung – wenn auch aus einem falsch verstandenen Demokratieverständnis heraus – abgelehnt werden, und diese somit mit dem Ziel der Stimmenmaximierung, einem Gesichtspunkt der Leistungsfähigkeit einer Partei, konfligieren können. Für unsere speziellere Frage kann unter dem Gesichtspunkt der Leistungsfähigkeit kein Bedenken gegen die (begrenzte) Förderung der innerparteilichen Auseinandersetzung durch Einführung des Mandatsverlustes bei Austritt erhoben werden. Denn die Parteimehrheit hat es jederzeit in der Hand, den dissentierenden Abgeordneten auszuschließen, wenn sie die von ihm angefachte Auseinandersetzung für überflüssig oder die Parteiziele gefährdend hält. Auch bleibt es ihr unbenommen, dagegen die Schwächung ihrer parlamentarischen Stellung abzuwägen, die der Ausschluß des dissentierenden Abgeordneten beinhaltet, wenn dieser bisher wenigstens teilweise zur Fraktion gestanden hat. So ist hervorzuheben, daß erst die Einführung des Mandatsverlustes bei Austritt der Partei diese Möglichkeit der Interessenabwägung in der Mehrzahl der Fälle zuspielt; denn bei der gegenwärtigen Rechtslage hätte der dissentierende Abgeordnete unter Umständen seine Partei schon vorher verlassen, ohne sein Mandat niederzulegen. Die Einführung des Mandatsverlustes bei Austritt erreicht also tendenziell das Ziel einer komplexen Demokratietheorie, nämlich Modelle zu entwickeln, in denen „Effizienz", „Transparenz" und „Partizipation" optimiert werden[726]: Mandatsverlust bei Austritt ist geeignet, die innerparteiliche Auseinandersetzung zu fördern, sichert aber zugleich weitgehend die parlamentarische Stärke der Fraktion. Letzteres bleibt richtig, solange der dissentierende Abgeordnete sich nicht zur allgemeinen Opposition gegen seine Partei entschließt, ohne sie zu verlassen, was ihm als Absicht ausgelegt werden müßte, den Ausschluß zu provozieren. Das Beispiel der *Gruppe Mende* belegt dies. Während vor ihrem Austritt die ihr angehörenden Abgeordneten in einer Vielzahl von Fällen mit der FDP stimmten[727], war das nach ihrem Übertritt zur CDU/CSU-Bundestagsfraktion nicht mehr der Fall.

Widersprüchlich sind in diesem Zusammenhang die gegen die Einführung des Mandatsverlustes bei Austritt gerichteten Argumente *Robert Leichts*. Er führt zunächst unter Hinweis auf den Austritt des Abgeordneten *Herbert Hupka* aus der SPD, der nur wegen seiner unterschiedlichen Auffassung zur Ostpolitik mit seiner Partei gebrochen habe, zutreffend aus: „Ein dissentierender Abgeordneter stünde (bei Einführung des Mandatsverlustes bei Austritt, M. M.) vor der Wahl, entweder durch Parteiaustritt sein Mandat zu verlieren, oder aber formell in der Partei zu bleiben, jedoch beliebig gegen deren Anträge zu stimmen. Der Partei bliebe es überlassen, ihn auszuschließen, womit er sein Mandat behalten, sie aber seine Stimme *vollends* verlieren würde. Denn es könnte ja sein, daß er *bei bestimmten Vorlagen trotz allem mit ihr votiert*"[728]. Im Widerspruch dazu meint *Robert Leicht* wenig später: „Es liegt auf der Hand,daß die verschiedene Regelung des Mandatsverlustes bei Parteiaustritt und -ausschluß zu nichts (!) anderem führt, als zur *Obstruktion* bei formeller Parteimitgliedschaft, jedenfalls nicht zur Sicherung der einmal etablierten Machtverhältnisse; schon gar nicht aber, wenn die Partei sich des Dissidenten durch Ausschluß entledigt"[729]. Dieser letzten Feststellung über die Folge des Ausschlusses ist zuzustimmen, der vorhergehenden nicht. Denn wenn der zwar in bestimmten Fragen dissentierende Abgeordnete in anderen mit seiner Fraktion stimmt, kann von „Obstruktion" schlechterdings nicht gesprochen werden. So kommt es auf den Einzelfall an, in dem die Partei entscheiden muß, ob sie den teilweise von der Parteilinie abweichenden Abgeordneten in ihren Reihen behalten will oder es vorzieht, ihn auszuschließen. Im Fall des Abgeordneten *Günther Müller* wählte die SPD den Ausschluß; die Gründung einer gegen die regionale Parteiorganisation gerichtete Wählervereinigung erschien ihr zu schwerwiegend. Im Falle des Abgeordneten *Herbert Hupka* war sie jedoch augenscheinlich bereit, sein Votum im Plenum gegen die Ostverträge hinzunehmen und nicht mit einem Ausschluß zu ahnden, wenn auch die Behauptung *Herbert Wehners*, man hätte Hupka eine solche Stimmabgabe „nicht verübelt"[730], schönfärberisch erscheint.

Unbenommen bliebe den Parteien die Möglichkeit, solche Konflikte durch eine sorgfältigere Kandidatenauslese zu vermeiden. Darauf ist in der Diskussion um die Fraktionswechsler mehrfach hingewiesen worden. Sorgfältigere Kadidatenauslese kann aber nach den bisherigen Überlegungen nur heißen, daß „Personalentscheidungen in Richtungsentscheidungen umgewandelt werden"[731]. Denn nur wenn es den Parteien gelingt, Kandidaten aufzustellen, deren politische Auffassungen mit den programmatischen Positionen der Partei möglichst weitgehend übereinstimmen, ist die Wahrscheinlichkeit grundsätzlicher Konflikte zwischen Abgeordneten und Partei, soweit sie politisch von beiden Seiten motiviert sind, zu verringern. Dazu müßte die Kandidatenaufstellung jedoch stärker an politischen Inhalten orientieren und nicht überwiegend an Machtgewinnung, wie sie in den bisher angewendeten Auswahlkriterien[732] zum Ausdruck kommt.

Zusammenfassend ist daher festzustellen, daß die Einführung des Mandatsverlustes bei Austritt geeignet ist, das „Konfliktaustragungspotential"[733] in den Parteien zu erhöhen, da die „Sollbruchstelle"[734] zwischen Partei und Abgeordneten widerstandsfähiger wird. Die Freiheit der Entscheidung des Abgeordneten wird dadurch zwar eingeschränkt, jedoch bleiben ihm genügend Möglichkeiten, sich dem Druck von Fraktion und Partei zu widersetzen. Solche Möglichkeiten sind aber auch erforderlich, um die Fähigkeit von Parteien, Fraktionen und Parlamenten zur Integration zu bewahren. Gerade das durch Mandatsverlust bei Austritt modifizierte, aber dennoch weiterhin die Freiheit der Entscheidung sichernde Mandat schafft zusätzliche Voraussetzungen zur Integration der Vielzahl von Interessen und Meinungen in innerparteilicher Diskussion[735], stellt es doch den in einer grundsätzlichen Frage dissentierendenden Abgeordneten unausweichlich vor die Alternative, die innerparteiliche und innerfraktionelle Auseinandersetzung aufzunehmen oder passiver Anpasser zu werden.

VI. Neuinterpretation des Art. 38 Abs. 1 Satz 2 GG

Im vorhergehenden Kapitel konnte gezeigt werden, daß die Einführung des Mandatsverlustes bei Austritt bestimmte Folgen für das parlamentarische Regierungssystem impliziert. Insbesondere ist sie geeignet, das innerparteiliche Konfliktpotential zu erhöhen, was unter dem Gesichtspunkt der Steigerung von innerparteilicher Mitbestimmung wünschenswert erscheint. Bleibt daher die Frage zu prüfen, ob und, wenn ja, welche verfassungsrechtlichen Barrieren des Regierungssystem der Bundesrepublik im Art. 38 Abs. 1 Satz 2 GG der Verwirklichung dieser Forderung entgegenstellt[736].

Oben haben wir die rechtswissenschaftliche Literatur zur Frage des Mandatsverlustes bei Austritt und Ausschluß kritisiert. Die unzureichende, vielfach unreflektierte methodologische Basis der angeführten Arbeiten, die Falsifizierung tragender empirischer Aussagen und die Verwendung von Spielraumformulierungen sind die wichtigsten Gründe, die es verbieten, sich irgendeiner Ansicht ohne weiteres anzuschliessen. Die für die verfassungsrechtliche Interpretation möglicherweise zu berücksichtigenden empirischen Aussagen hoffen wir in der vorliegenden Arbeit formuliert zu haben. Was die Methodologie der Verfassungsinterpretation angeht, so hat bisher nur *Friedrich Müller* ein Konzept vorgelegt, das den Anspruch erhebt, intersubjektiv nachprüfbare Auslegung zu ermöglichen[737]. Unsere Fragestellung erlaubt es zu prüfen, ob seine „Rangordnung der Konkretisierungselemente"[738] in der Lage ist, diesen Anspruch wenigstens in einem Fall einzulösen.

Friedrich Müller hebt zu Recht hervor, daß „in einem Gemeinwesen mit weitgehend kodifiziertem Verfassungsrecht . . . bereits vorentschieden (sei), daß die Aspekte grammatischer Auslegung im Geschäft der Verfassungskonkretisierung herausgehobene Funktionen innehaben"[739]. Denn gerade hierin besteht der Sinn der schriftlichen Verfassung, daß durch ihren Wortlaut festgelegt werden soll, was als Rechtsnorm gilt. Im Grundgesetz kommt das in Art. 19 Abs. 1 Satz 2, 79 Abs. 1 Satz 1 und 80 Abs. 1 Satz 2 deutlich zum Ausdruck[740]. Dabei stellt es die Inhaltsanalyse „auf die herrschende allgemeine oder rechtswissenschaftliche Sprachkonvention" ab und sucht hierin ihre „Objektivität"[741], das heißt (nach unserem Sprachgebrauch) ihre intersubjektive Prüfbarkeit. Das am Wortlaut orientierte, mit Hilfe der grammatischen Interpretationsmethode gewonnene Ergebnis der Auslegung geht daher im Konfliktfall den durch andere Methoden gewonnenen Ergebnissen vor[742]. Dies gilt im Rahmen der systematischen Interpretationsmethode nur dann nicht, wenn die grammatische Interpretation der den Fall regierenden Norm[743] Spielraum für mehrere Möglichkeiten läßt, der sich durch das systematische Heranziehen anderer Normen verringern läßt[744]. Ähnliches gilt nach *Friedrich Müller* auch für empirische Aussagen:

„Das im Wortlaut formulierte Normprogramm bestimmt in seinem Umfang wie in seiner Abgrenzung denjenigen Ausschnitt der Realität, der nicht nur irgendwie im Zusammenhang mit dem ‚Rechtsbefehl' stehen, sondern der sachlich mitkonstituierend zur Norm gehören soll"[745]. Auch hier bestimmt also die durch grammatische Interpretation gewonnene normative Aussage den Umfang, in dem empirische Aussagen zur Entscheidung herangezogen werden *müssen*[746]. Keinesfalls können daher, wie bei manchen Interpretationsversuchen zu Art. 38 Abs. 1 Satz 2 GG geschehen, empirische Aussagen gegen die normativen der Verfassung ausgespielt oder unabhängig von diesen zum alleinigen Entscheidungskriterium erhoben werden. Nur in diesen Grenzen dürfen deshalb auch rechtspolitische Überlegungen zum Zuge kommen[747].

Auch die historische Interpretationsmethode, die ebenfalls bei der Auslegung des Art. 38 Abs. 1 Satz 2 GG eine Rolle spielt, hat der grammatischen nachzustehen. Als Unterfall der systematischen Interpretationsmethode entstammen die von ihr beigetragenen Gesichtspunkte nicht anderen Vorschriften geltenden Rechts, sondern „nichtnormativen Texten in Gestalt von Gesetzesmaterialien"[748]. Daher ist mit *Friedrich Müller* zu bedenken: „Zöge man im Einzelfall das Gesetzgebungsmaterial dem Wortlaut der Vorschrift vor, so würde man damit mit einer bei den anderen Elementen nicht so leicht erreichbaren Deutlichkeit aus einem nicht-normativen Text gegen den Text der Rechtsnorm entscheiden"[749]. Dieses „Entscheiden gegen die Grenzfunktion des Wortlautes der zu konkretisierenden Vorschrift" ist jedoch aus den genannten Gründen unzulässig[750].

Wendet man diese Auslegungsregeln bei dem Versuch einer Neuinterpretation des Art. 38 Abs. 1 Satz 2 GG an, so ist vom Wortlaut auszugehen. Dabei ist der zweite Drittelsatz – „an Aufträge und Weisungen nicht gebunden" – als negative Folgerung und der dritte Drittelsatz – „nur ihrem Gewissen unterworfen" – als positive Folgerung aus dem im ersten Drittelsatz enthaltenen Grundsatz, als Abgeordneter „Vertreter des ganzen Volkes" zu sein, aufzufassen: Der Abgeordnete soll Vertreter des ganzen Volkes sein, daher darf er an Aufträge und Weisungen nicht gebunden, sondern muß nur seinem Gewissen unterworfen sein.

Der erste Drittelsatz drückt aus, daß die Tätigkeit des Abgeordneten auf das Gemeinwohl bezogen sein soll[751], wobei unter Gemeinwohl in der freiheitlich-demokratischen Grundordnung des Grundgesetzes mit seiner für die politische Gestaltung prinzipiellen Offenheit nicht ein bestimmtes, inhaltlich fest umrissenes Programm verstanden werden kann, sondern eine regulative Idee, nach der die Interessen aller bei den politischen Entscheidungen zu berücksichtigen sind[752]. Bei der Mitwirkung an diesen Entscheidungen ist der Abgeordnete nur seinem Gewissen unterworfen, was ausdrückt, daß er sein Votum nach seiner subjektiv gutgläubigen Überzeugung abgeben soll. Dabei soll nicht übersehen werden, daß den Abgeordneten die unterschiedlichsten Motive leiten können: bestimmte Werte, die es zu bewahren und auszugestalten gilt; sachpolitische Zielvorstellungen, die seine Partei oder eine ihrer Vereinigungen verwirklichen will; die Geschlossenheit der eigenen Partei oder Fraktion, hinter die seine abweichende Auffassung zurückzustellen ist; Verpflichtungen gegenüber bestimmten Interessengruppen; Vergünstigungen für den eigenen Wahlkreis; Eröffnung und Erhaltung von Geschäftsverbindungen; der Wunsch, bei bestimmten

Gruppen Anerkennung zu finden oder in der Öffentlichkeit Aufmerksamkeit zu erregen. Ein Teil dieser Motive werden, da die subjektive Gutgläubigkeit fehlt, der Forderung an den Abgeordneten, bei seinen Entscheidungen die Interessen des ganzen Volkes im Auge zu haben, nicht gerecht. Motive sind jedoch, da kaum exakt nachweisbar, juristisch irrelevant. Das erkennt das Grundgesetz dadurch an, daß es auf die Nichtbindung des Abgeordneten an (leichter nachweisbare) Aufträge und Weisungen abstellt und diese Nichtbindung als funktionales Äquivalent zur Gewissensentscheidung betrachtet.

Es fällt auf, daß die rechtswissenschaftliche Literatur keine Begriffsdefinition von Auftrag und Weisung vorlegt. Für den allgemeinen Sprachgebrauch mag der „Duden" weiterhelfen, der Auftrag als „Anweisung (eine Arbeit auszuführen)"[753] sowie Weisung mit „Anordnung"[754] und diese unter anderem mit „veranlassen"[755] gleichsetzt; unter „veranlassen" wird verstanden, „auf irgendeine Weise dahin (zu) wirken, daß etwas Bestimmtes geschieht oder daß jmd. (= jemand, M. M.) etwas Bestimmtes tut"[756]. Danach haben beide Begriffe denselben Inhalt, sie sind jeweils als Anweisung zu verstehen, eine bestimmte Tätigkeit vorzunehmen (oder zu unterlassen). Dazu ist der Abgeordnete nach Art. 38 Abs. 1 Satz 2 GG nicht verpflichtet, von wem auch immer eine solche Anweisung erteilt werden mag, denn sein Wortlaut läßt keine Ausnahme zu. Auch eine systematische Interpretation, die die Artikel 20 Abs. 2 Satz 2 und 21 Abs. 1 Satz 1 GG heranzieht, vermag zu keinem anderen Urteil zu führen. Denn einmal ist, was den Abgeordneten betrifft, Art. 38 Abs. 1 Satz 2 GG ausschließlich einschlägig, da die beiden anderen Artikel vom Volk beziehungsweise von den Parteien handeln. Zum anderen ergibt die grammatische Auslegung ein eindeutiges Ergebnis, das selbst dann nicht in Frage gestellt würde, wenn die systematische Interpretation zu einem Widerspruch führte. Letzteres ist jedoch nicht der Fall.

Art. 20 Abs. 2 Satz 2 GG spricht von der Souveränität des Volkes, die unter anderem durch Wahlen ausgeübt wird. In diesen Wahlen werden keine rechtlich verbindlichen Anweisungen erteilt, eine bestimmte Tätigkeit vorzunehmen, sondern es werden von Parteien präsentierte Kandidaten zu Abgeordneten gewählt, die an „Aufträge und Weisungen nicht gebunden" sind. Dieselbe rechtlich zugesicherte Entscheidungsfreiheit bleibt dem Abgeordneten auch gegenüber den Parteien, denn diese wirken nach Art. 21 Abs. 1 Satz 1 GG „bei der politischen Willensbildung des Volkes mit". Der Artikel spricht also einmal von der Willensbildung „des *Volkes*" und nicht etwa von der des Abgeordneten; zum anderen von „*mit*wirken". Die Parteien haben danach kein Entscheidungsmonopol; es gibt außer ihnen andere Entscheidungsträger; Art. 38 Abs. 1 GG nennt einen davon: den Abgeordneten. Daß die Parteien tatsächlich weitgehend die Entscheidungen der ihnen angehörenden Abgeordneten beeinflussen, bleibt unbestritten. Dies ist jedoch kein hinreichender Grund dafür, die Art. 21 Abs. 1 Satz 1 und 38 Abs. 1 Satz 2 GG entgegen ihrem Wortlaut als prinzipiell unvereinbar anzusehen und letzteren im Konfliktsfall zurücktreten zu lassen. Vielmehr ist davon auszugehen, daß mit der Unverbindlichkeitserklärung von „Aufträge(n) und Weisungen" durch Art. 38 Abs. 1 Satz 2 GG dem Einfluß der Parteien auf die Willensbildung der Abgeordneten Grenzen gezogen werden, die in ihren Auswirkungen der Forderung des Art. 21 Abs. 1 Satz 3 GG entsprechen. Unsere Überlegungen zu der die innerparteiliche Demokratie tendenziell gefährdenden Forderung nach

Mandatsverlust bei Ausschluß[757] bestätigen diese Feststellung. Die Auslegung des Art. 38 Abs. 1 Satz 2 GG führt somit zu dem Ergebnis, daß rechtlich verbindliche Anweisungen an den Abgeordneten nicht erteilt werden fürfen. An diesem Maßstab ist auch die Forderung nach Einführung des Mandatsverlustes zu messen. Dabei nehmen wir die Feststellung auf, daß Mandatsverlust bei Ausschluß in bestimmten Fällen funktional äquivalent zu verbindlichen Anweisungen sein kann. Nach den von *Friedrich Müller* entwickelten Grundsätzen ist es notwendig, diese empirische Aussage zur Normkonkretisierung des Art. 38 Abs. 1 Satz 2 GG heranzuziehen, da sie auf den Normtext bezogen ist und somit die Grenzfunktion des Wortlauts anerkennt. Die Forderung nach Mandatsverlust bei Ausschluß widerspricht daher dem Art. 38 Abs. 1 Satz 2 GG; seine Einführung erfordert ein verfassungsändernde̲s Gesetz.

Solche Konsequenzen hat die Einführung des Mandatsverlustes bei Austritt nicht. Es ist keine politische Konstellation zu erkennen, in der eine solche Regelung funktional äquivalent zu verbindlichen, durch Art. 38 Abs. 1 Satz 2 GG verbotenen Anweisungen sein könnte. Vielmehr verbleiben dem Abgeordneten auch nach Einführung des Mandatsverlsutes bei Austritt zahlreiche Möglichkeiten, sich gegen den Versuch, solche Anweisungen zu erteilen, zu wehren. Die Einführung des Mandatsverlustes bei Austritt ist daher ohne Verfassungsänderung möglich. Sie erfordert ein einfaches Gesetz, da alle Versuche, den Mandatsverlsut bei Austritt aus geltenden Rechtssätzen zu legitimieren, als gescheitert angesehen werden müssen.

Gegen dieses Ergebnis kann nun nicht unter Hinweis auf die Verfassungsmaterialien argumentiert werden. Zwar hat unsere Analyse der Diskussionen des Parlamentarischen Rates ergeben, daß dort Einigkeit darüber bestand, den Mandatsverlust bei Austritt durch den späteren Art. 38 Abs. 1 Satz 2 GG auszuschließen. Mit *Friedrich Müller* halten wir jedoch daran fest, daß die historische Interpretationsmethode nur in Zweifelsfällen herangezogen werden darf. Ein solcher liegt nicht vor; vielmehr ist das durch grammatische und systematische Interpretation gewonnene Ergebnis eindeutig.

VII. Realisierungschancen einer Einführung des Mandatsverlustes bei Austritt

Die Auseinandersetzung um die Fraktionswechsler des 6. Deutschen Bundestages litt bei allen schlagwortartigen Verkürzungen nicht unter einem Mangel an Argumenten und bedenkenswerten Vorschlägen. Ein solches Urteil bleibt auch dann gerechtfertigt, wenn wir fast alle Reformvorschläge ablehnen mußten. Dabei ist bemerkenswert, daß der einzige Vorschlag, dem wir angesichts unserer normativen Prämissen beitreten konnten, von Praktikern der Politik aus allen im 6. Deutschen Bundestag vertretenen Parteien abgelehnt wird. Dies läßt die Schwierigkeiten erkennen, die bei dem Versuch, Mandatsverlust bei Austritt gesetzlich einzuführen, zu überwinden sind. Einmal sind es die Abgeordneten selbst, die über die Einschränkung ihres Handlungsspielraumes zu entscheiden hätten. Ihre Interessengebundenheit stellt ein großes Hindernis dar. So ist denn die Bereitschaft des Abgeordneten, einer solchen Maßnahme von Parlamentsreform zuzustimmen, zugleich ein Indiz für sein Verständnis von (innerparteilicher) Demokratie und seine Fähigkeit, seine Interessen anderen Gesichtspunkten nachzuordnen. Zum anderen fürchten gerade die Fraktionsführungen um die „Effizienz" der Fraktionsarbeit, die durch streitbare dissentierende Mitglieder, denen die Möglichkeit genommen wäre, einer anderen Fraktion beizutreten, gefährdet werden könnte. Vor dem Entschluß, ein solches Mitglied auszuschließen, scheuen sie allzu leicht zurück, um nicht in den Ruf, intolerant zu sein, zu geraten. So vermag denn unsere Untersuchung zwar die Wünschbarkeit der Reform des Abgeordnetenstatus durch Einführung des Mandatsverlustes bei Austritt darzutun, aber keine besondere Strategie anzugeben, wie diese Reform durchzusetzen wäre. Was bleibt, ist der bloße Appell an die politische Einsicht.

Dokumentation

Dokument 1

Berliner Programm der CDU, 2. Fassung, verabschiedet auf dem 18. Bundesparteitag vom 25. bis 27. 1. 1971, Ziff. 110.

„Der Einfluß der Parlamente muß gestärkt werden. Die Aktionsmöglichkeiten des einzelnen Abgeordneten müssen verbessert, seine Verbindungen zur Wählerschaft gestärkt und seine Unabhängigkeit gegenüber Partei, Fraktion und Interessengruppen gesichert werden. Die in der gewerblichen Wirtschaft Tätigen und die Angehörigen der freien Berufe müssen ebenso wie die Angehörigen des öffentlichen Dienstes angemessene Sicherungen für die Zeit während und nach der Übernahme eines Abgeordnetenmandates erhalten. Diese Verbesserungen sind wesentlicher Bestandteil jeglicher Parlamentsreform."

Dokument 2

Grundsatzprogramm der JU, verabschiedet auf dem Deutschlandtag in Fulda vom 29. 9. bis 1. 10. 1972, Ziff. 34.

„Dem einzelnen Abgeordneten sind die notwendigen Hilfskräfte für die Ausübung seines Mandats innerhalb und außerhalb des Parlaments zur Verfügung zu stellen. Um den Abgeordneten vom Verdacht unkontrollierter Beeinflussung durch Interessenverbände freizuhalten, fordert die Junge Union nachdrücklich die Offenlegung von Beraterverträgen. Um das Parlament und die Abgeordneten finanziell und in ihren Arbeitsmöglichkeiten so gestellt werden, daß eine weitgehende Unabhängigkeit erreicht wird. Das Recht auf freie Entscheidung der Mandatsträger muß gegenüber jedem Versuch, das imperative Mandat einzuführen, gestärkt werden."

Dokument 3

Aus: Erklärung des Bundesvorstandes der CDU vom 12. 5. 1973 zum Rücktritt des Vorsitzenden der CDU/CSU-Bundestagsfraktion *Rainer Barzel*, in: Union in Deutschland Nr. 20/1973, S. 12.

„Die CDU kennt kein imperatives Mandat. Gewählte Abgeordnete sind in ihrer Entscheidung frei und können auch durch Beschlüsse von Parteigremien nicht gebunden werden. Der Bundesvorstand unterstreicht die Notwendigkeit, zu einer wirksamen politischen Abstimmung der Meinungsbildung der Organe von Partei und Fraktion in allen wichtigen Gesetzgebungsfragen zu kommen."

Dokument 4

Aus: Praktische Politik für Deutschland – Das Konzept der F. D. P. verabschiedet auf dem 20. Bundesparteitag der FDP am 25. 6. 1969, S. 14 und 15.

„Neue Formen direkter Demokratie müssen dem Bürger mehr Einfluß geben.

Wenn Parlamente und Regierungen ein wichtiges Problem nicht anfassen, müssen die Bürger sie durch Volksbegehren dazu zwingen können.

Der Bundespräsident ist Repräsentant des ganzen Volkes. Deshalb muß er von den Bürgern – in direkter Wahl – gewählt werden. Sie sind damit aufgerufen, selbst zu beurteilen, wer für das höchste Amt im Staat am besten geeignet ist. [. . .]

Der Bürger soll in den politischen Parteien stärker mitarbeiten, um dadurch die Möglichkeit wahrzunehmen, bei der Aufstellung der Kandidaten für die Wahlen, wie auch bei der Willensbildung mitzuwirken. Die innere Struktur der Parteien muß dem Rechnung tragen. Die Aufstellung der örtlichen Kandidaten soll öffentlich erfolgen.

Der Bürger soll nicht nur die von ihm bevorzugte Partei wählen können, sondern mit seiner Stimme auch die von den Parteien aufgestellte Reihenfolge der Kandidaten auf den Listen verändern können. [. . .]

Der Bürger muß prüfen können, wie die von ihm gewählten Parlamentsmitglieder entscheiden. Die namentliche Abstimmung muß zur Regel werden und dadurch die politische Verantwortung des Abgeordneten sichtbar machen. Parlamentsausschüsse müssen grundsätzlich öffentlich beraten. Die Ausschüsse sollen zur Klärung von Sachfragen bei allen wichtigen Entscheidungen Vertreter der betroffenen Gruppen sowie Sachverständige öffentlich anhören. Die Regierungsvertreter sind verpflcihtet, sich vor dem Ausschuß und in Gegenwart der Angehörten zu deren Ansicht umfassend zu äußern."

Dokument 5

Wolfgang Mischnick, Gegen imperatives Mandat, in: Vorstand der FDP-Bundestagsfraktion (Hg.), Bonner Depesche, Nr. 20/1972, S. 4.

„Je intensiver die Diskussion mit den Bürgern über eine eventuelle Bundestagswahl in diesem Jahr wird, umso häufiger taucht die Frage auf, warum es überhaupt zu vorgezogenen Bundestagswahlen kommen soll. Dabei ist überall eine fast einhellige Verurteilung derjenigen festzustellen, die mit ihrem Mandat die Partei verlassen haben, deren Wählern sie ihr Mandat verdanken. Auch Gegner der sozial-liberalen Koalition kritisieren bei derartigen Diskussionen diese – wie es oft heißt – politisch unvertretbare und moralisch disqualifizierende Handlungsweise.

Immer kräftiger wird die Forderung erhoben, daß jeder, der aus seiner Partei ausscheidet, sein Mandat niederlegen müsse. Diese Forderung ist einleuchtend und verständlich, aber nicht durchführbar, wenn man die Unabhängigkeit der Abgeordneten, wie sie im Grundgesetz vorgesehen ist, nicht in Frage stellen will. Folgt man nämlich diesen Vorschlägen, dann käme das einem imperativen Mandat gleich.

Das imperative Mandat, das bedeutet, an Weisungen gebundene Abgeordnete für jede einzelne Abstimmung zu haben, lehne ich ab. Das würde zwar zur Vereinfachung der Plenarsitzungen des Deutschen Bundestages und zur Verstärkung der Fraktionsdisziplin beitragen, aber gleichzeitig die Abgeordneten zu Marionetten der jeweils aufstellenden Wahlkörperschaften machen, deren Zusammensetzung sich jedoch ständig ändern kann. Statt Plenarsitzungen bedürfte es dann nur noch einer Art „Stärkemeldung" der Fraktionen beim Bundestagspräsidenten jeweils abzüglich der kranken, beurlaubten oder unentschuldigt fehlenden Abgeordneten.

Diese geraffte Darstellung mag manchem übertrieben vorkommen, aber sie läßt sich sehr schnell erläutern und beweisen. Die Mandatsniederlegung beim Ausscheiden aus der Partei, der der Abgeordnete bei seiner Wahl angehörte, könnte sich dann ja nicht nur auf ein freiwilliges

Verlassen beschränken. Denn wer tritt schon aus seiner Partei aus, wenn er befürchten muß, nur in diesem Falle sein Mandat zu verlieren? Man müßte also den Parteiausschluß mit einbeziehen, denn sonst würde sich der Austrittswillige so lange durch abweichende Abstimmungen und Erklärungen gegen seine Partei wenden, bis nur ein Parteiausschluß übrigbliebe. Kann er dann sein Mandat behalten, wäre der alte Zustand wieder erreicht.

Ermöglicht man aber auch durch Parteiausschluß den Mandatsverlust, wird dadurch jeder Manipulation Tür und Tor geöffnet. Wer sich nach einer solchen Regelung einer anderen Meinung „erdreistete", müßte sofort mit einem Parteiausschluß und Mandatsverlust rechnen. Absolute Sterilität in den Fraktionen wäre die Folge. Die so notwendige kritische Meinungsbildung, die natürlich im Regelfalle nach Abwägung aller Gesichtspunkte zur geschlossenen Haltung einer Fraktion führen sollte, wäre von vornherein unterdrückt. Insbesondere die die jeweilige Regierung tragenden Fraktionen würden praktisch zum reinen Erfüllungsgehilfen werden.

Den einzig möglichen Ausweg nach der derzeitigen Verfassungslage sehe ich darin, daß ein Abgeordneter, der aus seiner Fraktion ausscheidet, von keiner anderen Fraktion aufgenommen werden darf. Er bliebe dann also fraktionslos, als sogenannter „wilder" Abgeordneter im Parlament, der zwar bei jeder Entscheidung im Plenum mit abstimmen, aber weder bei der Besetzung der Ausschüsse noch bei der Bewertung der Fraktionsstärken mitwirken könnte. Außerdem wäre ihm die Möglichkeit genommen, bereits bei der politischen Gruppe mitzuarbeiten, bei der er das nächste Mal kandidieren will. Damit würde es erheblich schwieriger, aus dem Austritt politisches Zukunftskapital zu schlagen.

Natürlich ist auch das keine ideale Lösung. Dies wäre allein durch das korrekte persönliche Verhalten des einzelnen Abgeordneten zu erreichen, wie es in einzelnen Fällen geschah, nämlich das Mandat niederzulegen, wenn jemand mit der politischen Gruppe nicht mehr im Einklang steht, für die er kandidiert hat."

Dokument 6

Detlef Kleinert, Was tun gegen den Mißbrauch des Mandats? in: fdk, Pressedienst der FDP-Bundestagsfraktion, Nr. 393/72 vom 12. 10. 1972, S. 1–3.

„Das im Grundgesetz und in der Verfassungwirklichkeit angelegte Spannungsverhältnis zwischen dem „freien Mandat" des Artikels 38 GG und der in Artikel 21 GG angedeuteten parteienstaatlichen Struktur läßt sich nicht wie der „gordische Knoten" lösen.

Für Liberale gelten folgende Grundsätze:

1. Verfassungspolitische Entscheidungen dürfen nicht unter dem Eindruck von tagespolitischen Ereignissen oder von augenblicklichen Vor- oder Nachteilen für die eine oder andere Partei getroffen werden.
2. Der Parteiübertritt eines Abgeordneten aus Gewissensgründen kann und darf nicht verboten werden. Die sauberste und anständigste Lösung ist dann jedoch, daß der Abgeordnete, der sein Mandat seiner Partei verdankt, sein Mandat an diese Partei zurückgibt.
3. Eine grundsätzliche Verdammung jedes Parteiübertritts ist sicher ebenso falsch, wie die Hochstilisierung jedes Fraktionswechslers zu einem Überzeugungstäter, der aus tiefer Gewissensnot gehandelt habe, wie Herr Barzel es im Bundestag glauben machen wollte.
4. Das für die parlamentarisch-repräsentative Demokratie notwendige „freie Mandat" kann nicht wegen der Möglichkeit seines Mißbrauchs abgeschafft werden.
5. Artikel 38 GG gibt jedoch keinen moralischen Freibrief für erschlichene Mehrheiten und für die Verfälschung des Wählerwillens.

Zu den in der Öffentlichkeit, in Politik und Wissenschaft als Mittel gegen die Verfälschung des Wählerwillens diskutierten rechtlichen Regelungen ist im Einzelnen festzustellen:

1. *Ausgleichsmandate:*
   Die Regelung, daß die frühere Fraktion des Überläufers ein oder zwei Ausgleichsmandate durch nachrückende Parteifreunde erhält, würde eine Verfälschung des Wählerwillens bei einem Übertritt verhindern. Die Regelung könnte jedoch durch Scheinübertritte mißbraucht werden, die ihrerseits die Mehrheitsverhältnisse verfälschen würden.
2. *Imperatives Mandat:*
   Die Einführung des sogenannten Imperativen Mandats mit der Möglichkeit des Rückrufs des Abgeordneten würde die Grundlage der parlamentarisch-repräsentativen Demokratie vernichten. Der Abgeordnete wäre durch absolute Bindung an den Partei- oder einen bestimmten Wählerwillen nicht mehr in der Lage, konstruktiv mitzuarbeiten. Kompromisse im Bundestag wären unmöglich.
3. *Verlust des Mandats bei Parteiwechsel:*
   Der Verlust des Mandats nur bei freiwilligem Austritt aus der Partei würde dazuführen, daß sich jeder Übertrittswillige vor diesem Schritt hüten und stattdessen die Arbeit in seiner Fraktion solange sabotieren, bis er ausgeschlossen würde, um dann mit seinem Mandat überwechseln zu können.
   Der Verlust des Mandats, auch für den Fall des (unfreiwilligen) Ausschlusses aus der Partei, würde in seinen praktischen Auswirkungen dem imperativen Mandat gleichkommen. Die Partei oder Fraktionsspitze könnte die Abgeordneten durch die Drohung mit Ausschlußverfahren derart „disziplinieren" können, daß eine demokratische Willensbildung und eine kritische Diskussion innerhalb der Fraktion verhindert würde.
4. *Verbot der Aufnahme von Parteiwechslern:*
   Eine begrenzt wirksame Möglichkeit, erschlichene Mehrheiten zu erschweren, wäre eine Vereinbarung der Fraktionen, Parteiwechsler weder zu ermutigen noch aufzunehmen. Der aus seiner Partei austretende Abgeordnete würde dann nur als fraktionsloser Abgeordneter im Parlament, nicht aber in einer anderen Fraktion mitarbeiten können. Ihm wäre die Möglichkeit genommen, seine Chancen für eine Wiederaufstellung in der neuen Fraktion auszubauen.
5. *Aktion „saubere Liste"*
   Bei der Aufstellung der Kandidaten zum 7. Deutschen Bundestag sollten die Parteien ganz besonders sorgfältig auswählen und unsichere Kandidaten von vornherein nicht aufstellen.
6. *Mehr Rechte für den Wähler*
   Schon heute kann der Wähler bei Zweifeln an örtlichen Wahlkreisbewerbern seiner Partei durch Stimmensplitting korrigierend abstimmen.

Die F. D. P. fordert darüber hinaus:

Die Aufstellung der örtlichen Kandidaten soll öffentlich erfolgen.

Der Bürger soll nicht nur die von ihm bevorzugte Partei wählen können, sondern mit seiner Stimme auch die von den Parteien aufgestellte Reihenfolge der Kandidaten auf den Listen verändern können. (Nürnberger Wahlplattform der F. D. P. vom 25. Juni 1969).

Es ergibt sich also, so sehr man dieses Ergebnis im Einzelfall bedauern mag, daß rechtlich zulässige und politisch langfristig tragbare Möglichkeiten zu einer absoluten Verhinderung der Mandatsmitnahme nicht bestehen. Plastischer sagt es Professor Theodor Eschenburg: „Es gibt auch in der Medizin für manche Krankheiten keine wirksame Therapie. Das gilt genauso für die politische Pathologie."

Dokument 7

Aus: Kommunalpolitisches Konzept der DJD für die Ballungsgebiete, verabschiedet auf der Bundeslegiertenkonferenz vom 24. bis 25. 6. 1971.

„Alle Kommunalwahlen sind Listenwahlen – Direktwahlen, Kumulieren und Panaschieren werden abgelehnt. Parteilisten bzw. Listen von Wählervereinigungen werden von mit den Verwaltungsgrenzen identischen Parteiuntergliederungen aufgestellt.

Abgeordnete können während der Wahlperiode von den jeweiligen Parteiuntergliederungen mit Zweidrittelmehrheit zurückgezogen werden, dafür rückt der auf dem nächsten Listenplatz stehende Bewerber nach.

Abgeordnete verlieren ihr Mandat automatisch mit dem Ende ihrer Parteimitgliedschaft. Im Fall des Ausschlusses bedarf der Mandatsverlust der Bestätigung der aufstellenden Parteiuntergliederung mit absoluter Mehrheit.

Die gleichzeitige Ausübung von Amt und Mandat muß gesetzlich ausgeschlossen werden. Ist ein Wahlbeamter Mandatsträger, so ruht sein Mandat während der Amtszeit. Der nächste Listenbewerber rückt für diese Zeit nach.“

Dokument 8

Beschluß des Parteivorstandes der SPD, in: Pressemitteilungen und Informationen der SPD, Nr. 573/68 vom 27. 12. 1968.

„Die Willensbildung in der Sozialdemokratischen Partei Deutschlands vollzieht sich gemäß den im Grundgesetz festgelegten Formen und Voraussetzungen der repräsentativen Demokratie.

Mandatsträger für die Partei auf allen Stufen der Parteiorganisation und in allen Volksvertretungen sind von Weisungen der Parteigremien und der sie entsendenden Parteimitglieder frei. Sie sind ihrem Gewissen verantwortlich.

Von sozialdemokratischen Mandatsträgern wird erwartet, daß sie ihrem Verhalten bei Wahlen und Abstimmungen die im Wege der innerparteilichen Willensbildung gefundenen gemeinsamen Vorstellungen und Zielsetzungen zugrunde legen. Dazu gehören auch Beschlüsse von sozialdemokratischen Fraktionen der Parlamente.

Die Respektierung von Beschlüssen der zuständigen Parteigremien, insbesondere der Parteitage, durch die Mandatsträger entspricht diesen Grundsätzen.

Es ist unzulässig, die Entscheidungen eines Mandatsträgers durch Androhung von Nachteilen oder durch Versprechen von Vorteilen für ihn oder seine Angehörigen zu beeinflussen.

Bestrebungen, die sich gegen diese Prinzipien richten, verstoßen gegen die Parteiordnung.“

Dokument 9

Beschluß des Parteivorstandes auf Empfehlung der gemeinsamen Sitzung von Parteirat, Parteivorstand und Kontrollkommission vom 26. 2. 1971 in Bonn, in: Vorstand der SPD (Hg.), Stellungnahmen, Reihe Jugend, Heft 2, Bonn o. J., S. 40.

„Die Parteien haben den Auftrag, bei der politischen Willensbildung des Volkes mitzuwirken. Das ist im Grundgesetz festgelegt. Nicht berührt wird davon die Unabhängigkeit der Abgeordneten aller Parlamente. Sie sind an Weisungen nicht gebunden und nur ihrem Gewissen untterworfen.

Die politischen Parteien und ihre Organisationen können und sollen nicht nur turnusmäßig durch die Kandidatenaufstellung, sondern auch durch aktuelle Beschlüsse und Stellungnahmen die politische Willensbildung beeinflussen. Deutlich muß jedoch bleiben: Die Begriffe Mitwirkung und Beeinflussung schließen nicht die Vollzugspflicht durch gewählte Abgeordnete und die von ihnen gestellten Organe ein. Die Unabhängigkeit der durch Volkswahl gewählten Mandatsträger in Bund, Ländern und Gemeinden darf nicht angetastet werden.“

Dokument 10

Jürgen Schmude, Parteibindung des Abgeordnetenmandats? in: SPD-Pressedienst vom 8. 1. 1971, S. 2–3.

„Der bekannte Wechsel von je drei Bundestags- und Landtagsabgeordneten der FDP in das Lager der Opposition hat eine lebhafte Diskussion darüber ausgelöst, ob in einem solchen Fall dem Abgeordneten das Mandat erhalten bleiben kann oder derjenigen Partei zufallen soll, für die er kandidiert hat. Hier eine bessere Lösung als bisher zu finden, erscheint vielen politisch interessierten Bürgern noch dringender, seit der Abwerbungsversuch gegenüber dem FDP-Bundestagsabgeordneten Geldner das Ausmaß der bei solchen Parteiwechseln zuweilen praktizierten Korruption gezeigt hat.

In diesem Zusammenhang wird die Forderung nach Änderung des Artikels 38 des Grundgesetzes erhoben, der den Abgeordneten von der Bindung an Weisungen und Aufträge freistellt und ihn ausschließlich auf die eigene Gewissensentscheidung verweist. Bei näherer Prüfung zeigen sich aber erhebliche Probleme einer solchen Rechtsänderung.

Die Bindung des Mandats an die Partei wird vor allem für denjenigen Abgeordneten gefordert, der nicht direkt, sondern über eine Parteiliste ins Parlament gewählt worden ist. Mit Recht wird in einem solchen Fall betont, daß der Abgeordnete sein Mandat ausschließlich der Partei verdankt.

Wollte man aber dieses Mandat im Unterschied zu dem des direkt gewählten Abgeordneten an die Parteizugehörigkeit binden, so wäre das Ergebnis offensichtlich unangemessen. In den Parlamentsfraktionen säßen sich zwei Gruppen von Abgeordneten gegenüber: Wahlkreisabgeordnete, die schlimmstenfalls den Parteiwechsel nicht zu scheuen brauchten, und Listenabgeordnete, für die es außerhalb ihrer Partei keine Abgeordnetentätigkeit gäbe.

Privilegiert wären also die Wahlkreisabgeordneten, und das ohne sachlichen Grund. Denn auch der Wahlkreisabgeordnete kann seinem persönlichen Verdienst allenfalls einige wenige Stimmprozente zuschreiben, während der weitaus größere Teil der für ihn abgegebenen Stimmen seiner Partei gilt. Auch er verdankt somit das Mandat seiner Partei.

Folgerichtig müßte demnach die Bindung des Mandats an die Partei bei allen Abgeordneten bestehen, die als Parteikandidaten, statt als Einzelbewerber gewählt worden sind. Tatsächlich wird auch dies gefordert, und zwar vor allem von denjenigen, die die Freiheit des Abgeordneten von Bindungen und Parteiaufträgen während der Legislaturperiode kritisieren.

Immerhin ist zu bedenken, daß eine solche Regelung den Mandatsverlust bei Parteiwechsel nicht nur auf den Fall des Austritts beschränken dürfte. In gleicher Weise müßte beim Ausschluß aus der Partei das Mandat an diese fallen, d. h. von einem auf der Parteiliste nachrückenden Bewerber übernommen werden. Wäre nämlich nur der Austritt die Voraussetzung für den Mandatsverlust, würde selbst bei offener Gegnerschaft zur eigenen Partei kein Abgeordneter austreten. Die jeweilige Fraktion müßte damit sogar zuverlässige Gefolgsleute des politischen Gegners in den eigenen Reihen dulden.

In der Möglichkeit, einem Abgeordneten durch Parteiausschluß das Mandat zu nehmen, aber liegt das eigentliche Problem der diskutierten Grundgesetzänderung. Zwar ist richtig, daß die Wahlentscheidung der Bürger weit überwiegend der Partei und nicht der Person des einzelnen Kandidaten gilt, – Spitzenkandidaten vielleicht ausgenommen. Der Wähler meint jedoch nicht die Partei schlechthin, sondern so, wie sie sich personell mit ihrem Kandidatenangeobt sowie den maßgeblichen Funktionären und programmatisch mit ihren grundsätzlichen Entschließungen präsentiert.

Die Kandidaten eben dieser Partei wählt der Bürger für vier oder fünf Jahre ins Parlament. Mit Recht ist er dann enttäuscht, wenn Abgeordnete das so errungene Mandat für eine ganz andere politische Richtung einsetzen. Hintergangen könnte er sich aber auch fühlen, wenn die Partei im Laufe der Legislaturperiode bei der Wahl nicht vorhergesehene Wandlungen erlebt, die sich durch Ausschlußverfahren unmittelbar auf die Zusammensetzung des Parlaments auswirken.

Man nehme als Beispiel eine Partei, die sich in ihren Wahlaufrufen eindeutig gegen die Mitbestimmung auf Unternehmensebene ausgesprochen hat. Ein Jahr später dringen in dieser Partei neue Kräfte in die Führungsgremien vor und erreichen auf dem Parteitag einen Programmbeschluß mit der Festlegung der Mitglieder auf die Förderung der Mitbestimmung. Abgeordnete, die an den im Wahlkampf verkündeten Grundsätzen festhielten, würden damit gegen das – jetzige – Programm der Partei verstoßen und nach § 10 des Parteiengesetzes ausgeschlossen werden können.

Das alles wäre als innerparteilicher Vorgang völlig legitim, würde aber sogleich die Wirksamkeit der Wahlentscheidung infragestellen, wenn es zum Mandatsverlust führen müßte. Selbst Spitzenkandidaten, denen die Wähler besonders persönliches Vertrauen entgegengebracht haben, könnten auf diese Weise aus dem Parlament abgerufen werden.

Andere Sicherungsmittel müßten hierbei zwangsläufig eingreifen, um die bei der Wahl von den Bürgern getroffene Entscheidung vor einer nachträglichen Verfälschung zu bewahren. Wie in unserem Staat auf vielen Gebieten mit Erfolg praktiziert, würde die Sicherung vor allem darin bestehen, daß das Ausschlußverfahren und seine politischen Gründe einer weitreichenden gerichtlichen Überprüfung unterläge. Staatliche Gerichte wären berufen, nicht nur die Entscheidung innerparteilicher Schiedskommissionen in vollem Umfang zu wiederholen, sondern auch die Übereinstimmung aktueller Programmsätze der Partei mit ihren Wahlversprechen nachzuprüfen. Fehlt eine solche Übereinstimmung, so reicht der Verstoß gegen neuere Grundsätze der Partei für den Ausschluß nicht aus.

Skeptisch muß man schon die Möglichkeit beurteilen, einen solchen Prozeß mit seinen Instanzen noch während der Legislaturperiode zum Abschluß zu bringen. Mehr noch ist dieses Verfahren deshalb abzulehnen, weil es die Gerichte hoffnungslos überfordern würde. Eine Grenze zwischen politischer und Rechtsentscheidung wäre kaum noch zu ziehen, Politologen würden einander als Gutachter und Gegengutachter vor Gericht Debatten liefern, außerhalb der Partei und der Wahlentscheidung des Bürgers würden politische Grundsatzentscheidungen verbindlich beurteilt wie sonst nur im Verbotsprozeß. – Diese Aussichten sind wenig geeignet, Anreiz zu einer Bindung des Mandats an die Parteizugehörigkeit zu bieten. Mögen Erscheinungen wie die kürzlichen Übertritte von FDP-Abgeordneten auch mehr als unbefriedigend sein: Von dem Grundsatz, derartige Vorgänge politisch zu bewältigen, sollte man nicht abgehen."

Dokument 11

Auszug aus: *Johanno Strasser*, Interview, in: Konkret am 19. 7. 1973, S. 12–13.

„KONKRET: Wollen die Jungsozialisten Mandatsträger der SPD an Mehrheitsbeschlüsse der Parteibasis binden? Wollen sie das imperative Mandat einführen?
Strasser: Die Diskussion über das imperative Mandat wird meist so verwaschen geführt, daß es schwerfällt, auf diese Frage zu antworten. Die Frage muß zunächst lauten: Was versteht man unter imperativem Mandat? Es geht uns gar nicht darum, die Delegierten in höheren Gremien in schlechthin jeder Entscheidung zu binden. Schon Engels hat aus bitteren Erfahrungen, die man damit in der Allgemeinen Arbeit-Assoziation hatte, nachgewiesen, daß das völliger Unfug ist. Man kann nicht durch die Basis-Organisation alle Entscheidungslagen höherer Delegiertengremien vorwegnehmen. In diesem strengen Sinne ist das imperative Mandat Unfug.

KONKRET: Was verstehen die Jusos unter imperativem Mandat?

Strasser: Wir ziehen aus Ereignissen der jünsten Zeit – Abgeordnete nehmen ihre Mandate zu anderen Parteien mit, Abgeordnete halten sich nicht an ihre Wahlversprechen – den Schluß, daß es notwendig ist, eine stärkere Basis-Kontrolle sicherzustellen, die Abgeordneten an Richtlinienaufträge zu binden. Das ist der sinnvolle Kern dieser ganzen Diskussion.

KONKRET: Wo ist die Grenze zwischen Richtlinienaufträgen und Unfug?

Strasser: In der Praxis funktioniert das eigentlich ganz gut. Die meisten Parteigremien fällen nicht Beschlüsse, die bis aufs I-Tüpfelchen Gesetzescharakter haben, sondern geben nur in etwa die politische Richtung an und überlassen die Ausgestaltung den Fraktionen. Wenn einmal ein sehr konkreter Basis-Auftrag vorliegt, halte ich es durchaus nicht für „unanständig", wenn ein Abgeordneter davon abweicht. Dann soll er aber an seine Basis gehen – in seinen Ortsverein, in seinen Unterbezirk, zu seinen Wählern – und begründen, warum er anders entschieden hat. Dafür wird es möglicherweise gute Gründe geben, zum Beispiel, wenn zur Zeit des Basis-Beschlusses andere Fakten geltend gemacht wurden als zu der Zeit, wo der Abgeordnete seine Entscheidung zu fällen hatte.

KONKRET: Ist dieses Verfahren die Regel?

Strasser: Heute versucht der Abgeordnete, meistens unter Hinweis auf eine mystisch-irrationale Instanz, genannt Gewissen, sich jeder Kontrolle zu entziehen.

KONKRET: Das der Abgeordnete nur seinem Gewissen unterworfen sei, steht im Grundgesetz.

Strasser: Man kann eine Gewissensentscheidung – wenn das mehr sein soll als eine Ausrede für pure Willkür – nur anhand von Regeln treffen, von programmatischen Richtlinien. Wenn jemand behauptet, er habe ein Gewissen, das mit eigener, nicht zu begründender Autorität spricht, dann ist mir das sehr verdächtig. Wenn man einer Partei beigetreten ist, die ja ihr Programm, ihre Parteitagsbeschlüsse hat, dann hat man bestimmte vorgegebene Regeln bejaht, an die man sich bei Entscheidungen halten muß. Etwas anderes als Gewissen auszugeben, ist nur der Versuch, sich jeglicher Nachprüfung zu entziehen.

KONKRET: Im Grundgesetz steht, der Abgeordnete sei an Aufträge und Weisungen nicht gebunden. Sie sprechen von Kontrolle und Überprüfung. Muß sich der Abgeordnete nun Ihrer Meinung nach an grundsätzliche Beschlüsse halten oder nicht?

Strasser: Unter den gegebenen Umständen haben wir nur die Möglichkeit, Abgeordnete, die sich nicht daran halten, bei der nächsten Wahl nicht wieder aufzustellen. Wo diese Drohung real besteht, halten sich viele Abgeordnete an Basis-Aufträge. Ich halte es auch deshalb für richtig, gewisse Weisungen mitzugeben, weil ja ein Abgeordneter nicht einfach auf Grund seiner Persönlichkeit gewählt wird, sondern weil man von ihm gewisse politische Entscheidungen erwartet. Er trägt selbst in Wahlveranstaltungen dazu bei, daß diese Erwartungen geweckt werden, er gibt rationale Kriterien an, nach denen seine Arbeit beurteilt werden kann.

KONKRET: Wenn nun aber ein Abgeordneter gegen die Linie seiner Partei, gegen seine Wahlversprechen und gegen Basis-Beschlüsse entscheidet und auch die nächste Kandidatenauftstellung nicht fürchtet?

Strasser: Vielleicht sollte man darüber nachdenken, ob es nicht sinnvoll wäre, die Möglichekti der Abberufung vor Ablauf einer Legislaturperiode sicherzustellen. Nur gibt es da viele Schwierigkeiten, zum Beispiel: Wer soll ihn zurückrufen, die Partei oder die Wähler? Relativ klar ist es bei Leuten, die über die Parteiliste in die Parlamente kommen. Dort ist das Argument noch zwingender, daß diese Leute nicht als Persönlichkeiten, sondern als Exponenten einer spezifischen Partei-Programmatik gewählt worden sind. Und wo die abweichen, wäre es vollends sinnvoll und konsequent, daß sie von den Gremien zurückgezogen werdne, die die Listen aufgestellt haben.

KONKRET: Auch das würde natürlich eine Verfassungsänderung notwendig machen.

Strasser: Mit Verfassungsänderungen sind wir ja gar nicht so pingelig. Bei Notstandsgesetzen und ähnlichen Dingen ist man ja damit sehr schnell bei der Hand. Warum sollte man so was nicht auch mal diskutieren, wo es hier ganz offenbar darum geht, mehr Demokratie zu schaffen.

KONKRET: Das freie Mandat, wie es im Grundgesetz festgeschrieben ist, gilt seinen Verfechtern geradezu als Fundament der Demokratie.

Strasser: Das freie Mandat ist im Zuge der bürgerlichen Revolution eingeführt worden und war zunächst durchaus ein Fortschritt. Dadurch fiel die Bindung an regionale und andere Teilinteressen fort, etwa an Fürstenhäuser und andere feudalistische Strukturen. Das freie Mandat hat auch heute noch nicht seine historische Schuldigkeit getan, und man kann nicht sagen, wir gehen jetzt zurück – oder vorwärts – zum imperativen Mandat. In einer komplexen Gesellschaft ist es, glaube ich, notwendig, daß man höherstufige Delegationen hat mit einem relativ freien Mandat, damit relativ schnell und flexibel reagiert werden kann auf wechselnde Entscheidungslagen. Man muß sich von dieser falschen Alternative lösen: Entweder das jetzt praktizierte freie Mandat mit all diesen Gewissensausreden oder die Bindung des Abgeordneten in schlechthin allen seinen Entscheidungen. Die Verbesserung muß dazwischen liegen. [. . .]

KONKRET: Gegen die Verselbständigung der Mandatsträger haben Sie letztlich kein anderes Sofortrezept anzubieten als die Drohung, daß die Basis sie nicht wieder aufstellen wird?

Strasser: Es gibt, glaube ich, keine elegantere Lösung. Der Witz an gewissen Dingen der Demokratie ist, daß sie sehr schwierig sind. Ich glaube aber, daß eine stärkere direkte Beteiligung der Basis nicht aufzuhalten ist. Diejenigen, die sich jetzt mit aller Macht dagegen sperren, indem sie diese weit hergeholte und abstrakt-akademische Diskussion um das imperative Mandat hochzuspielen, werden sich über kurz oder lang diesen Tendenzen beugen müssen."

Dokument 12

Auszug aus: *Willy Brandt*, Rede zum 100. Geburtstag des früheren Vorsitzenden der Sozialdemokratischen Partei Deutschlands *Otto Wels*, in: Parteivorstand der SPD (Hg.), Mitteilungen für die Presse Nr. 295/73 vom 14. 9. 1973.

„Die SPD ist eine Partei der Freiheit und der parlamentarischen, repräsentativen Demokratie. Daran hat sie unbeirrt festgehalten, während manche Gruppen und Flügel rechts von der Mitte einer politischen Tradition entstammen, in der Prinzip und Realität der Volksvertretung verachtet wurden. Unsere Bindung an die parlamentarische Demokratie hält uns jedoch nicht davon ab, Mängel der demokratischen Institutionen offen zu diskutieren. Die Anstrengungen, solche erkennbaren Mängel zu beheben, ergeben sich gerade aus unserer Treue zur parlamentarischen Demokratie.

Ich will hier noch einmal deutlich sagen: Das sogenannte imperative Mandat ist für die SPD kein brauchbares Instrument zur weiteren Demokratisierung unseres Staates. Die wohlverstandene Autorität des demokratischen Staates drückt sich auch in der Unabhängigkeit seiner Mandatsträger aus. Würde diese Unabhängigkeit – zu der das Gespräch mit den Wählern ebenso wenig in Widerspruch steht wie die Konsultation der Partei – würde diese Unabhängigkeit ausgehöhlt, gäbe man unentbehrliche Freiheiten preis und ein Stück Glaubwürdigkeit dazu. Diese Überzeugung wird uns nicht hindern, nach Formen zu suchen, mit deren Hilfe die parlamentarische Demokratie nach Möglichkeit durchsichtiger und wirksamer gemacht werden kann."

Anmerkungen

1 Vgl. *Heino Kaack*, Fraktions- und Parteiwechsler im Deutschen Bundestag, in: ZParl 1972, S. 3–27 (6–14).

2 Vgl. *Heino Kaack*, Fraktionswechsel und Mehrheitsverhältnisse im Deutschen Bundestag, in: ZParl 1972, S. 131–139 (132, 137, 139).

3 Vgl. *Ernst Fraenkel*, Der Pluralismus als Strukturelement der freiheitlich-rechtsstaatlichen Demokratie, in: *ders.*, Deutschland und die westlichen Demokratien, 5. Aufl., Stuttgart 1973, S. 197–221 (197–200).

4 Vgl. *ders.*, Historische Vorbelastungen des deutschen Parlamentarismus, S. 13–31 (20 f.), und *ders.*, Ursprung und Bedeutung der Parlamentsverdrossenheit, S. 101–110 (105 f.), in dem in Anm. 3 genannten Sammelband.

5 *Johannes Agnoli*, Die Transformation der Demokratie, in: *ders./Peter Brückner* Die Transformation der Demokratie, Frankfurt 1968, S. 7–87 (25).

6 Vgl. *Karl Marx*, Der Bürgerkrieg in Frankreich, in: *Iring Fetscher* (Hg.), Marx-Engels-Studienausgabe, Bd. IV, 4. Aufl., Frankfurt 1970, S. 194–235 (214), und *Wladimir I. Lenin*, Staat und Revolution, in: ders., Ausgewählte Werke, Bd. II, Berlin 1959, S. 158–253 (191–196).

7 *J. Agnoli*, Transformation, a. a. O., S. 68.

8 Ebd., S. 63.

9 Vgl. dazu *Hans Kremendahl*, Parlamentarismus und marxistische Kritik, in: Aus Politik und Zeitgeschichte 32/1972, S. 24–30.

10 Vgl. *Gisela Zimpel*, Selbstbestimmung oder Akklamation? Stuttgart 1972, S. 210. Für den ersten Weg plädiert *J. Agnoli*, Transformation, a. a. O., S. 69 f.

11 *J. Agnoli*, a. a. O., S. 69.

12 Antrag des CDU-Kreisverbandes Altona/Elbvororte zum 22. Bundesparteitag der CDU vom 18.–20. 11. 1973, in: Antragsheft des 22. Bundesparteitages, hg. von: Bundesgeschäftsstelle der CDU, o. O., o. J., S. 609–624 (614). Der Antrag, an dem der Verfasser mitgearbeitet hat, wurde vom Parteitag dem Bundesvorstand als Material zur Erarbeitung eines Grundsatzprogramms der CDU überwiesen.

13 Ebd., S. 613

14 Vgl. S. 87 f.

15 *Uwe Thaysen*, Parlamentsreform in Theorie und Praxis, Opladen 1972, S. 71.

16 Vgl. *Niklas Luhmann*, Öffentliche Meinung, in: *ders.*, Politische Planung, Opladen 1971, S. 9–34 (18 f.).

17 Mit öffentlicher Meinung bezeichnen wir jene „Themen der Kommunikation" (zur Unterscheidung von Themen und Meinungen vgl. *N. Luhmann*, Meinung, a. a. O., S. 13 ff.), die „zwischen der großen politischen Presse, der räsonierenden Publizistik überhaupt, und den beratenden, beeinflussenden, beschließenden Organen mit politischen oder politisch relevanten Kompetenzen . . . zirkulieren" (*Jürgen Habermas*, Strukturwandel der Öffentlichkeit, 5. Aufl., Neuwied und Berlin 1971, S. 290 f.). Wir qualifizieren diese nicht nur als „quasi-öffentliche" wie *Jürgen Habermas*, der den Grad der Öffentlichkeit danach bemessen will, „in welchem Maße diese aus der organisations-internen Öffentlichkeit eines Mitgliederpublikums hervorgeht . . . " (*J. Habermas*, Strukturwechsel, S. 292). Denn mit *N. Luhmann*, Meinung, a. a. O., S. 12, und *Frieder Naschold*, Organisation und Demokratie, 2. Aufl., Stuttgart 1971, S. 30, sind wir der Ansicht, daß das Konzept der „massenhaften Kommunikation organisationsinterner Öffentlichkeit" (*J. Habermas*, Strukturwandel, S. 293) angesichts der Komplexität der politischen Probleme, die Arbeitsteilung und Spezialisierung und damit Strukturierung der Kommunikationsprozesse erfordert, nicht zu realisieren ist.

18 So zum Beispiel auch *Wilhelm Kewenig,* Problematik des Artikels 38 Grundgesetz, in: Zwischenbericht der Enquete-Kommission für Fragen der Verfassungsreform, DtBT, Drucksache VI/3829, S. 65–69 (65), und *Peter Scholz,* Mandatsverlust, in: ZRP 1971, S. 72.
19 *Ernst Fraenkel,* Demokratie und öffentliche Meinung, in: ders., Deutschland und die westlichen Demokratien, 5. Aufl., Stuttgart 1973, S. 173–196 (187).
20 Zu diesen Begriffen vgl. ebd.
21 *N. Luhmann,* Meinung, a. a. O., S. 16.
22 Vgl. ebd., S. 30.
23 Ebd., S. 16 f. (Hervorhebungen im Original).
24 *Wilhelm Hennis,* Zum Begriff der öffentlichen Meinung, in: ders., Politik als praktische Wissenschaft, München 1968, S. 36–48 (40); vgl. demgegenüber seine früheren Ausführungen in: Meinungsforschung und repräsentative Demokratie, in demselben Sammelband, S. 125–161 (137).
25 Vgl. *W. Hennis,* Begriff, a. a. O., S. 42 f., und seine Kritik an dem Bedeutungswandel der öffentlichen Meinung „Toleranz *aller* Meinungen" (Hervorhebung im Original), ebd. S. 44 ff.
26 *Ralf Dahrendorf,* Aktive und passive Öffentlichkeit, in: Merkur 1967, S. 1110–1122 (1121).
27 *E. Fraenkel,* Demokratie, a. a. O., S. 191.
28 *Wolf-Dieter Narr,* Theoriebegriffe und Systemtheorie, 2. Aufl., Stuttgart 1971, S. 142.
29 *H. Kaack,* Fraktionswechsler, a. a. O., S. 5.
30 Vgl. *Theodor Eschenburg,* Mathias Erzberger, München 1973, S. 166 f.
31 Vgl. *BVerfGE* 2, 1–79 (73 f.).
32 Dazu zählen wir Der Spiegel, Die Welt, Die Zeit, FAZ, StZ und SZ.
33 Vgl. Die Welt am 9. 10. 1970.
34 Siehe DtBT, Drucksache VI/1193.
35 Bundesminister *Alex Möller* (SPD), DtBT, StenB, 67. Stzg. am 23. 9. 1970, VI/3684.
36 Ders., DtBT, StenB, 68. Stzg. am 24. 9. 1970, VI/3721 f.
37 Vgl. Abgeordneter *Rainer Barzel* (CDU/CSU), DtBT, StenB, 68. Stzg. am 24. 9. 1970, VI/3722.
38 Vgl. DtBT, StenB, 70. Stzg. am 8. 10. 1970, VI/3869.
39 Vgl. *Erich Mende,* Die FDP-Daten, Fakten, Hintergründe, Stuttgart 1972, S. 231.
40 Vgl. ebd., S. 233.
41 Ebd., S. 236.
42 Vgl. SZ am 10./11. 10. 1970. Nach demselben Bericht zeigen sich seine Freunde darüber enttäuscht, daß *Erich Mende* sich nicht an der Gründung der Deutschen Union beteiligt, sondern in die CDU eintritt. Nach *Uwe-Karsten Heye,* Beim Sprung vom Trittbrett das Wort gebrochen, in: SZ am 12. 10. 1970, hatte sich *Erich Mende* bereits dem Vorschlag *Siegfried Zoglmanns* versagt, Vorsitzender der NLA zu werden, „nachdem klar war, daß die NLA zu schwach war, um an eine Übernahme der FDP von innen zu denken".
43 Text bei *E. Mende,* FDP, S. 237 f.
44 Vgl. ebd., S. 236.
45 Vgl. Die Welt am 16. 7. 1970.
46 So fordert der Vorstand des Landesverbandes Bayern die Mitglieder, die sich an der NLA beteiligen wollen, zum Austritt auf; vgl. FDP-Landesverband Bayern (Hg.), F. D. P.-Informationsdienst Nr. 23/1970 vom 14. 9. 1970.
47 Vgl. SZ am 7. 9. 1970; vgl. dazu den Kommentar in: Die Welt am 7. 9. 1970.
48 Zitiert nach: *U.-K. Heye,* Sprung, a. a. O.
49 Zitiert nach: ebd.
50 Zwar sind beschwichtigende Stimmen aus dem Regierungslager zu hören, der Übertritt der drei Abgeordneten sei kein Verlust, denn sie hätten die Koalition auch sonst nicht unterstützt (vgl. FAZ am 15. 10. 1970). Demgegenüber weist derselbe Kommentar darauf hin, daß die Fraktionswechsler in ihren Abstimmungsverhalten zwar „kein Muster an Koalitionsbravheit, aber auch keine Opponenten von Beginn an" gewesen seien.
51 SZ am 10./11. 10. 1970.
52 Vgl. ebd.; FAZ am 9. 10. 1970; Die Welt am 9. 10. 1970; Der Spiegel am 12. 10. 1970, S. 29. So ausdrücklich *Siegfried Zoglmann* in einem Interview, in: Der Spiegel am 12. 10. 1970, S. 32–33 (32).
53 Die Welt am 12. 10. 1970
54 Zitiert nach: Die Welt am 10. 10. 1970.

55 SZ am 12. 10. 1970.
56 Vgl. ebd.
57 So berichtet der Spiegel am 12. 10. 1970, S. 29, über die mögliche Ressortverteilung in einer Regierung *Rainer Barzel*.
58 *Carl-Christian Kaiser*, Risse in der FDP, in: Die Zeit am 10. 10. 1970.
59 Ebd.
60 *Rolf Zundel*, Gift, Guillotine oder Genesung, in: Die Zeit am 16. 10. 1970.
61 Vgl. ebd.
62 Vgl. Bundestagspräsident *Kai-Uwe v. Hassel* (CDU), DtBT, StenB. 72. Stzg. am 1970, 14. 10. 1970, VI/3973.
63 Vgl. die auszugsweise Wiedergabe in: Die Welt am 10. 10. 1970. Die Erklärung *Erich Mendes* ist vollständig abgedruckt in: FR am 10. 10. 1970 und *E. Mende*, FDP, S. 244 f.
64 So Die Welt am 7. 10. 1970. Vgl. auch Die Welt am 9. 10. 1970 und das in Anm. 52 genannte Interview mit *Siegfried Zoglmann*.
65 Vgl. SZ am 12. 10. 1970; Die Welt am 12. 10. 1970; FDP-Landesverband Bayern (Hg.), F. D. P.-Pressedienst Nr. 52/1970 vom 19. 10. 1970.
66 Vgl. Die Welt am 10. 10. 1970.
67 Vgl. FAZ am 13. 10. 1970.
68 Zitiert nach: Nordbayerischer Kurier am 14. 10. 10. 1970.
69 Vgl. FAZ am 10. 10. 1970.
70 Die Welt am 14. 10. 1970.
71 Zitiert nach: *Klaus Walter*, Mende soll sich mit Pinsel und Leimtopf bewähren, in: StZ am 15. 10. 1970.
72 Vgl. ebd.
73 Vgl. FAZ am 16. 10. 1970.
74 Vgl. *Günter Tillinger*, Erich Mende bastelt an einer neuen politischen Basis, in: Bonner Rundschau am 2. 4. 1971, und *Joachim Neander*, „Kanalarbeiter" Dr. jur. Erich Mende in: Die Welt am 7. 11. 1971.
75 Bei der Bundestagswahl 1969 hatte im Wahlkreis Bayreuth die CSU 46,3 % und die SPD 44,5 % der Erststimmen gewonnen. Bei der Bundestagswahl 1972 konnte sich die CSU zwar auf 47,3 % der Erststimmen steigern, jedoch erreichte der SPD-Kandidat *Richard Müller* 48,6 %. Die FDP errang an Erststimmen 1972 2,8 % gegenüber 3,0 % im Jahre 1969 und an Zweitstimmen 1972 5,5 % gegenüber 4,0 %. Diese Zahlen lassen angesichts des allgemeinen Wahlausganges nicht den Schluß zu, der Übertritt *Heinz Starkes* habe sich negativ für die CSU ausgewirkt.
76 Vgl. FAZ und Die Welt am 15. 10. 1971.
77 Vgl. ebd. Die Gründe seines Austrittes legt *Klaus-Peter Schulz* in einer siebenteiligen Artikelserie dar: Warum ich die SPD verließ, in: Die Welt am 23.10. 1971, 25. 10. 1971, 30. 10. 1971, 2. 11. 1971, 3. 11. 1971, 4. 11. 1971, 5. 11. 1971. Vgl. auch sein später erschienenes Buch: Ich warne, Stuttgart 1972.
78 Zitiert nach: *Bernt Conrad*, „Mein Kampf innerhalb der SPD hat keinen Sinn mehr", in: Die Welt am 15. 10. 1971. Vgl. auch die Ansprache des Abgeordneten *Klaus-Peter Schulz* vor der CDU/CSU Bundestagsfraktion, in: CDU/CSU-Fraktion, Pressereferat, vom 20. 10. 1970, und die Stellungnahme des Sprechers der SPD-Bundestagsfraktion *Wolfgang Jansen*, in: Informationen der Sozialdemokratischen Fraktion im Deutschen Bundestag vom 20. 10. 1971.
79 So der Berliner CDU-Abgeordnete *Jürgen Wohlrabe* nach FAZ am 15. 10. 1971.
80 Vgl. Bundestagsvizepräsidentin *Liselotte Funcke* (FDP), DtBt, StenB, 144. Stzg. am 19. 10. 1971, VI/8263.
81 Zitiert nach: Die Welt am 15. 10. 1971.
82 Vgl. Die Welt am 2. 3. 1972.
83 Vgl. die Austrittserklärungen der Abgeordneten *Herbert Hupka* und *Franz Seume* in: Die Welt am 1. 3. 1972 und am 4./5. 3. 1972, sowie ihre Ansprachen bei der Aufnahme in die CDU/CSU-Bundestagsfraktion, in: Die Welt am 4./5. 3. 1972 und am 18. 3. 1972.
84 Vgl. Bundestagspräsident *Kai-Uwe v. Hassel* (CDU/CSU), DtBT, StenB, 177. Stzg. am 15. 3. 1972, VI/10225.
85 Vgl. ebd. und ders., DtBT, StenB, 180. Stzg. am 12. 4. 1972, VI/10445.
86 Vgl. Die Welt am 1. 3. 1972.
87 Vgl. die Schilderung der schwachen parlamentarischen Basis der Regierung in: Der Spiegel am 13. 3. 1972, S. 22–25.

88 Die Welt am 2. 3. 1972. Vgl. auch *Werner Diedrichs*, Ein loyaler Mann kehrt den Genossen den Rücken, in: Die Welt am 2. 3. 1972.
89 Hupkas Frontwechsel, in: Die Zeit am 3. 3. 1972.
90 Interviews mit *Herbert Hupka*, in: StZ am 4. 3. 1972.
91 Austrittserklärung des Abgeordneten *Wilhelm Helms* an seine Fraktion, in: Die Welt am 24. 4. 1972. Vgl. auch *Peter Weigert*, Helms: ‚Meine Warnungen wurden vom FDP-Vorstand nicht gehört', in: Die Welt am 25. 4. 1972, und *Wolfgang Tersteegen*, Auf den Hof in Bissenhausen, in: FAZ am 25. 4. 1972.
92 Vgl. die Welt und KZ am 24. 4. 1972 sowie Bundestagspräsident *Kai-Uwe v. Hassel* (CDU/CSU), DtBT, StenB, 182. Stzg. am 26. 4. 1972, VI/10589.
93 Die in ihrer Authentizität bis heute nicht geklärten Protokollnotizen zum Moskauer Vertrag sind abgedruckt unter anderem in: Die Welt am 18. 4. 1972.
94 Zitiert nach: Die Welt am 24. 4. 1972. Der Abgeordnete *Wilhelm Helms* hatte sich schon früher kritisch zu den Verträgen geäußert (vgl. Die Welt am 7. 3. 1972 und 8. 3. 1972), schließlich aber doch einer Entschließung des Landeshauptausschusses der FDP Niedersachsen für die Ostverträge zugestimmt (vgl. FAZ am 28. 3. 1972).
95 Vgl. *Helmut Volkers*, Keine Überraschung, in: KZ am 25. 4. 1972.
96 Vgl. Die Welt und KZ am 14. 4. 1972.
97 Vgl. *H. Volkers*, Überraschung, a. a. O. Ähnlich der Vorsitzende der SPD-Fraktion im Kreistag von Hoya, in: KZ am 25. 4. 1972.
98 Zitiert nach *H. Volkers*, Überraschung, a. a. O. Vgl. auch StZ am 25. 4. 1972.
99 Vgl. *H. Volkers*, Überraschung, a. a. O.
100 Vgl. ebd.
101 Zitiert nach: KZ am 24. 4. 1972.
102 Vgl. KZ am 25. 4. 1972.
103 Vgl. KZ am 24. und 25. 4. 1972.
104 Vgl. StZ am 25. 4. 1972.
105 Die Welt am 25. 4. 1972.
106 Vgl. Die Welt am 29./30. 4. 1972.
107 Vgl. Die Welt am 3. 5. 1972.
108 Vgl. Bundestagspräsident *Kai-Uwe v. Hassel* (CDU/CSU), StenB, 186. Stzg. am 10. 5. 1972, VI/10965.
109 Vgl. Die Welt am 18. 9. 1972.
110 Vgl. Die Welt am 3. 3. 1972, 13. 3. 1972, 14. 3. 1972, 22. 3. 1972 sowie Der Spiegel am 13. 3. 1972, S. 21–28. Vgl. auch den Kommentar: Schwankend zwischen den Fronten, in: Die Zeit am 5. 5. 1972.
111 Vgl. Die Welt am 16. 3. 1972.
112 Vgl. *Heinz Rausch*, Freiheit der Mandatsträger? in: ZParl 1971, S. 311–320; siehe auch Anm. 401.
113 Vgl. Die Welt am 16. 3. 1972.
114 Die Welt am 17. 3. 1972.
115 Vgl. ebd.
116 Die Welt am 17. 3. 1972. Vgl. dazu *Roswin Finkenzeller*, Müller – Intimfeind der Jusos, in: FAZ am 27. 3. 1972.
117 *Rudolf Schöfberger*, Interview mit StZ am 18. 3. 1972.
118 *Herbert Wehner* in seinem Brief an *Rudolf Schöfberger*, abgedruckt in: SZ am 24. 3. 1972.
119 Vgl. *Werner Diedrichs*, Kein Dankeswort für den geschlagenen Genossen Vogel, in: Die Welt am 10. 4. 1972.
120 Zitiert nach: Die Welt am 20. 4. 1972. Vgl. dazu die Kommentare: Alarmruf aus der SPD, in: Die Welt am 20. 4. 1972, und: Günther Müller will „Zeichen setzen", in: FAZ am 20. 4. 1972.
121 Zitiert nach: Die Welt am 21. 4. 1972.
122 DtBT, Drucksache VI/3380. Vgl. dazu meine Dokumentation und Kurzanalyse: Das konstruktive Mißtrauensvotum, in: ZParl 1972, S. 275–291 (275–282), sowie *Rolf Lange/Gerd Richter*, Erste vorzeitige Auflösung des Bundestages, in: ZParl 1973, S. 38–75 (38–43).
123 Vgl. *M. Müller*, Mißtrauensvotum, a. a. O., S. 281.
124 Vgl. ebd. (Anm. 38) und Die Welt am 28. 4. 1972.
125 *Rainer Barzel*, Rede auf dem Landesparteitag der CDU Westfalen-Lippe am 12. 1. 1973 in Siegen, in: Union in Deutschland am 17. 1. 1973, S. 7–12 (5).

126 Vgl. ebd.: „Es (das konstruktive Mißtrauensvotum, M. M.) war . . . so abgesichert, wie es bei Treu und Glauben nur abgesichert sein konnte".

127 Bei der Abstimmung wurden drei Enthaltungen gezählt; siehe DtBT, StenB, 183. Stzg. am 27. 4. 1972, VI/10714. Inzwischen hat der ehemalige CDU-Bundestagsabgeordnete *Julius Steiner* zugegeben, sich der Stimme enthalten zu haben; der ehemalige CDU-Bundestagsabgeordnete *Ernst Majonica* dementierte entsprechende Berichte (vgl. Die Welt am 2. 7. 1973). Als *Julius Steiner* auch behauptete, für seine Stimmenthaltung vom Parlamentarischen Geschäftsführer der SPD-Bundestagsfraktion *Karl Wienand* mit 50.000,– DM bestochen worden (vgl. Die Welt am 13. 7. 1973) und außerdem zugibt, als Doppelagent für den Nachrichtendienst der DDR und das Landesamt für Verfassungschutz Baden-Württembergs tätig gewesen zu sein (vgl. Welt am Sonntag am 3. 7. 1973), setzt der 7. Deutsche Bundestag auf Antrag der CDU/CSU-Bundestagsfraktion vom 13. 6. 1973 (DtBT, Drucksache 7/780) und nach einem interfraktionellen Änderungsantrag vom 14. 6. 1973 (DtBT, Drucksache 7/796) den 1. Untersuchungsausschuß der Wahlperiode ein.

128 Vgl. Bundestagspräsident *Kai-Uwe v. Hassel* (CDU/CSU), DtBT, StenB, 185. Stzg. am 4. 5. 1972, VI/10809 und 188. Stzg. am 7. 6. 1972, VI/10965.

129 Vgl. SZ am 28. 4. 1972 und Die Welt am 29./30. 4. 1972.

130 Vgl. Die Welt am 9. 5. 1972 und SZ am 10./11. 5. 1972. Diese Gruppierung steht von Anbeginn unter dem Verdacht, ein „trojanisches Pferd der CSU" (so der SPD-Unterbezirksvorstand München, zitiert nach: Die Welt am 9. 5. 1972) zu sein. Vgl. dazu das Fernsehmagazin „Monitor" am 12. 6. 1972 und 9. 10. 1972 (Texte der Sendungen im Archiv des Verfassers); letztere Sendung mit einem Interview mit dem CSU-Vorsitzenden *Franz-Josef Strauß*, abgedruckt in: FAZ am 11. 10. 1972.

131 Vgl. Die Welt am 12. 5. 1972 und 17. 5. 1972.

132 Vgl. Bundestagspräsident *Kai-Uwe v. Hassel* (CDU/CSU), DtBT, StenB, 191. Stzg. am 14. 6. 1972, VI/11141.

133 Vgl. Die Welt am 12. 6. 1972.

134 Vgl. Die Welt am 14. 9. 1972.

135 Vgl. Bundestagspräsident *Kai-Uwe v. Hassel* (CDU/CSU), DtBT, StenB, 197. Stzg. am 20. 9. 1972, VI/11566.

136 Vgl. DtBT, StenB, 197. Stzg. am 20. 9. 1972, VI/11605, VI/11627, VI/11636, VI/11646.

137 Vgl. seine Austrittserklärung in: Die Welt am 22. 9. 1972.

138 Vgl. Der Spiegel am 25. 9. 1972, S. 90–92, und *Kilian Gaßner*, Müller II muckt auf, in: Die Zeit am 29. 9. 1972.

139 Vgl. *Peter Schneider*, Prinzipien der Verfassungsinterpretation, in: VVDStRL H. 20 (1963), S. 1–52 (7 f.); *BVerfGE* 1, 299–322 (299 f., 312).

140 Bericht über den Verfassungskonvent auf Herrenchiemsee vom 10. bis 23. August 1948, München o. J., S. 67.

141 Vgl. PR, OrgA, StenB, 2. Stzg. am 16. 9. 1948, S. 48.

142 Abgeordneter *Walter Strauß* (CDU/CSU), PR, OrgA, StenB, 2. Stzg. am 16. 9. 1948, S. 49. Dieses sich zunächst auf den ganzen Artikel beziehende Urteil schränkt er später auf den Satz 2 ein (vgl. ebd., S. 57).

143 Abgeordneter *Ernst Wirmer* (CDU/CSU), PR, OrgA, StenB, 2. Stzg. am 16. 9. 1948, S. 51; ähnlich ders, PR, OrgA, StenB, 6. Stzg. am 24. 9. 1948, S. 18. Vgl. auch Abgeordneter *Adolf Blomeyer* (CDU/CSU), PR, OrgA, StenB, 2. Stzg. am 16. 9. 1948, S. 51, und Abgeordneter *Max Becker* (FDP), PR, OrgA, StenB, 2. Stzg. am 16. 9. 1948, S. 56.

144 Abgeordneter *Rudolf Heiland* (SPD), PR, OrgA, StenB, 2. Stzg. am 16. 9. 1948, S. 52.

145 Abgeordneter *Robert Lehr* CDU/CSU), PR, OrgA, StenB, 2. Stzg. am 16. 9. 1948, S. 53.

146 Abgeordneter *Josef Schwalber* (CDU/CSU), PR, OrgA, StenB, 2. Stzg. am 16. 9. 1948, S. 58.

147 Vgl. ebd.

148 Abgeordneter *Fritz Löwenthal* (SPD), PR, OrgA, StenB, 2. Stzg. am 16. 9. 1948, S. 62.

149 So der Änderungsantrag des Abgeordneten *Fritz Löwenthal* (SPD), PR, OrgA, StenB, 6. Stzg. am 14. 9. 1948, S. 19; vgl. auch *ders.*, ebd., S. 14.

150 Abgeordneter *Thomas Dehler* (FDP), PR, OrgA, StenB, 6. Stzg. am 24. 9. 1948, S. 17.

151 Abgeordneter *Walter Strauß* (CDU/CSU), a. a. O., S. 57.

152 Abgeordnete *Elisabeth Selbert* (SPD), PR OrgA, StenB, 2. Stzg. am 16. 9. 1948, S. 54 f.

153 Ebd., S. 54. Vgl. auch *dies.*, PR, OrgA, StenB, 6. Stzg. am 24. 9. 1948, S. 14.

154 *Dies.*, PR, OrgA, StenB, 2. Stzg. a. a. O., S. 54.

155 Ebd.

156 Vgl. *dies.*, PR, OrgA, StenB, 6. Stzg. am 24. 9. 1948, S. 15.

157 Ebd.

158 Vgl. Abgeordneter *Thomas Dehler* (FDP), PR, OrgA, StenB, 2. Stzg. am 16. 9. 1948, S. 57; Abgeordneter *Albert Finck* (CDU/CSU), PR, OrgA, StenB, 2. Stzg., am 16. 9. 1948, S. 58; Abgeordneter *Rudolf Heiland* (SPD), a. a. O., S. 60 f.; Abgeordneter *Josef Schwalber* (CDU/CSU), a. a. O., S. 58 f., und *ders.*, PR, OrgA, StenB, 6. Stzg. am 14. 9. 1948, S. 14.

159 Vgl. Abgeordneter *Max Becker* (FDP), a. a. O., S. 56; Abgeordneter *Thomas Dehler* (FDP), 2. Stzg. a. a. O., S. 57; Abgeordneter *Rudolf Heiland* (SPD), a. a. O., S. 60; Abgeordneter *Rudolf Katz* (SPD), PR OrgA, StenB, 2. Stzg., am 16. 9. 1948, S. 49; Abgeordneter *Fritz Löwenthal* (SPD), 6. Stzg. a. a. O., S. 19; Abgeordnete *Elisabeth Selbert* (SPD), 6. Stzg. a. a. O., S. 15.

160 Der Abgeordnete *Thomas Dehler* (FDP) bezog dies auch auf die Besatzungsmächte; vgl. seine Ausführungen in: PR, OrgA, StenB, 2. Stzg. a. a. O., S. 51, und 6. Stzg. a. a. O., S. 17.

161 Vgl. Abgeordneter *Josef Schwalber* (CDU/CSU), 6. Stzg. a. a. O., S. 14.

162 Vgl. ebd. und *ders.*, 2. Stzg. a. a. O., S. 59; Abgeordneter *Albert Finck* (CDU/CSU) a. a. O., Abgeordnete *Elisabeth Selbert* (SPD), 2. Stzg. a. a. O., S. 59, und 6. Stzg. a. a. O., S. 15.

163 Vgl. Abgeordneter *Thomas Dehler* (FDP), 6. Stzg. a. a. O., S. 17, unter Berufung auf *Gerhard Anschütz.*

164 Vgl. PR, OrgA, StenB, 6. Stzg. am 14. 9. 1948, S. 22

165 Abgeordneter *Fritz Löwenthal* (SPD), PR, OrgA, StenB, 20. Stzg. am 5. 11. 1948, S. 17.

166 PR, OrgA, Kurzprotokoll der 20. Stzg. am 5. 11. 1948, Anlage 1.

167 Abgeordneter *Adolf Süsterhenn* (CDU/CSU), PR, HA, StenB, 2. Stzg. am 11. 11. 1948, S. 11.

168 Ebd.

169 Vgl. ebd.

170 PR, RA, Drucksache Nr. 370 (Hervorhebung in Original).

171 Ebd.

172 Vgl. PR, HA, StenB, 32. Stzg. am 7. 1. 1949, S. 390.

173 Vgl. PR, HA, StenB, 48. Stzg. am 9. 2. 1949, S. 631.

174 Vgl. PR, RA, Drucksache Nr. 751.

175 Vgl. PR, HA, StenB, 57. Stzg. am 5. 5. 1949, S. 751.

176 Vgl. PR, StenB, 9. Stzg. am 6. 5. 1949, S. 182, und 10. Stzg. (Schlußabstimmung) am 8. 5. 1949, S. 238.

177 Vgl. *Wolf Dieter Hauenschild,* Wesen und Rechtsnatur der parlamentarischen Fraktionen, Berlin 1968, S. 73.

178 Vgl. ebd., S. 201 f.; *Peter Badura,* Artikel 38 (Zweitbearbeitung 1966), in: *Hans-Jürgen Abraham* u. a. (Hg.), Kommentar zum Bonner Grundgesetz, Hamburg 1950 ff., Randnr. 78; *Wilhelm Henke,* Das Recht der politischen Parteien, 2. Aufl., Göttingen 1972, S. 154; *Theodor Maunz,* Artikel 38, in: *ders./Günther Dürig/Roman Herzog,* Grundgesetz, München 1971, Randnr. 12; *Heinhard Steiger,* Organisatorische Grundlagen der parlamentarischen Regierungssystems, Berlin 1973, S. 110; *StGH Bremen,* in: DVBl 1971, S. 656 f. Dagegen de lege ferenda Abgeordneter *Friedrich Schäfer* (SPD), Überlegungen zu Artikel 38 Grundgesetz, in: Zwischenbericht der Enquete-Kommission für Fragen der Verfassungsreform, DtBT, Drucksache VI/3829, S. 73–75 (75).

179 Vgl. *P. Badura,* Artikel 38, a. a. O., Randnr. 76.

180 Vgl. *W. Henke,* Recht, S. 154 f.

181 So in der Frage des Stimmrechts das *OVG Lüneburg,* in: *OVGE (Münster/Lüneburg)* 4, 139–149 (143 f.), wo das Gericht den Ausschluß eines Kreistagsabgeordneten für rechtsmäßig erklärte, weil dieser trotz vorheriger Androhung des Ausschlusses bei der Wahl des Landrates nicht mit seiner Fraktion gestimmt hatte.

182 Vgl. *P. Badura,* Artikel 38, a. a. O., Randnr. 61 und 80; *W. Henke,* Recht, S. 135 f.; *T. Maunz,* Artikel 38, a. a. O., Randnr. 12.

183 Dagegen wurden dem Reichswahlgesetz der Weimarer Republik durch die Novelle vom 3. 7. 1934 (RGBl 1934, S. 530) als weitere Gründe für den Mandatsverlust in § 5 Abs. 1 Ziff. 6 „Austritt oder Ausschluß aus der Reichstagsfraktion" hinzugefügt.

184 Vgl. die bei *Horst Säcker,* Abgeordnetenmandat und Fraktionswechsel in: ZParl 1972, S. 347–364 (349), angegebene Literatur.

185 Abweichende, aber durch die nachfolgende Untersuchung nicht bestätigte Klassifikationen finden sich bei *Udo Bermbach,* Probleme des Parteienstaates, in: ZParl 1970, S. 342–363 (351 ff.); *H. Säcker,* Abgeordnetenmandat, a. a. O., S. 351; *Gerhard Stuby,* Die Macht

des Abgeordneten und die innerparteiliche Demokratie, in: Der Staat 1969, S. 303–325 (306 ff.).

186 *Gerhard Leibholz,* Der Strukturwandel der modernen Demokratie, in: ders., Strukturprobleme der modernen Demokratie, Karlsruhe 1958, S. 78–131 (112).

187 Ebd., S. 93; diese These wird insbesondere auf den S. 93–112 näher ausgeführt.

188 Vgl. ebd., S. 112 f.

189 Ebd., S. 81.

190 Ebd., S. 82.

191 Ebd. S. 85.

192 Ebd., S. 96 f.

193 Ebd., S. 103.

194 Vgl. ebd., S. 94 f.

195 Vgl. ebd., S. 114.

196 *Gerhard Leibholz,* Parteienstaat und repräsentative Demokratie, in: *Heinz Rausch* (Hg.), Zur Theorie und Geschichte der Repräsentation und Repräsentativverfassung, Darmstadt 1968, S. 235–259 (254).

197 Vgl. ebd., S. 255.

198 *BVerfGE* 2, 1–79 (72 f.).

199 Ebd., S. 73. So auch *BVerfGE* 5, 85–393 (392) und *StGH Bremen,* in: JZ 1957, S. 212–216 (212 f.), mit Minderheitsvotum von *Abendroth, Lifschütz* und *Springstub* (Quellenkritisch sei zu diesem Minderheitsvotum angemerkt, daß es von S. 214, rechte Spalte Absatz 1, bis 216, Ende des ersten Absatzes, mit Ausnahme von fünf geringfügigen Abweichungen wörtlich übereinstimmt mit *Wolfgang Abendroth,* Das KPD-Verbotsurteil des Bundesverfassungsgerichts, in: ZfP 1956, S. 305–327 (320–324), ohne daß an einer der beiden Stellen darauf hingewiesen worden wäre). Dieser Rechtssprechung hat sich der Gesetzgeber in § 49 BWahlG angeschlossen, obwohl er vor dem SRP-Verbotsurteil anläßlich der Beratung des Entwurfes eines Gesetzes über das Bundesverfassungsgericht gegenteiliger Auffassung war. Vgl. dazu die amtliche Begründung zu § 40, in: DtBT, Drucksache I/788, und die Ausführungen des Abgeordneten *Friedrich Neumayer* (FDP) als Berichterstatter des Ausschusses für Rechtswesen und Verfassungsrecht, DtBT, StenB, 112. Stzg. am 18. 1. 1951, I/4230. Kritisch setzt sich mit dieser Auffassung der *StGH Niedersachsen* in einem Vorlagebeschluß an das *Bundesverfassungsgericht* auseinander (siehe *OVGE (Münster/Lüneburg)* 12, 490–507 (496–504). Der Antrag wurde jedoch vor seiner Behandlung zurückgezogen (vgl. *OVGE (Münster/Lüneburg)* 14, 509–512).

200 Vgl. *BVerfGE* 2, 1–79 (74).

201 Vgl. *G. Leibholz,* Strukturwandel, a. a. O., S. 116. Mit demselben Ansatz und Ergebnis wie das Bundesverfassungsgericht neuerdings auch *Theodor Schramm,* Staatsrecht, Bd. I, Köln 1971, S. 59–62.

202 *G. Leibholz,* Strukturwandel, a. a. O., S. 117.

203 *Gerhard Leibholz,* Interview, in: Stern am 7. 5. 1972.

204 *Niedersächsischer Minister des Innern,* Pressereferat, Presse-Information 90/69 vom 17. 10. 1969, wiederabgedruckt in: ZParl 1972, S. 302 f. Der Abgeordnete *Winfried Hedergott* (FDP), Niedersächsischer Landtag, StenB, 71. Stzg. am 4. 3. 1970, VI/6525, kritisierte die opportunistische Absicht des Gutachtens: „Es hat auf mich nicht übermäßig überzeugend gewirkt, daß Ihr Haus kein Rechtsgutachten erstattete, als drei FDP-Abgeordnete ihre Fraktion wechselten, aber dieses Rechtsgutachten prompt kam, als dann ein Abgeordneter der SPD die Fraktion wechselte."

205 *Niedersächsischer Minister des Inneren,* a. a. O., S. 303.

206 *Franz Ferdinand Siegfried,* Mandatsverlust bei Parteiausschluß, Parteiaustritt oder Parteiwechsel, in: ZRP 1971, S. 9–14 (9 f.).

207 Ebd., S. 11.

208 Ebd.

209 Ebd., S. 12.

210 Ebd., S. 13.

211 Ebd.

212 Ebd., S. 14.

213 Vgl. *Konrad Hesse,* Grundzüge des Verfassungsrechts der Bundesrepublik Deutschland, 5. Aufl., Karlsruhe 1972, S. 238.

214 Vgl. *P. Badura,* Artikel 38, a. a. O., Randnr. 67.

215 Vgl. ebd., Randnr. 65 und 69. So auch *Dimitris Th. Tsatsos,* Mandatsverlsut bei Verlust der Parteimitgliedschaft? in: DÖV 1971, S. 253–256 (254). Im Ergebnis übereinstimmend

H. Säcker, Abgeordnetenmandat, a. a. O., S. 351, und *ders.*, Mandatsverlust bei Fraktionswechsel, in: DVBl 1970, S. 567–572 (569), der allerdings zunächst von der These des Spannungsverhältnisses im Sinne des Bundesverfassungsgerichts ausgeht, ohne den unterschiedlichen Ansatz zu bemerken. Das gilt auch für *Friedrich August Frhr. von der Heydte,* in: *ders./Karl Sacherl,* Soziologie der detuschen Parteien, München 1955, S. 196.

216 *P. Badura,* Artikel 38, a. a. O., Randnr. 70.

217 Ebd., Randnr. 72.

218 Ebd. Randnr. 80 und 61. Ähnlich im Gedankengang und Ergebnis *K. Hesse,* Grundzüge, S. 238 f., und *D. T. Tsatsos,* Mandatsverlust, a. a. O., S. 254 f.; vgl. auch FDP-Bundesminister a. D. *Ewald Bucher,* Mandatsverlust bei Parteiwechsel, in: ZRP 1971, S. 192, in seiner Kritik an *Martin Kriele.*

219 *H. Säcker,* Abgeordnetenmandat, a. a. O., S. 352; der Aufsatz wurde auch abgedruckt in der FAZ am 9. 11. 1972.

220 Die rechtspolitischen Gründe, die seiner Auffassung nach gegen eine solche Regelung sprechen, führt er aus ebd., S. 358–363, und in: Mandatsverlust, a. a. O., S. 571 f.

221 *H. Säcker,* Abgeordnetenmandat, S. 354.

222 Ebd.; anders *Helmut Trautmann,* Abgeordnetenstatus und Parteizugehörigkeit, in: JZ 1970, S. 405–407 (407).

223 Vgl. *H. Säcker,* Abgeordnetenmandat, a. a. O., S. 354 und 355 f.

224 Vgl. Abgeordneter *Friedrich Schäfer* (SPD), Überlegungen, a. a. O., S. 75.

225 Ebd., S. 74.

226 Vgl. *ders.*, Weitere Überlegungen zu Artikel 38 Grundgesetz, in: Zwischenbericht der Enquetekommission für Fragen der Verfassungsreform, DtBT, Drucksache VI/3829, S. 77–79) (77 f.).

227 *Ders.*, Überlegungen, a. a. O., S. 74.

228 Vgl. ebd., S. 75, und *ders.*, Weitere Überlegungen, a. a. O., S. 78 f.

229 *Ders.*, Überlegungen, a. a. O., S. 74.

230 *Martin Kriele,* Das demokratische Prinzip im Grundgesetz, in: VVDStRL H. 29 (1971), S. 46–84 (71).

231 Vgl. ebd., S. 72.

232 Ebd.

233 Vgl. *Martin Kriele,* Nochmals: Mandatsverlust bei Parteiwechsel, in: ZRP 1971, S. 99–101 (100 f.); ähnlich schon *Erich R. Bohrer,* Mandat oder Gewissen, in: NJW 1968, S. 2093–2095 (2094 und 2095), allerdings ohne ausdrücklichen Bezug auf Art. 20 Abs. 2 GG, und neuerdings *Uwe Dietrich Adam,* Abgeordnetenmandat und Parteiwechsel – zu einem Problem unserer politischen Ordnung, in: PVS 1972, S. 300–310 (307).

Die zunächst vertretene Auffassung, daß nur der über Landesliste gewählte Abgeordnete im Falle seines Austritts sein Mandat verlieren sollte (so noch in: Mandatsverlust bei Fraktionswechsel, in: ZRP 1969, S. 241–242 (242), dagegen *Robert Leicht,* Der freie Abgeordnete im Parteienstaat, in: Frankfurter Hefte 1971, S. 819–827 (821), *F. F. Siegfried,* Mandatsverlust, a. a. O., S. 10, *H. Trautmann,* Abgeordnetenmandat, a. a. O., S. 406, und *Hans-Jürgen Toews,* Die Regierungskrise in Niedersachsen (1969/70), in: AÖR 1971, S. 354–391 (363 f.)), gab *Kriele* ausdrücklich auf (vgl. *ders.*, Prinzip, a. a. O., S. 71 (Anm. 75)).

234 Vgl. *H. Steiger,* Grundlagen S. 160.

235 Ebd.

236 Ebd., S. 69;

237 Ebd.

238 Ebd., S. 76.

239 Ebd., S. 174.

240 Ebd., S. 169.

241 Ebd., S. 181.

242 Vgl. ebd., S. 180 f.

243 Vgl. ebd., S. 181.

244 Ebd., S. 202.

245 Vgl. *Klemens Kremer,* Der Abgeordnete, München 1953, S. 62 und 67.

246 *T. Maunz,* Artikel 38, a. a. O., Randnr. 21; ihm folgend *Werner Schiedermair,* Rücktrittsreverse von Mitgliedern des Landtags und des Senats, in: BayVBl 1970, S. 310–314 (311).

247 Vgl. *K. Kremer,* Abgeordnete, S. 69; T. Maunz, Artikel 38, a. a. O., Randnr. 12; *Heinrich-Josef Schröder,* Mandatsverlust bei Fraktionswechsel? in: DVBl 1971, S. 132–135

(134 f.), und *ders.*, Die Abhängigkeit des Mandats von der Parteizugehörigkeit, in: ZRP 1971, S. 97–99 (98 f.).
248 Vgl. *H.-J. Schröder*, Mandatsverlust, a. a. O., S. 135, und *ders.*, Abhängigkeit, a. a. O., S. 99.
249 So vor allem *W. Henke*, Recht, S. 120 ff.; zum Amtsbegriff vgl. ebd., S. 11–13. Früher schon *Hermann von Mangoldt/Friedrich Klein*, Das Bonner Grundgesetz, Bd. II, 2. Aufl., Berlin und Frankfurt 1964, S. 887 f. Vgl. auch *Wilhelm Hennis*, Amtsgedanke und Demokratiebegriff, in: *ders.*, Politik als praktische Wissenschaft, München 1968, S. 48–64.
250 *W. Henke*, Recht, S. 122.
251 Vgl. ebd., S. 130.
252 Vgl. ebd., S. 132–134.
253 Vgl. ebd., S. 130.
254 Vgl. ebd., S. 134 f.
255 *R. Leicht*, Abgeordnete, a. a. O., S. 825.
256 Ebd., S. 824.
257 Vgl. ebd.
258 *Gerhard Leibholz*, Das Wesen der Repräsentation, Berlin und Leipzig 1929, S. 46.
259 Ebd., S. 45. Die Nähe dieser Gedanken zur faschistischen Staatsauffassung wird von *G. Leibholz* selbst bemerkt (vgl. ebd., Anm. 1).
260 Vgl. ebd., S. 47.
261 Vgl. ebd., S. 50–55 und 72–75.
262 Ebd., S. 18.
263 Ebd., S. 20.
264 Ebd., S. 20 (Anm. 1).
265 *Arnold Köttgen*, Besprechung von *G. Leibholz* „Das Wesen der Repräsentation", in: *Heinz Rausch* (Hg.), Zur Theorie und Geschichte der Repräsentation und Repräsentativverfassung, Darmstadt 1968, S. 74–104 (76), zuerst in: AöR 1930, S. 290–312.
266 Vgl. zu diesen erkenntnistheoretsichen Zusammenhängen *Ernst Topitsch*, Sprachlogische Probleme der sozialwissenschaftlichen Theoriebildung, in: *ders.* (Hg.), Logik der Sozialwissenschaften, 5. Aufl., Köln und Berlin 1968, S. 17–36 (29 f.).
267 *A. Köttgen*, Besprechung, a. a. O., S. 77.
268 Vgl. *G. Leibholz*, Wesen, S. 21 f.
269 Vgl. ebd., S. 98–123.
270 *G. Leibholz*, Strukturwandel, a. a. O., S. 93 f.
271 So schon *Fritz Morstein Marx*, Rechtswirklichkeit und freies Mandat, in: AöR 1926, S. 430–450, und neuerdings *Karl Loewenstein*, Parteiwechsel und Parlamentsmandat, in: JZ 1972, S. 352–353 (352): „Diese Vorschrift (der Art. 38 Abs. 1 Satz 2 GG, M. M.) ist ein vermotteter Ladenhüter der französischen Revolutionsverfassung von 1791. Dort hatte sie ihre Berechtigung . . . Es gab damals keine politischen Parteien. Inzwischen sind diese aber auf den Plan getreten, und es ist eine auch gesetzlich anerkannte Binsenweisheit, daß der Abgeordnete sein Mandat der Partei verdankt und ihr durch den bekannten Fraktionszwang hörig bleiben muß, soll das parlamentarische System überhaupt funktionieren . . . Die Bestimmung ist also völlig sinnlos geworden. Trotzdem wurde sie wie eine eiserne Kette fortgeschleppt und geriet auch über Weimar in das Grundgesetz".
272 Vgl. Text zu Anm. 197.
273 So *Horst Ehmke*, Prinzipien der Verfassungsinterpretation, in: VVDStRL H. 20 (1963), S. 53–102 (80 f.).
274 *Karl R. Popper*, Logik der Forschung, 3. Aufl., Tübingen 1969, S. 83.
275 *Niedersächsischer Minister des Innern*, a. a. O., S. 303. Gegen die dort vertretene These, eine entsprechende Änderung des Art. 3 Abs. 1 Satz 2 Vorläufige Niedersächsische Verfassung verstoße nicht gegen Art. 28 GG, *H.-J. Toews*. Regierungskrise, a. a. O., S. 366–369.
276 *G. Leibholz*, Wesen, S. 19.
277 *Ulrich Scheuner*, Das repräsentative Prinzip in der modernen Demokratie, in: *Heinz Rausch* (Hg.), Zur Theorie und Geschichte der Repräsentation und Repräsentativverfassung, Darmstadt 1968, S. 386–418 (391).
278 Vgl. *Hermann Reuß*, Zur Geschichte der Repräsentativverfassung in Deutschland, in: *Heinz Rausch* (Hg.), Zur Theorie und Geschichte der Repräsentation und Repräsentativverfassung, Darmstadt 1968, 1–27 (2), erstmals in: AöR 1936, S. 1–27.
279 Vgl. *Kurt Lenk/Franz Neumann*, Einleitung, in: *dies.* (Hg.), Theorie und Soziologie der politischen Parteien, Neuwied 1968, S. XVII–LXXX (XXXI f. und XXXVI f.).

280 Dies anerkennt *G. Leibholz* indirekt, wenn er von der „antidemokratischen Komponente" liberaler Demokratietheorien spricht (vgl. *G. Leibholz*, Strukturwandel, a. a. O., S. 89).
281 Vgl. *G. Leibholz*, Strukturwandel, a. a. O., S. 81.
282 Vgl. *K. Lenk/F. Neumann*, Einleitung. a. a. O., S. XXVI–XXXI, zur Abhängigkeit des Abgeordneten von seiner Fraktion in England, und *W.-D. Hauenschild*, Wesen, S. 23–25 und 184 (mit weiteren Nachweisen), über die Verhältnisse in der Paulskirche. Zur Frage der Abhängigkeit des Abgeordneten von den Wählern schon *Max Weber*, Wirtschaft und Gesellschaft, 5. Aufl, Tübingen 1972, S. 842.
283 *G. Leibholz*, Strukturwandel, a. a. O., S. 97.
284 Vgl. dazu die vielen Hinweise bei *Gerhard Loewenberg*, Parlamentarismus im politischen System der Bundesrepublik Deutschland, Tübingen 1969, S. 207–212, 214–216, 227–229, (Fraktionsvorstand); 211, 229 f., 247 f., 255 f. (Geschäftsführer); 245, 391 (Obleute); 213, 245–247, 413–416 (Experten), sowie *Hans Apel*, Der deutsche Parlamentarismus, Reinbek 1968, S. 81–88. In gleichem Sinne schon *M. Weber*, Wirtschaft, S. 853.
285 *G. Leibholz*, Strukturwandel, a. a. O., S. 112 und 114.
286 Vgl. oben, S. 24.
287 Vgl. *Christoph Müller*, Das imperative und das freie Mandat, Leiden 1966, S. 161.
288 Vgl. ebd., S. 145.
289 Vgl. ebd., S. 141–144.
290 Vgl. ebd., S. 200 und 205.
291 Vgl. ebd., S. 206 f.; so auch *U. D. Adam*, Abgeordnetenmandat, a. a. O., S. 302.
292 Vgl. *H.-J. Toews*, Regierungskrise, S. 363.
293 *BVerfGE* 2, 1–79 (72).
294 Vgl. *Friedrich Müller*, Juristische Methodik, Berlin 1971, S. 20–22.
295 So schon über den Gesetzentwurf der Bundesregierung *Ulrich Lohmar*, Innerparteiliche Demokratie, Stuttgart, 1963, S. 138, und über das verabschiedete Gesetz *Hans See*, Volkspartei im Klassenstaat oder Das Dilemma der innerparteilichen Demokratie, Reinbek 1972, S. 30 f.; speziell zur Kandidatenaufstellung auch *H.-J. Schröder*, Abhängigkeit, a. a. O., S. 98. Zu den im übrigen zweifelhaften Thesen von *Hans See* vgl. *Inge Wettig-Danielmeyer*, Innerparteiliche Demokratie im Kapitalismus, in: ZParl 1973, S. 155–158.
296 Vgl. *Bodo Zeuner*, Innerparteiliche Demokratie, 2. Aufl., Berlin 1970, S. 100–108.
297 Vgl. *Ulrich v. Alemann*, Mehr Demokratie per Dekret? , in: PVS 1972, S. 181–204 (199 f.).
298 Vgl. *Heino Kaack*, Geschichte und Struktur des deutschen Parteiensystems, Opladen 1971, S. 663–685.
299 *R. Leicht*, Abgeordnete, a. a. O., S. 822.
300 Vgl. *H. Ehmke*, Prinzipien, a. a. O., S. 80 f.,und *K. Hesse*, Grundzüge, S. 28.
301 *F. Müller*, Methodik, S. 156.
302 Vgl. *P. Badura*, Artikel 38, a. a. O., Randnr. 65.
303 Vgl. *Martin Kriele*, Prinzip, a. a. O., S. 71 f., und *ders.*, Mandatsverlust, S. 100 f. Dem würde der (nicht weiter ausgeführte) Hinweis von *H.-J. Toews*, Regierungskriese, a. a. O., S. 362, entsprechen, daß Art. 21 GG nur von der *Mit*wirkung der Parteien spreche, was dahingend ausgelegt werden könnte, daß unter anderem auch der Abgeordnete ein solches Mitwirkungsrecht habe und deswegen an „Aufträge und Weisungen" der Partei nicht gebunden sei.
304 Vgl. *P. Badura*, Artikel 38, a. a. O., Randnr. 70, und seine zutreffende Berufung auf den Parlamentarischen Rat, Randnr. 69. Vgl. demgegenüber die gegenteilige, in Anm. 271 zitierte Auffassung von *Karl Loewenstein*.
305 So ebd., Randnr. 65, und *M. Kriele*, Mandatsverlust, a. a. O., S. 100.
306 Vgl. *Niklas Luhmann*, Funktionale Methode und Systemtheorie, in: *ders.*, Soziologische Aufklärung, 2. Aufl., Opladen 1971, S. 31–53 (41 f.).
307 Vgl. *U. Bermbach*, Probleme, a. a. O., S. 359–361.
308 Vgl. *M. Kriele*, Prinzip, a. a. O., S. 71, und *ders.*, Mandatsverlust, a. a. O., S. 97.
309 Vgl. Abgeordneter *Friedrich Schäfer* (SPD), Überlegungen, a. a. O., S. 75.
310 Vgl. *F. F. Siegfried*, Mandatsverlust, a. a. O., S. 14. Anders Abgeordneter *Friedrich Schäfer* (SPD), Überlegungen, a. a. O., S. 75.
311 Der Begriff wird verwendet im Sinne von *Niklas Luhmann*, Funktion und Kausalität, in *ders.*, Soziologische Aufklärung, 2. Aufl., Opladen 1971, S. 9–30 (13–23).
312 Ebd., S. 17.
313 Dabei kann vernachlässigt werden, daß für *H. Säcker* dies schon immer, für *F. F. Siegfried*

erst nach dem Inkrafttreten des Parteiengesetzes so ist. Allerdings ist die Auffassung *H. Säckers* nicht frei von Widerspruch. Einerseits, so meint er, schütze Art. 38 Abs. 1 Satz 2 GG den Abgeordneten auch nach Einführung des Mandatsverlustes bei Austritt vor „Parteiweisungen", „Bindungen und Beeinflussungen", andererseits sei das freie, auch vom Austritt unberührt bleibende Mandat eine „wirksame Sicherung der innerparteilichen Demokratie" (*H. Säcker*, Abgeordnetenmandat, a. a. O., S. 354 und 362).

314 Vgl. *P. Badura*, Artikel 38, a. a. O., Randnr. 72; *K. Hesse*, Grundzüge, S. 240; *U. Lohmar*, Demokratie, S. 79 f.; *G. Stuby*, Macht, a. a. O., S. 323 f.; *H.-J. Toews*, Regierungskrise, a. a. O., S. 363 und 365; *H. Trautmann*, Abgeordnetenmandat, a. a. O., S. 407. Diese These erscheint jedoch zu pauschal. Sie müßte sich mit der Gegenthese auseinandersetzen, die durch Art. 21 Abs. 1 Satz 3 GG geforderte innerparteiliche Willensbildung „von unten nach oben" (*Parteienrechtskommission*, Rechtliche Ordnung des Parteienwesens, Frankfurt und Berlin 1957, S. 157) werde durch die aus Art. 38 Abs. 1 Satz 2 GG verfügte Unverbindlichkeit ihrer Ergebnisse in ein imperatives Mandat von oben verkehrt (vgl. *U. Bermbach*, Probleme, a. a. O., S. 360; ähnlich *J. Agnoli*, Transformation, a. a. O., S. 36, und *H. See*, Volkspartei, S. 26 f.). Gemeint ist wohl nur die Chance des Abgeordneten, in erster Linie in seiner Fraktion auch abweichende Auffassungen vertreten und durchsetzen zu können.

315 Vgl. dazu S. 78–81.

316 Vgl. Abgeordneter *Friedrich Schäfer* (SPD), Überlegungen, a. a. O., S. 74.

317 Ebd.

318 Vgl. ebd., S. 73 f.

319 Vgl. *BVerfGE* 10, 4–20 (12 und 15 f.) und oben S. 25 f.

320 Abgeordneter *Friedrich Schäfer* (SPD), Überlegungen, a. a. O., S. 75.

321 Vgl. Text zu Anm. 223.

322 Vgl. Anm. 199.

323 Vgl. *BVerfGE* 2, 1–79 (74).

324 Vgl. Abgeordneter *Friedrich Schäfer* (SPD), Überlegungen, a. a. O., 75.

325 Ebd.

326 Ebd.

327 Vgl. meine Besprechung: Rechtsstellung der Parteien: Vermittler zwischen Staat und Gesellschaft? in: ZParl 1973, S. 152–154; die mit der Unterscheidung von Staat und Gesellschaft oft unterstellte, unreflektierte Höherwertigkeit des Staates wird besonders deutlich bei *Robert Leicht* (vgl. oben S. 31).

328 Vgl. dazu *Ralf Dahrendorf*, Rolle und Rollentheorie, in: *Wilhelm Bernsdorf* (Hg.) Wörterbuch der Soziologie, Ausgabe des Fischer-Taschenbuch-Verlages, Bd. 3, Frankfurt 1972, S. 673–676.

329 Vgl. *H. Steiger*, Grundlagen, S. 191 f.

330 Vgl. *P. Schneider*, Prinzipien, a. a. O., S. 6–10 und *F. Müller*, Methodik, S. 20–22.

331 So *Martin Draht*, Die Grenzen der Verfassungsgerichtsbarkeit, in: VVDStRL H. 9 (1952), S. 17–116 (94), mit weitreichenden Folgerungen (vgl. S. 94 ff.).

332 Vgl. *H. Ehmke*, Prinzipien, a. a. O., der den herkömmlichen Interpretationsmethoden nur ein „relatives Recht" zuspricht und die Aufstellung einer Rangordnung unter ihnen als „unfruchtbar" ablehnt (S. 59). Er sucht vielmehr „unter Abwägung aller für den konkreten Fall relevanten Gesichtspunkte" „eine angemessene, ‚passende' Lösung", bei denen auch die Interpretationsmethoden eine Rolle speielen können (S. 55). Die „von der naturwissenschaftlichen Beweisbarkeit grundverschiedene Überzeugungskraft einer verfassungstheoretischen Argumentation" soll sich an „Konsens ‚aller Vernünftig- und Gerecht-Denkenden' " erweisen (S. 71), zu denen *Horst Ehmke* die Richter, Rechtslehrer und „das ganze Gemeinwesen" zählt (S. 71 f.).

Daß diese Leerformeln keine Maßstäbe zur Problemlösung beinhalten, ist offenkundig. Sie eröffnen sicher Richtern und Rechtslehrern, aber kaum dem ganzen Gemeinwesen die Möglichkeit der Mitwirkung an der Entscheidung. Denn durch welche Mechanismen, so ist doch zu fragen, sollte diese wohl gewährleistet werden? Vgl. auch die Kritik von *F. Müller*, Methodik, S. 72–75. Ähnlich wie *Horst Ehmke* auch *K. Hesse*, Grundzüge, S. 25–30.

333 Vgl. *F. Müller*, Methodik, S. 41 f.

334 Vgl. ebd., S. 94–97.

335 Bundesgeschäftsstelle der CDU (Hg.), Berliner Programm, 2. Fassung, verabschiedet auf dem 18. Bundesparteitag der CDU vom 25.–27. 1. 1971, Ziff. 110 (Dokument 1).

336 So der Assistent des Parlamentarischen Geschäftsführers der CSU-Landesgruppe in der CDU/CSU-Bundestagsfraktion *Peter-Rolf Ploeckl* in einer Mitteilung vom 20. 7. 1972 an den Verfasser.

337 KPV für Freiheit des Mandats, in: Union in Deutschland vom 22. 4. 1971.

338 So die Frankfurter Neue Presse am 27. 4. 1972 über Äußerungen des Spitzenkandidaten der Frankfurter CDU für die Kommunalwahl *Wilhelm Fay.*

339 So der Wiesbadener Kurier am 17. 5. 1972 über Äußerungen des stellvertretenden Vorsitzenden der CDU-Fraktion im Hessischen Landtag *Walter Wallmann.*

340 Vgl. Weisungsgebundene Mandatsträger? in: Deutschland-Union-Dienst am 25. 5. 1972, S. 7.

341 Vgl. Bundestagspräsident *Kai-Uwe v. Hassel* (CDU/CSU) nach *Manfred R. Beer,* Hassel hofft auf einen fairen Wahlkampf, in:Die Welt am 1. 7. 1972, und sein Interview mit der ZDF-Sendung „Bonner Perspektiven", in: Union in Deutschland am 6. 4. 1972.

342 So *Jürgen Echternach* nach: Junge Union lehnt das imperative Mandat ab, in: Die Welt am 26. 4. 1971.

343 *Walter Sandtner,* Zur Diskussion über das imperative Mandat, in: JU-digest 1/1972, S. 14–15. Der Artikel ist irrtümlich ungezeichnet (siehe Berichtigung in: JU-digest 2/1972). Vgl. auch *ders.,* Vorschlag zu einer Änderung von Artikel 38 des Grundgesetzes, in: Zwischenbericht der Entquete-Kommission für Fragen der Verfassungsreform, DtBT, Drucksache VI/3829, S. 70.

344 Grundsatzprogramm der Jungen Union, verabschiedet auf dem Deutschlandtag in Fulda vom 29. 9.–1. 10. 1972, Ziff. 34, abgedruckt in: JU-digest 2/1972 (Dokument 2).

345 Anlaß war die Krise der von SPD und CDU getragenen Regierung *Georg Diederichs*(SPD), die durch die Übertritte von insgesamt acht Abgeordneten der FDP, SPD und NPD zur CDU, wodurch die CDU stärkste Fraktion wurde, ausgelöst wurde. Vgl. dazu *Inge Wettig-Danielmeier,* Die erste Selbstauflösung eines Parlaments, in: ZParl 1970, S. 269–284, und *H.-J. Toews,* Regierungskrise, a. a. O. Die Krise führte schließlich zur vorzeitigen Parlamentsauflösung.

346 Abgeordneter *Bruno Brandes* (CDU), Niedersächsischer Landtag, StenB, 71. Stzg. am 4. 3. 1970, VI/6540.

347 Ebd., VI/6538.

348 Siehe Text zu Anm. 371.

349 Abgeordneter *Robert Fischer* (CDU), Bremische Bürgerschaft, StenB, 50. Stzg. am 9. 12. 1970, VII/2850.

350 Abgeordneter *Hans Dichgans* (CDU/CSU), DtBT, StenB, 182. Stzg. am 26. 4. 1972, VI/10592 f.; ähnlich Abgeordneter *Walter Althammer* (CDU/CSU), DtBT, StenB, 182. Stzg. am 26. 4. 1972, VI/10595. Entsprechend apostrophierte der von der SPD ausgeschlossene und inzwischen der CSU beigetretene Abgeordnete *Günther Müller* die Fraktionswechsler als „Träger wahrhaft humanistischer Gesinnung" (StenB, 199. Stzg. am 22. 9. 1972, VI/11750).

351 Vgl. Abgeordneter *Hans Dichgans* (CDU/CSU), Artikel 38 Grundgesetz, in: Zwischenbericht der Entquete-Kommission für Fragen der Verfassungsreform, DtBT, Drucksache VI/3829, S. 62–65 (63), und *ders.,* Ausführungen zu Artikel 38 Grundgesetz, in demselben Bericht, S. 70–73 (73).

352 Vgl. *ders.,* Artikel, a. a. O., S. 63, und *ders.,* Vom Grundgesetz zur Verfassung, Düsseldorf 1970, S. 41.

353 Vgl. *ders.,* Artikel, a. a. O., S. 63.

354 *Ders.,* Artikel, a. a. O., S. 63; vgl. auch *ders.,* Die Stellung des Abgeordneten (Artikel 38 GG), in: Recht und Gesellschaft 1972, S. 210–211 (210).

355 *Ders.,* Artikel, a. a. O., S. 63.

356 Ebd.

357 Stellungnahmen der CDU/CSU-Bundestagsfraktion lagen bei der Fraktion nicht mehr vor. Eine Zeitungsauswertung förderte keine entsprechenden Äußerungen zutage. Zum Austritt der Abgeordneten *Benno Graf* und *Otto Gumrum* erklärte die CSU lediglich, daß ihr die Gründe unverständlich seien (vgl. Die Welt am 27. 10. 1956). Zum Übertritt des Abordneten *Peter Nellen* zur SPD meinte die CDU, *Peter Nellen* habe „einen Schritt vollzogen, den ihm sonst die CDU/CSU-Fraktion empfohlen hätte" (FAZ am 9. 11. 1960). Vor der CDU/CSU-Bundestagsfraktion erklärte ihr Vorsitzender, die Austrittsbriefe *Nellens,* „setzten den Schlußstrich unter eine fast zwangsläufige Entwicklung. Man könne der Fraktion keinen Mangel an Liberalität vorwerfen, denn sie habe den Abgeordneten

Nellen auch dann in ihren Reihen behalten, wenn er in wichtigen Dingen von der Linie der Partei abgewichen sei" (ebd.). – Den später aus der Fraktion austretenden Abgeordneten *Wilhelm Gontrum* forderte der hessische CDU-Landesvorsitzende *Wilhelm Fay* zur Mandatsniederlegung nur auf, weil sein Lebenswandel den moralischen Grundsätzen der CDU widerspreche (vgl. FAZ am 24. 9. 1962).

Im übrigen fällt auf, daß auch die übrigen Fraktionswechsel von CDU/CSU-Abgeordneten eher beiläufig im Nachrichtenteil der Zeitungen erwähnt werden und keine Kommentare oder Leserbriefe auslösten. Das kann als Indikation für die selbstverständliche Anerkennung des Fraktionswechsels ohne Mandatsniederlegung in der damaligen Zeit gewertet werden.

358 Bundestagspräsident *Eugen Gerstenmaier* (CDU/CSU), DtBT, StenB. 23. Stzg. am 18. 4. 1958, III/1246; ähnlich *ders.*, DtBT, StenB, 1. Stzg. am 17. 10. 1961, IV/3 f.

359 Vgl. Die Welt am 9. 5. 1973.

360 Die Rücktrittserklärung von *Rainer Barzel* ist abgedruckt in: Die Welt am 10. 5. 1973.

361 Erklärung des Bundesvorstandes der CDU zum Rücktritt des Vorsitzenden der CDU/CSU-Bundestagsfraktion *Rainer Barzel,* in: Union in Deutschland Nr. 20/1973, S. 12 (Dokument 3).

362 *Jürgen Echternach,* Offener Brief an die Mitglieder der JU, in: Die Entscheidung 12/1972 am 25. 12. 1972, S. 5.

363 2. Zwischenbericht der Grundsatzkommission der CDU, in: Antragsheft des 22. Bundesparteitages der CDU vom 18.–20. 11. 1973, hg. von: Bundesgeschäftsstelle der CDU, o. O., o. J., S. 599–607 (606).

364 Mitteilungen der FDP-Bundesgeschäftsstelle und FDP-Bundestagsfraktion an den Verfasser.

365 Vgl. Bundesvorstand der FDP (Hg.), Praktische Politik für Deutschland – Das Konzept der FDP, verabschiedet auf dem 20. Bundesparteitag der FDP am 25. 6. 1969 in Nürnberg, Bonn o. J., Abschnitt I, Ziff. 3, S. 14 (Dokument 4).

366 Vgl. *Klaus Altmann,* Die Phönix-Farm – FDP will allen Ernstes Volkspartei werden, in: Deutsches Allgemeines Sonntagsblatt am 14. 1. 1973.

367 Im Falle des zur CDU übergetretenen Abgeordneten *Helmut Haas* versuchte die NPD die Vertragsstrafe einzuklagen, hatte damit jedoch keinen Erfolg. Das *LG Braunschweig* stellte in seinem Urteil, in: DVBl 1970, S. 591–592, die Nichtigkeit eines solchen Vertrages aus §§ 134, 344 BGB in Verbindung mit Art. 38 GG fest (vgl. dazu *Hans Joachim Winkler,* 30.000 DM Strafe bei Parteiwechsel? in: ZParl 1970, S. 170–172).

368 Abgeordneter *Winfried Hedergott* (FDP), Niedersächsischer Landtag, StenB, 62. Stzg. am 20. 1. 1970, VI/5630. So auch *Christoph Peter,* Abgeordnetenmandat gegen Schuldschein? in: JZ 1968, S. 783–786.

369 Ebd., VI/5631.

370 *Ders.*, Niedersächsischer Landtag, StenB, 71. Stzg. am 4. 3. 1970, VI/6525.

371 Die vorgeschlagene Neufassung des Art. 80 Landesverfassung der Freien Hansestadt Bremen lautet: „Die Mitgliedschaft in der Bürgerschaft erlischt durch Verzicht, durch Wegfall einer für die Wählbarkeit maßgebenden Voraussetzung oder durch Austritt eines Abgeordneten aus seiner Fraktion. Der Verzicht und der Austritt aus der Fraktion sind dem Präsidenten der Bürgerschaft schriftlich mitzuteilen; sie sind unwiderruflich" (Bremische Bürgerschaft, Drucksachenabteilung II, VII/433, mit Zusatzantrag der NPD-Fraktion, Drucksachenabteilung II, VII/439). Einen ähnlichen Antrag, den Mandatsverlust bei Parteiwechsel auszusprechen, gab es in der Geschichte der Bundesrepublik bisher nur im Bayrischen Landtag. Er wurde abgelehnt (vgl. Bayrischer Landtag, Beilagen II/4878, II/4919 und II/5089 sowie StenB, 180. Stzg. am 4. 2. 1954, II/701–707).

372 Abgeordneter *Harry John* (FDP), Bremische Bürgerschaft, StenB, 50. Stzg. am 9. 12. 1970, VII/2846.

373 Mitteilung der FDP-Fraktion in der Bremischen Bürgerschaft vom 2. 2. 1973 an den Verfasser.

374 Zitiert nach: *Volkmar Hoffmann,* Kaffka: Gesetz über Parteiwechsel, in: FR vom 26. 10. 1970.

375 *Karl-Hermann Flach,* Das Mandat vergibt nur der Wähler, in: Düsseldorfer Nachrichten am 7. 3. 1972.

376 *Rolf Schroers,* Patt im Parlament, in: Liberal 6/1972, S. 401–404 (401).

377 Ebd., S. 402.

378 *Wolfgang Mischnick,* Gegen imperatives Mandat, in: Vorstand der FDP-Bundestagsfraktion (Hg.), Bonner Depesche, Nr. 20/1972; dort auch die nachfolgenden Zitate (Dokument 5).

379 Vgl. SZ am 10./11. 10. 1970.
380 fdk, Nr. 368/72 am 22. 9. 1972.
381 Damit wird auf die Erklärung *Erich Mendes* nach dem Übertritt des Abgeordneten *Wolfgang Stammberger* zur SPD vom 3. 6. 1964 angespielt. *Erich Mende* sagte damals: „Ich nehme an, daß Herr *Stammberger* als Ehrenmann das Mandat wieder seiner Partei zurückgibt . . ." (fdk, Nr. 368/72 am 22. 9. 1972). Vgl. dazu den Kommentar: Der Ehrenmann, in: FR am 10. 10. 1970.
382 SZ am 12. 10. 1970.
383 *E. Mende*, FDP, S. 246.
384 Zitiert nach: Die Welt am 9. 10. 1970.
385 Zitiert nach: KZ am 24. 4. 1972.
386 Vgl. KZ am 25. 4. 1972.
387 Protokoll des Bundesfachausschusses für Innen- und Rechtspolitik der FDP vom 8. 9. 1972, nach einer auszugsweisen Mitteilung des Parlamentarischen Geschäftsführers der FDP-Fraktion *Werner Mertes* vom 10. 10. 1972 an den Verfasser. Die FDP-Fraktion in der Bremischen Bürgerschaft hält nach Mitteilung an den Verfasser vom 2. 2. 1973 dennoch weiterhin eine diesbezügliche Verfassungsänderung für wünschenswert, „um die Leichtfertigkeit, mit der man Wähleraufträge mißachtet, zu unterbinden".
388 *Detlef Kleinert*, Was tun gegen den Mißbrauch des Mandats? in: fdk, Nr. 393/72 am 17. 10. 1972, S. 1–3 (2) (Dokument 6).
389 Vgl. ebd.
390 Bundesfachausschuß für Innen- und Rechtspolitik der FDP, a. a. O.
391 Dringlichkeitsantrag Nr. 24 an den Bundesparteitag der FDP vom 23.–25. 10. 1972 in Freiburg, zitiert nach den Tagungsunterlagen. Der Antrag wurde angenommen.
392 Kommunalpolitisches Konzept für die Ballungsgebiete, beschlossen auf der ordentlichen Bundesdelegiertenkonferenz der DJD am 24./25. 6. 1971, in: Bundesvorstand der DJD (Hg.), INFO II 72, S. 39–55 (40) (Dokument 7).
393 So das Mitglied des Bundesvorstandes der DJD *Wolf Jenkner* in einer Mitteilung vom 15. 8. 1972 an den Verfasser.
394 Vgl. zum Beispiel die Auseinandersetzungen in der Berliner FDP (siehe Die Welt am 21. 10. 1972 und *Peter Jochen Winters*, Scheel bemüht sich um Ausgleich in der zerstrittenen Berliner FDP, in: FAZ am 31. 1. 1973) und in der Hamburger FDP (siehe Die Welt, Hamburger Lokalteil, am 4. 1. 1973, 5. 1. 1973 und 8. 1. 1973).
395 *Moritz Rittinghausen*, Über die Notwendigkeit der direkten Gesetzgebung durch das Volk, Köln 1896.
396 *Karl Kautsky*, Parlamentarismus und Demokratie, 4. Aufl., Stuttgart und Berlin 1922 (1. Aufl. 1893 unter dem auf *Rittinghausen* bezogenen Titel „Der Parlamentarismus, die Volksgesetzgebung und die Sozialdemokratie"; hier auf S. 115 f. Ausführungen zum Abgeordnetenmandat).
397 *K. Marx*, Bürgerkrieg, a. a. O.
398 Vgl. *W. I. Lenin*, Staat, a. a. O.
399 Vgl. *Ernst Fraenkel*, Rätemythos und soziale Selbstbestimmung, in *ders.*, Deutschland und die westlichen Demokratien, 5. Aufl., Stuttgart 1973, S. 69–100, und die Dokumentensammlung von *Günter Hillmann* (Hg.), Die Rätebewegung, Bd. I, Reinbek 1971.
400 Zu den Gründen vgl. die in Anm. 660 angeführte Literatur.
401 Auch in den innerparteilichen Auseinandersetzungen der SPD Münchens (vgl. *H. Rausch*, Freiheit, a. a. O.; *Carl Gustav Ströhm*, Spaltung in München – ein Testfall für die SPD? in: Die Welt am 4. 7. 1973; *Roswin Finkenzeller*, Des Oberbürgermeisters Kronawitters Rückzugsgefechte, in: FAZ am 7. 7. 1973; Erklärung des Fraktionsvorsitzenden der SPD-Fraktion im Münchener Stadtrat *Hans Preissinger* zur Vertrauensfrage, in: Die Welt am 11. 7. 1973; *Kilian Gassner*, Richtungskämpfe im Lokalteil, in: Die Zeit am 19. 10. 1973; *Roswin Finkenzeller*, In der Münchener SPD kämpfen die Gemäßigten kaum noch, in: FAZ am 27. 10. 1973), Frankfurts (vgl. *U. Bermbach*, Probleme, a. a. O., und FAZ am 30. 1. 1973) und Lübecks (vgl. *Urs Stahl*, Der Lübecker SPD droht die Spaltung, in: FAZ am 5. 9. 1973; *Manfred R. Beer*, Des Kanzlers Jugendfreunde machen gegen die Jusos Front, in: Die Welt am 18. 10. 1973) spielt die Frage des freien oder des imperativen Mandats der Abgeordneten von Kommunalparlamenten eine zentrale Rolle; vgl. auch *Rudolf Reinhardt*, Großstadtregierungen unter der Parteiknute, in: FAZ am 4. 7. 1973.
402 Pressemitteilungen und Informationen der SPD, Nr. 573/68 am 27. 12. 1968 (Dokument 8).

403 Vgl. *Karl Wienand,* Der Partei oder dem Gewissen verpflichtet? in: Die neue Gesellschaft 1970, S. 366–371 (368).
404 Ebd., S. 369.
405 Ebd., S. 368.
406 Vgl. die Zitatensammlung bei *Günther Müller,* Rote Zelle Deutschland, Stuttgard 1972, S. 50–56, und den Aufsatz von *Manfred R. Beer,* Dialektik und Ellenbogen schrecken die Gegenspieler, in: Die Welt am 19. 9. 1972.
407 Bundessekretariat der Jungsozialisten in der SPD (Hg.), Beschlüsse des Bundeskongresses der Jungsozialisten vom 11.–13. 12. 1970, o. O., o. J., S. 13.
408 Vgl. das Memorandum von Jungsozialisten der Münchener SPD „Konzeption für eine Kommunalpolitik", in: FAZ am 15. 10. 1970 (auszugsweiser Abdruck).
409 Vorstand der SPD (Hg.), Stellungnahmen, Reihe Jugend, H. 2, S. 40, (Dokument 9).
410 *Erhard Eppler,* Interview, in: manager-magazin 10/1972, S. 16–19 und 21 (17). Vgl. demgegenüber *Willy Brandt* in seiner Rede nach der Wahl zum Kanzlerkandidaten: „Es ist vielleicht nicht populär, wenn ich hier erkläre, daß ich nicht einfach Willensvollstrecker der Partei sein kann, sondern daß ich nach ernsthafter Überlegung in eigener Verantwortung jene Entscheidungen werde treffen müssen, die im Interesse unseres Volkes notwendig sind." (Vorstand der SPD (Hg.), Protokoll der Verhandlungen und Anträge vom Parteitag der SPD in Hannover, 21. bis 25. November 1960, Bonn o. J., S. 658–680 (658)).
411 Vgl. Bundessekretariat der Jungsozialisten in der SPD (Hg.), Beschlüsse des Bundeskongresses der Jungsozialisten vom 26.–27. 2. 1972, o. O., o. J., S. 8 f., und dass. (Hg.), Kandidatenaufstellung als Chance innerparteilicher Veränderung und Mobilisierung: in: Jungsozialisten-Informationsdienst 1/1972 am 16. 6. 1972. Vgl. dazu die Kommentare von *Sepp Binder,* Hilfreiche Fragen, und *Hans Schueler,* Die Angst, geprüft zu werden, beide in: Die Zeit vom 21. 7. 1972.
412 Vgl. SZ am 22. 6. 1972.
413 Kommunique über die gemeinsame Sitzung vom Parteirat, Parteivorstand und Kontrollkommission am 24. 5. 1972 in Berlin, auszugsweiser Abdruck in: Bundesgeschäftsstelle der CDU (Hg.), Wahlkampfbroschüre der Jungsozialisten, Bonn 1972, S. 29. Diese Dokumentation enthält daneben auch den vollständigen Text des Papiers der Jungsozialisten „Kandidatenaufstellung als Chance innerparteilicher Veränderung und Mobilisierung" (siehe Anm. 411).
414 Ministerpräsident *Georg Diederichs* (SPD), Niedersächsischer Landtag, StenB, 71. Stzg. am 4. 3. 1970, VI/6505.
415 Vgl. Abgeordneter *Peter v. Oertzen* (SPD), Niedersächsischer Landtag, StenB, 71. Stzg. am 24. 3. 1970, VI/6545.
416 Vgl. ebd., VI/6546.
417 Vgl. ebd.
418 Vgl. ebd., VI/6546 f.
419 Vgl. ebd., VI/6547 f.
420 Nach *V. Hoffmann,* Kaffka, a. a. O.
421 Ebd.
422 *Jürgen Schmude,* Parteibindung des Abgeordneten? in: SPD-Pressedienst am 8. 1. 1971, S. 2–3 (2) (Dokument 10).
423 Ebd., S. 2 f. Ähnlich der stellvertretende Vorsitzende der SPD-Bundestagsfraktion *Hans Apel,* Fraktionswechsler und Überläufer, in: Vorwärts am 29. 6. 1972.
424 Vgl. *J. Schmude,* Parteibindung, a. a. O., S. 3.
425 Vgl. *Jürgen Schmude,* Weder politisch noch rechtlich möglich, in: SPD-Pressedienst am 6. 3. 1972, S. 4.
426 Ebd.
427 Ebd.
428 Vgl. SZ am 4. 5. 1972.
429 Zitiert nach: Ruhr-Nachrichten am 16. 5. 1972.
430 Vgl. *Peter Weigert,* Alle Kandidaten sollen unter die Lupe genommen werden, in: Die Welt am 30. 5. 1972.
431 Vgl. ebd. Diesem Bedenken schließt sich später *H. Apel,* Fraktionswechsler, a. a. O., an.
432 Vgl. *P. Weigert,* Kandidaten, a. a. O.
433 Vgl. FAZ am 15. 10. 1971.
434 Zitiert nach: Die Welt am 15. 10. 1971.
435 *K.-P. Schulz,* SPD, a. a. O., am 5. 11. 1971; dort auch die nachfolgenden Zitate.

436 Abgeordneter *Herbert Hupka* (CDU/CSU), Austrittserklärung, in: Die Welt am 1. 3. 1972. Vgl. dazu das Ergebnis der rechtlichen Würdigung durch *Hans H. Klein*: „Auch bezüglich ihres Verhaltens in den Ausschüssen sind die Abgeordneten des Deutschen Bundestages an Aufträge und Weisungen nicht gebunden und nur ihrem Gewissen unterworfen. Die Freiheit ihrer Entschließung würde praktisch beseitigt, wären die Fraktionen befugt, die von ihnen in die Ausschüsse entsandten Abgeordneten jederzeit auch gegen ihren Willen abzuberufen und durch andere zu ersetzen. . . . Abgeordnete können daher – abgesehen vom Fall des Verlustes der Fraktionsmitgliedschaft – während der Legislaturperiode nicht gegen ihren Willen aus den Ausschüssen, denen sie angehören, zurückgezogen werden" (*Hans H. Klein*, Zur Rechtsstellung des Bundestagsabgeordneten als Ausschußmitglied, in: DÖV 1972, S. 329–331 (330 f.); der Autor gehört seit Beginn der 7. Wahlperiode der CDU/CSU-Bundestagsfraktion an). Demgegenüber hält *Joachim Weiler*, Ausschußrückzug als verschleiertes imperatives Mandat? , in: DÖV 1973, S. 231–235, die sich ausschließlich auf Art. 38 Abs. 1 Satz 2 GG stützende Begründung *Kleins* für nicht überzeugend; denn aus Art. 38 Abs. 1 Satz 2 GG könne kein Anspruch des Abgeordneten abgeleitet werden, von seiner Fraktion überhaupt in einen Ausschuß entsandt zu werden. Daher könne sich der Schutz des Art. 38 Abs. 1 Satz 2 GG auch nur auf die Dauer der Entsendung in den Ausschuß beziehen (vgl. ebd., S. 232). Da „allein aus Art. 38 I 2 GG nicht hergeleitet werden kann, ob der Ausschußrückzug gegen den Willen des Betroffenen nicht letztlich ein verschleiertes imperatives Mandat darstellt", stelle sich hier ein Problem des Fraktionsrechts, dessen Lösung einer zukünftigen Parlamentsreform aufgegeben sei (ebd., S. 234).

437 Vgl. *Herbert Wehner*, Erklärung zum Übertritt des Abgeordneten Hupka, in: Informationen der Sozialdemokratischen Fraktion im Deutschen Bundestag am 29. 2. 1972.

438 Ebd. (Hervorhebung von mir, M. M.). Ähnlich *ders.*: „Jede Fraktion hat das gute Recht, in die Parlamentsausschüsse Männer und Frauen zu entsenden, die die Gewähr geben, daß der Wille und der Auftrag der Gesamtfraktion erfüllt wird" (SPD-Pressedienst am 2. 3. 1972). Ebenso schon *K. Kautsky*, Parlamentarismus, S. 115: „Der sozialdemokratische Abgeordnete ist als solcher kein freier Mann – so lästerlich das klingen mag –, sondern bloß der Beauftragte seiner Partei. Treten seine Anschauungen in Widerspruch zu den ihren, dann muß er aufhören ihr Vertreter zu sein".

439 *Herbert Wehner*, Der Fall Hupka, in: Informationen der Sozialdemokratischen Fraktion im Deutschen Bundestag am 1. 3. 1972.

440 Vgl. SZ am 2. 3. 1972.

441 Vgl. *Herbert Hupka*, Interview, in: StZ am 4. 3. 1972.

442 Vgl. ebd.

443 Vgl. dpa-Meldung am 4. 3. 1972.

444 *Klaus Schütz* in seinem Brief an *Franz Seume*, in: Die Welt am 18. 3. 1972.

445 *Franz Seume* in seinem Brief an *Klaus Schütz*, Die Welt am 18. 3. 1972.

446 Siehe Anm. 422.

447 *F. Seume*, Brief, a. a. O.

448 Vgl. oben S. 37 f.

449 Abgeordneter *Friedrich Schäfer* (SPD), Überlegungen a. a. O., S. 75, und *ders.*, Weitere Überlegungen, a. a. O., S. 78 f.

450 *Ders.*, Überlegungen, a. a. O., S. 75.

451 *Ders.*, Weitere Überlegungen, a. a. O., S. 78.

452 Vgl. FAZ am 10. 1. 1973.

453 Siehe Anm. 15.

454 *Karl-Heinz Hansen*, Verdruß am System, in: Deutsches Allgemeines Sonntagsblatt am 11. 3. 1973.

455 *Johanno Strasser*, Interview, in: Konkret am 19. 7. 1973, S. 12–13 (12) (Dokument 11).

456 Ebd.

457 Ebd., S. 13.

458 Vgl. ebd., S. 12.

459 Vgl. ebd., S. 13.

460 *Willy Brandt*, Rede anläßlich des 100. Geburtstages von *Otto Wels* am 15. 9. 1973, in: Vorstand der SPD (Hg.), Mitteilungen für die Presse Nr. 295/73 vom 14. 9. 1973, S. 6 (Dokument 12).

461 Ebd.

462 Vgl. Die Welt am 26. 9. 1973.

463 Siehe Anm. 204.
464 Mandat niederlegen? in: FAZ am 28. 10. 1969.
465 Vgl. *Peter Jochen Winters*, Abgeordnete als Parteimarionetten, in: FAZ am 10. 3. 1970; dort auch die nachfolgenden Zitate.
466 Ungültiger Verzicht, in: FAZ am 12. 10. 1970.
467 In: FAZ am 13. 10. 1970; dort auch die nachfolgenden Zitate.
468 *Friedrich-Karl Fromme*, Fraktionswechsel gar nicht so selten, in: FAZ am 19. 11. 1970; dort auch nachfolgendes Zitat.
469 Vgl. ebd.
470 Siehe Anm. 232.
471 *F.-K. Fromme*, Fraktionswechsel. a. a. O.
472 Ebd.
473 Vgl. Text zu Anm. 371.
474 *Peter Jochen Winters*, Freies Mandat und Parteiwechsel, in: FAZ am 7. 1. 1971.
475 Ebd. Es war dem Verfasser nicht möglich, den genauen Text des Antrages und den Verlauf der Diskussion zu erfahren, da das Bundessekretariat der Jungsozialisten entsprechende Unterlagen nicht zur Verfügung stellte.
476 Ebd.
477 Nicht im Besitz der Parteien, in: FAZ am 6. 3. 1972.
478 Ebd.
479 Das freie Mandat, in: FAZ am 28. 4. 1972; dort auch die nachfolgenden Zitate.
480 *Dolf Sternberger*, Die Partei ist keine Armee, in: FAZ am 30. 9. 1972; dort auch die nachfolgenden Zitate.
481 *Hans Buchheim*, Zwischen Bindung und Gewissensfreiheit, in: FAZ am 19. 10. 1972; dort auch die nachfolgenden Zitate.
482 Vgl. Das Gewissen der Abgeordneten, in: StZ am 27. 4. 1972.
483 Ebd.
484 *Theodor Eschenburg*, Wem gehört das Mandat? in: Die Zeit am 5. 5. 1972; dort auch die nachfolgenden Zitate.
485 Vgl. *Hans-Erich Bilges*, Nach dem Verlust der Mehrheit kein Verständnis für Gewissen, in: Die Welt am 23. 9. 1972.
486 Vgl. *H.-E. Bilges*, Verlust, a. a. O.
487 Vgl. *Ilse Manke*, Leserbrief, in: FAZ am 28. 10. 1972, und *Gerhard Göser*, Leserbrief, in: FAZ am 20. 11. 1972.
488 Vgl. *G. Göser*, Leserbrief, a. a. O.
489 Vgl. *I. Manke*, Leserbrief, a. a. O.
490 *Helmut Kramer*, Leserbrief, in: FAZ am 9. 5. 1972; dort auch die nachfolgenden Zitate.
491 Vgl. *Dieter Holtmann*, Leserbrief, in: Die Zeit am 19. 5. 1972.
492 *Frieda Landwehr*, Leserbrief, in: KZ am 29. 4. 1972.
493 *Bernd Kämmerling*, Leserbrief, in: Der Spiegel am 15. 5. 1972.
494 Die Begriffe werden augenscheinlich synonym gebraucht. Wir verwenden im folgenden, soweit keine Wiedergabe vorliegt, das Wort „Wählerauftrag“, um die Spannung zum Art. 38 Abs. 1 Satz 2 GG zu verdeutlichen.
495 Abgeordneter *Winfried Hedergott* (FDP), Niedersächsischer Landtag, StenB, 71. Stzg. am 4. 3. 1970, VI/6542.
496 Abgeordneter *Helmut Kasimier* (SPD), Niedersächsischer Landtag, StenB, 71. Stzg. am 4. 3. 1970, VI/6536.
497 Siehe Anm. 417.
498 Fotokopie im Archiv des Verfassers.
499 Zitiert nach: SZ am 12. 10. 1970.
500 Erklärung von Bundeskanzler *Willy Brandt* (SPD) zum konstruktiven Mißtrauensantrag der CDU/CSU-Opposition, in: Die Welt am 25. 4. 1972.
501 Bundeskanzler *Willy Brandt* (SPD), DtBT, StenB, 182. Stzg. am 26. 4. 1972, VI/10640.
502 *Ders.*, DtBT, StenB, 183. Stzg. am 27. 4. 1972, VI/10708. Vgl. auch *ders.*, DtBT, StenB., 199. Stzg. am 22. 9. 1972, VI/11772 f.
503 Bundesminister *Walter Scheel*, (FDP), DtBT, StenB, 183. Stzg. am 27. 4. 1972, VI/10704.
504 *Ders.*, DtBT, StenB, 199. Stzg. am 22. 9. 1972, VI/11741.
505 *Ders.*, 183. Stzg. a. a. O.
506 Abgeordneter *Friedrich Schäfer* (SPD), DtBT, StenB, 182. Stzg. am 26. 4. 1972, VI/10609.

507 Ebd., VI/10610.
508 Vgl. ebd.
509 Vgl. Abgeordneter *Hans Dichgans* (CDU/CSU), DtBT, StenB, 182. Stzg. am 26. 4. 1972, VI/10593; *ders.*, Artikel, a. a. O., S. 63; *ders.*, Stellung, a. a. O., S. 210.
510 Vgl. Abgeordneter *Klaus-Peter Schulz* (CDU/CSU), DtBT, StenB, 199. Stzg. am 22. 9. 1972, , VI/11745 und 11746.
511 Abgeordneter *Günther Müller* (CDU/CSU), DtBT, StenB, 199. Stzg. am 22. 9. 1972, VI/11750.
512 Siehe Anm. 500.
513 Abgeordneter *Rainer Barzel* (CDU/CSU), DtBT, StenB, 182. Stzg. 26. 4. 1972, VI/10652.
514 Ebd. und FAZ am 26. 4. 1972.
515 Abgeordneter *Klaus-Peter Schulz* (CDU/CSU), a. a. O., VI/11745.
516 Vgl. ebd., VI/11747, und Abgeordneter *Günther Müller* (CDU/CSU), a. a. O., VI/11750.
517 *Armin Grünewald,* Mende schlüpft durch eine Lücke der Verfassung, in: StZ am 15. 10. 1970; dort auch die nachfolgenden Zitate.
518 *Hans Schueler,* Der Wähler-Auftrag, in: Die Zeit am 20. 10. 1972; dort auch die nachfolgenden Zitate.
519 StZ am 27. 4. 1972.
520 *Marion Gräfin Dönhoff,* Bonn ist doch nicht Weimar, in: Die Zeit am 5. 5. 1972 (Hervorhebung im Original); dort auch das nachfolgende Zitat.
521 *Hans-Peter Schwarz,* Die Wähler sollten über die Landeslisten mitbestimmen können, in: FAZ am 10. 6. 1972. Der Artikel ist augenscheinlich eine gekürzte Fassung seines Aufsatzes: Ein Platz für Rebellen, in: Die politische Meinung, Nr. 143 (1972), S. 77–86.
522 *H.-P. Schwarz,* Wähler, a. a. O.
523 Ebd. Den Vorschlag von *H.-P. Schwarz* enthielt bereits die Wahlplattform der FDP von 1969 (siehe Text zu Anm. 365).
524 *P. J. Winters,* Mandat, a. a. O.
525 *F. K. Fromme,* Abgeordneten, a. a. O.
526 *D. Sternberger,* Partei, a. a. O.; dort auch das nachfolgende Zitat.
527 FAZ am 26. 4. 1972.
528 *W. Hertz-Eichenrode,* Das Mißtrauensvotum und der Auftrag des Wählers, in: Die Welt am 26. 4. 1972; dort auch die nachfolgenden Zitate (Hervorhebung durch mich, M. M.).
529 Vgl. Text zu Anm. 505 und 506.
530 *H. Buchheim,* Bindung, a. a. O.; dort auch die nachfolgenden Zitate.
531 Vgl. *Heinrich Boltz,* Leserbrief, in FAZ am 18. 5. 1972. Anders und überzeugender *Heinz Höpfl,* Ein Unabhängiger besiegt die Labourparty, in: FAZ am 3. 3. 1973, der den Sieg des aus der Labour-Party ausgetretenen Abgeordneten *Dick Taverne* in der Nachwahl als bisher einzige Ausnahme von der Regel hervorhebt, daß in Großbritannien der Wahlausgang von der Parteipräferenz des Wählers bestimmt wird.
532 *Wilhelm Bodenheim,* Leserbrief, in: Die Zeit am 19. 5. 1972.
533 *Ernst-Udo Schule,* Leserbrief, in KZ am 29. 4. 1972.
534 *Gerd Tschampel,* Leserbrief, in: Der Spiegel am 19. 10. 1970.
535 *Rolf Schroers,* Leserbrief in: FAZ am 16. 10. 1970.
536 *Ernst Manthey,* Leserbrief, in: FAZ am 6. 5. 1972.
537 *Caecilie Kleinmann,* Leserbrief, in: FAZ am 10. 5 1972.
538 *Wilhelm Munz,* Leserbrief, in: StZ am 24. 10. 1972.
539 *Albrecht Sandreczki,* Leserbrief, in SZ am 11./12. 3. 1972.
540 *Ralf Wagner,* Leserbrief, in: Der Spiegel am 19. 10. 1970.
541 *Gerd Joachim Sieger,* Leserbrief, in: FAZ am 15. 3. 1972.
542 *Brigitte Gutbrod,* Leserbrief, in: StZ am 5. 5. 1972.
543 Weitere Leserbriefe finden sich in: Die Zeit am 30. 10. 1970, 19. 5. 1972; KZ am 29. 4. 1972; Der Spiegel am 19. 10. 1970, 13. 3. 1972, 8. 5. 1972, 15. 2. 1972; Die Welt am 10. 10. 1972; FAZ am 16. 10. 1970; StZ am 24. 10. 1970, 18. 3. 1972; SZ am 11./12. 3. 1972.
544 Siehe FAZ am 16. 5. und 19. 5. 1972.
545 *Hans Gorsler,* Leserbrief, in: FAZ am 14. 3. 1972.
546 *Gerhard Staerk,* Leserbrief, in FAZ am 16. 5. 1972; dort auch das nachfolgende Zitat.
547 *H. Gorsler,* Leserbrief, a. a. O.
548 Abgeordneter *Kurt-Georg Kiesinger* (CDU/CSU), DtBT, StenB, 183. Stzg. am 27. 4. 1972, VI/10699; ähnlich Abgeordneter *Franz-Josef Strauß* CDU/CSU), DtBT, StenB, 199. Stzg.

am 22. 9. 1972, VI/11775, und Abgeordneter *Olaf Baron v. Wrangel* (CDU/CSU), DtBT, StenB, 182. Stzg. am 26. 4. 1972, VI/10624.

549 Abgeordneter *Rainer Barzel* (CDU/CSU), DtBT, StenB, 197. Stzg. am 20. 9. 1972, VI/11576.

550 Vgl. Abgeordneter *Klaus-Peter Schulz* (CDU/CSU), DtBT, StenB, 199. Stzg. am 22. 9. 1972, VI/11744–11748, Abgeordneter *Günther Müller* (CDU/CSU), DtBT, StenB, 199. Stzg. am 22. 9. 1972, VI/11750–11752, Abgeordneter *Erich Mende* (CDU/CSU), DtBT, StenB, 199. Stzg. am 22. 9. 1972, VI/11752–11754. Gegen *Klaus-Peter Schulz* der Abgeordnete *Dieter Haack* (SPD), DtBT, StenB, 199. Stzg. am 22. 9. 1972, VI/11749).

551 Vgl. Abgeordneter *Hansheinrich Schmidt* (FDP) in: FDP-Landesverband Bayern (Hg.), F. D. P.-Pressedienst, Nr. 51/1970 am 13. 10. 1970, über die Abgeordneten *Erich Mende* und *Heinz Starke; Hans Apel,* Fraktionswechsler, a. a. O., über den Abgeordneten *Herbert Hupka;* SPD-Unterbezirk München (Hg.), Münchener SPD-Presseinformationen, Nr. 120 am 13. 9. 1972, über den Abgeordneten *Günther Müller.*

552 So behauptet der Parlamentarische Staatsekretär *Karl Moersch* (FDP) nach einem Bericht der Waiblinger Kreiszeitung am 10. 3. 1972, dem Abgeordneten *Herbert Hupka* sei ein Posten im bayrischen Rundfunkrat angeboten worden (vgl. dazu das Dementi *Herbert Hupkas* in der Waiblinger Kreiszeitung am 14. 3. 1972). Ähnlich behauptete der Abgeordnete *Günther Metzger* (SPD) vor der Bundespressekonferenz, dem Abgeordneten *Günther Müller* sei eine Professur angetragen worden (vgl. Die Welt am 12. 10. 1972).

553 So berichtet der Abgeordnete *Hans Bardens* (SPD) am 11. 10. 1972 vor der Bundespressekonferenz von einen „Bekannten", der „Ende Oktober 1970 an einem Ort außerhalb der Bundesrepublik Deutschland an einem Gespräch zwischen Herrn *Strauß* und Herrn *Zoglmann* teilgenommen (habe). In diesem Gespräch habe Herr *Zoglmann* erklärt, daß es insgesamt billiger geworden sei, als man es sich vorgestellt habe. Es kämen jetzt sofort 4 und dann kämen 8 weitere nach. . . . In diesem Zusammenhang seien folgende Namen als potentielle Überläufer genannt worden: *Kienbaum, Helms, Geldner* und *Kühlmann-Stumm* . . . Herr *Zoglmann* habe sodann erklärt, man wolle die 4er-Gruppe und die 8er-Gruppe bei ihrem Übertritt dadurch absichern, daß man ihnen Aufträge aus der Industrie besorge und ihnen Beraterverträge beschaffe. Außerdem sei von einer Absicherung über Landeslisten bei den nächsten Bundestagswahlen die Rede gewesen. Der Name *Kühlmann-Stumm* sei nicht im Zusammenhang mit solchen Transaktionen und Versprechungen genannt worden" (Protokoll der Bundespressekonferenz am 11. 10. 1972, im Archiv des Verfassers).

554 So der FDP-Fraktionsvorsitzende im Hessischen Landtag nach FAZ am 10. 10. 1972.

555 Vgl. Der Spiegel am 23. 10. 1970. S. 27–34. Auch vor dem 1. Untersuchungsausschuß des 7. Deutschen Bundestages hielt *Karl Geldner* an seiner Version eines Scheinübertritts fest (vgl. Die Welt am 7. 7. 1973).Die Affäre ist noch nicht abgeschlossen, da gegen *Karl Geldner* Anklage wegen Verdachts der uneidlichen Falschaussage erhoben worden ist (vgl. Die Welt am 20. 3. 1972, 15. 7. 1972, 11. 11. 1972 und 26. 6. 1973). Zur Durchführung des Verfahrens wurde die Immunität des Abgeordneten *Geldner* aufgehoben (vgl. Die Welt am 25. 6. 1973). Diese Affäre brachte im übrigen die Diskussion über eine „Ehrenordnung" für Abgeordnete in Gang; vgl. *Peter Schindler,* Eine „Ehrenordnung" für die Abgeordneten, in: ZParl 1971, S. 153–159.

556 Vgl. *M. Müller,* Mißtrauensvotum, a. a. O., S. 280.

557 Abgeordneter *Dietrich Sperling* (SPD) DtBT, StenB, 182. Stzg. am 26. 4. 1972, VI/10603. Dies trägt ihm in der FAZ am 27. 4. 1972 den Vorwurf der „vorsorgliche(n) Denunziation zur Aufrechterhaltung der wankenden Fraktionsdisziplin im Regierungslager" ein. *Dietrich Sperling* meint dazu in seinem Leserbrief, daß es ihm auf die Beantwortung der Frage angekommen sei, „ob man seine Entscheidung vor seinen Wählern geheimhalten oder offenlegen wollte" (FAZ am 9. 5. 1972).

558 Bundesminister *Walter Scheel* (FDP) DtBT, StenB, 183. Stzg. am 27. 4. 1972, VI/10704.

559 Bundeskanzler *Willy Brandt* (SPD), DtBT, StenB, 182. Stzg. am 26. 4. 1972, VI/10640.

560 *Ders.,* Interview, in: Der Spiegel vom 25. 9. 1972, S. 24–31 (28).

561 Bundestagspräsident *Kai-Uwe v. Hassel* in seinem Schreiben an den Bundeskanzler am 25. 9. 1972, in: Die Welt am 4. 10. 1972.

562 Bundestagsvizepräsidentin *Liselotte Funcke* (FDP), Interview, in: Die Welt am 27. 9. 1972.

563 Presseerklärung des Abgeordneten *Herbert Hupka* (CDU/CSU) am 25. 9. 1972 (im Archiv des Verfassers).

564 Protokoll der Bundespressekonferenz am 27. 9. 1972 (im Archiv des Verfassers).

565 Vgl. FAZ am 29. 9. 1972.
566 Bundeskanzler *Willy Brandt* (SPD) in seinem Schreiben an Bundestagspräsident *Kai-Uwe v. Hassel* (CDU/CSU) 2. 10. 1972, in: Die Welt am 4. 10. 1972.
567 Erklärung des Bundestagspräsidenten *Kai-Uwe v. Hassel* (CDU/CSU) am 3. 10. 1972 in: Die Welt am 4. 10. 1972.
568 Vgl. Protokoll der Bundespressekonferenz am 11. 10. 1972 (im Archiv des Verfassers). Das Protokoll ist auszugsweise veröffentlicht in: Die Welt am 12. 10. 1972 und FAZ am 13. 10. 1972.
569 Seine in Anm. 553 zitierten Behauptungen wurden Gegenstand eines von *Siegfried Zoglmann* angestrengten Prozesses, in dem *Hans Bardens* in einem am 26. 6. 1973 geschlossenen Vergleich alle Behauptungen widerrief und die Kosten des Verfahrens übernahm (vgl. Die Welt am 7. 7. 1973).
570 Vgl. FAZ am 13. 10. 1972 und Die Welt am 12. 10. 1972.
571 Zitiert nach: Die Welt am 13. 10. 1972.
572 Zitiert nach: FAZ am 13. 10. 1972. Vgl. dazu den Leserbrief des Parlamentarischen Staatssekretärs *Fritz Logemann* (FDP) in: Die Welt am 24. 10. 1972, in dem er *Erich Mende* vorwirft, sein „Ehrenwort als Offizier" gebrochen zu haben.
573 Vgl. FAZ am 13. 10. 1972.
574 Zitiert nach: Die Welt am 13. 10. 1972.
575 Zitiert nach: Die Welt am 21. 10. 1972.
576 Vgl. *Rolf Zundel*, Gift, a. a. O.; Das Streiflicht, in: SZ am 2. 3. 1972; *Reimar Oltmanns*, Einmal möchte er von Barzel empfangen werden, in: FR am 26. 4. 1972.
577 Der Spiegel am 13. 3. 1972, S. 25.
578 *Kurt Becker*, Am Ende einer Talfahrt, in: Die Zeit am 16. 10. 1970; dort auch die nachfolgenden Zitate.
579 *Günter Hofmann*, Wilhelm Helms Lehr- und Wanderjahre, in: StZ am 5. 5. 1972. Vgl. auch das Fernsehmagazin „Monitor" am 8. 5. 1972, Die Stimme aus Bissenhausen: Porträt des Abgeordneten Wilhelm Helms (Manuskript der Sendung im Archiv des Verfassers).
580 Vgl. ebd.: *R. Oltmanns*, Barzel, a. a. O.; Abgeordneter *Carlo Graaff* (FDP) in: Monitor am 8. 5. 1972, a. a. O.
581 *Günter Hofmann*, Die CDU reibt sich hörbar die Hände, in: StZ am 10. 10. 1970.
582 FR am 9. 10. 1970.
583 *Hans Dieter Kloss*, Warnung an alle, in: StZ am 27. 4. 1972.
584 Der Spiegel am 1. 5. 1972, S. 21.
585 *H.-E. Bilges*, Verlust, a. a. O.
586 *Axel Springer*, Rede vor der 26. Vertriebstagung seines Unternehmens, auszugsweise in: Die Welt am 30. 9. 1972.
587 Vgl. Der Spiegel am 12. 10. 1970, S. 31; *F. K. Fromme*, Fraktionswechsel, in: FAZ am 19. 11. 1970.
588 Vgl. Der Spiegel am 13. 3. 1972, S. 24.
589 Vgl. ebd.
590 Vgl. ebd., S. 25.
591 Vgl. Der Spiegel am 1. 5. 1972, S. 30.
592 *Eduard Neumaier*, Überlaufen bringt kein Glück, in: Die Zeit am 5. 5. 1972.
593 *Rudolf Ellermeyer*, Leserbrief, in: KZ am 29. 4. 1972.
594 *Erika Jüling*, Leserbrief, in: Der Spiegel am 8. 5. 1972.
595 *Irma Grünewald*, Leserbrief, in: Der Spiegel am 8. 5. 1972.
596 *Günter Mann*, Leserbrief, in FAZ am 10. 5. 1972.
597 *Wilhelm Weith*, Leserbrief, in SZ am 11./12. 3. 1972.
598 *Heinrich Warnecke*, Leserbrief, in KZ am 29. 4. 1972.
599 *Albrecht Sandreczki*, Leserbrief, in SZ am 11./12. 3. 1972.
600 Weitere Leserbriefe finden sich in: Der Spiegel am 13. 3. 1972, 15. 5. 1972; FAZ am 16. 10. 1970, 26. 5. 1972; SZ am 11./12. 3. 1972
601 *Bruno Grasmugg*, Leserbrief, in: Der Spiegel am 15. 5. 1972; ähnlich *J. Wiehe*, Leserbrief, in: Die Zeit am 19. 5. 1972.
602 *Jeanne Hesse*, Leserbrief, in: Die Zeit am 19. 5. 1972.
603 *F. Münch*, Leserbrief, in: Die Welt am 18. 10. 1972; dort auch das nachfolgende Zitat.
604 *Harald Voss*, Leserbrief, in: Der Spiegel am 15. 5. 1972.
605 Vgl. Text zu Anm. 368, 414, 415–419 (Parlamentsdebatten), 224–229, 341, 343, 435, 436 (Stellungnahmen der Parteien), 465, 466, 467, 471–472, 476, 478, 481, 483, 517, 518 (Kommentare der Presse).

606 Vgl. Text zu Anm. 487, 488, 535.
607 Siehe S. 39.
608 Vgl. Text bei Anm. 491.
609 Vgl. *Werner Kaltefleiter*, Zwischen Konsens und Krise, in: Jahrbuch Verfassung und Verfassungswirklichkeit 1973, Teil 1, Köln–Berlin–Bonn–München 1973, S. 71, 77, 79.
610 Auszug aus einer Mitteilung des Instituts für Demoskopie Allensbach an den Verfasser. Vgl. auch die Welt am 9. 1. 1973.
611 Zur Frage der Effektivität der Werbung vgl. *Heidrum Abromeit*, Das Politische in der Werbung, Opladen 1972, S. 114–116; dazu kritisch *W. Kaltefleiter*, Konsens, a. a. O., S. 107 f.
612 Siehe S. 83 ff.
613 Auszug aus einer Mitteilung des Instituts für Demoskopie Allensbach an den Verfasser.
614 Vgl. *T. Eschenburg*, Mandat, a. a. O.
615 Vgl. dazu *Jörg-Detlef Kühne*, Die Abgeordnetenbestechung, Frankfurt 1971, S. 97–109.
616 Vgl. ebd., S. 117–126, 130. Inzwischen hat der von dem Abgeordneten *Friedrich Vogel* geleitete Arbeitskreis I (Recht) der CDU/CSU – Bundestagsfraktion der Fraktion einen Gesetzentwurf zur Einführung von Straftatbeständen der aktiven und passiven Abgeordnetenbestechung vorgelegt, in denen als Rechtsfolge Freiheits- und Geldstrafe vorgesehen sind. Als Tatbestandsmerkmale sind die Hingabe von Geld oder Vermögenswerten, nicht aber das Versprechen von Ämtern und Mandaten vorgesehen (vgl. Die Welt und FAZ am 15. 8. 1973 sowie den Kommentar von *Alfred Rapp*, Was ist Abgeordnetenbestechung?, in: FAZ am 25. 8. 1973).
617 Vgl. die von *J.-D. Kühne* im Abs. 1 Satz 1 seines Tatbestandes der passiven Abgeordnetenbestechung vorgeschlagene Formulierung: „Ein Abgeordneter, der es unternimmt, maßgeblich wegen eines Geschenks, ohne oder gegen seine demokratisch gebildete Überzeugung seine Stimme im Parlament abzugeben oder dort eine Stimmabgabe zu unterlassen, kann auf Antrag von . . . der Abgeordnete mit . . . Mehrheit aus dem Parlament ausgeschlossen werden" (ebd., S. 130, Auslassungen im Original).
618 Zum Zeitpunkt des Abschlusses des Manuskripts (31. 12. 1973) lag noch kein eindeutiges Ergebnis des 1. Untersuchungsausschusses des 7. Deutschen Bundestages vor.
619 Die Parlamentarischen Staatssekretäre *Wolfram Dorn* (FDP) und *Joachim Raffert* (SPD) hatten zusammen mit CDU-Abgeordneten *Heinrich Gewandt* 1969 je einen Beratungsvertrag mit dem Bauer-Verlag abgeschlossen, der in seinen Zeitschriften überwiegend die Opposition unterstützte. Als dies durch Presseberichte bekannt wurde (vgl. Der Spiegel am 28. 8. 1972, S. 20–21, und am 4. 9. 1972, S. 17–23, sowie Stern am 3. 9. 1972, S. 130–131), wurden sie zum Rücktritt gezwungen und auch als Kandidaten für den 7. Deutschen Bundestag nicht wieder aufgestellt (vgl. Die Welt am 30. 8. 1972, 5. 9. 1972, 6. 9. 1972, 14. 9. 1972). Für *Heinrich Gewandt* ging die erneute Aufstellung auf der (allein aussichtsreichen) Landesliste der Hamburger CDU nicht reibungslos vor sich. Er mußte sich bei der Kandidatenaufstellung einer längeren Befragung wegen seines Beratervertrages unterziehen und einer Kampfabstimmung stellen (vgl. Hamburger Abendblatt am 26. 9. 1972).
620 DtBT, Drucksache VI/3807. Vgl. dazu auch Abgeordneter *Hans Dichgans* (CDU/CSU), Artikel 38, a. a. O., S. 65, und *ders.*, Ausführungen, a. a. O., S. 72 f., sowie *W. Kewenig*, Problematik, a. a. O., S. 69.
621 Vgl. Die Welt am 2. 9. 1972; FAZ am 5. 9. 1972, 6. 9. 1972; Die Welt am 14. 9. 1972; FAZ am 15. 9. 1972.
622 Vgl. *H. Kaack*, Geschichte, S. 565.
623 Das ist überraschend, da die Regierungsparteien keine Beweise für die Berechtigung ihrer Behauptung vorlegen konnten und sie selbst durch die Affären um die Parlamentarischen Staatssekretäre *Wolfram Dorn* (FDP) und *Joachim Raffert* (SPD) (vgl. Anm. 619) sowie um den Parlamentarischen Geschäftsführer der SPD-Bundestagsfraktion *Karl Wienand* belastet waren. Das Image der Opposition, eine „Unternehmer-Partei" zu sein (vgl. *W. Kaltefleiter*, Konsens, a. a. O., S. 94), die ihre Finanzkraft auch für die „Abwerbung" von von Abgeordneten einsetzt (vgl. Leserbriefe bei Anm. 598, 599), gestattete augenscheinlich eine solche Argumentation. (Nach dem Absturz einer Maschine der Charterfluggesellschaft Paninternational wurde dem Abgeordneten *Karl Wienand* (SPD) vorgeworfen, er habe mit der Gesellschaft zusammengearbeitet und deswegen erhebliche finanzielle Zuwendungen erhalten (vgl. Der Spiegel am 18. 10. 1971, S. 102, und am 3. 3. 1972,

S. 23) Gegen die Gesellschaft wurde der Vorwurf erhoben, sie habe Verstöße gegen die Regeln der Betriebssicherheit in Kauf genommen, während gegen den Bundesminister für Verkehr der Verdacht geäußert wurde, es habe seine Aufsichtspflicht gegenüber der Gesellschaft verletzt. Die CDU/CSU-Opposition beantragte daher am 29. 9. 1971 die Einsetzung eines parlamentarischen Untersuchungsausschusses (DtBT, Drucksache VI/2624), der am 21. 9. 1972 seinen Bericht vorlegte (DtBT, Drucksache VI/3830; vgl. dort unter den Nummern 482–512 die Feststellungen zu den Vorwürfen gegen *Karl Wienand*).

624 *H. Abromeit*, Das Politische, S. 71.

625 Vgl. Text zu Anm. 377, 427.

626 So kritisierte Der Spiegel: „Die SPD/FDP-Koalition hatte eine solche Überlebenssicherheit (wie der Oppositionsführer. M. M.) nie ernsthaft betrieben, wie sie beispielsweise der SPD-Parteivize *Helmut Schmid* von Anbeginn an gepredigt hatte. *Schmidts* Vorschlag: Eine politische Wende, die wie *Brandts* neue Ostpolitik großes Engagement aller verlange, könne bei einer so knappen Mehrheit nur dann abgesichert werden, wenn man sich entweder kontinuierlich um das Gespräch mit jedem zweifelnden Koalitionsabgeordneten bemühe oder aber die breitere Basis durch eine Beteiligung der Opposition suche. Das Abstimmungsergebnis vom 27. April spiegelt mithin auch die Versäumnisse der Inneren Führung der Koalition wieder. Obwohl schon seit Wochen Gerüchte über einen Abgang von *Helms* in Bonn kursierten, mußte Kanzler *Brandt* vor der Baden-Württemberg-Wahl gestehen: „Herr Helms, was ist das eigentlich für ein Mann, ich kenn den gar nicht'" (Der Spiegel am 1. 5. 1972, S. 29).

627 Die Wendung wird gebraucht im Sinne *Hans Alberts;* vgl. sein Buch: Traktat über kritische Vernunft, 2. Aufl., Tübingen 1969, S. 158 ff.

628 Abgeordneter *Erich Ollenhauer* (SPD), DtBT, StenB, 190. Stzg. am 7. 2. 1952, I/8116.

629 Vgl. ebd.

630 *Friedrich Glum*, Das parlamentarische Regierungssystem in Deutschland, Großbritannien und Frankreich, Berlin 1950, S. 82.

631 Abgeordneter *Adolf Arndt* (SPD), DtBT, StenB, 191. Stzg. am 8. 2. 1952, I/8156 f.

632 Ebd., I/8157.

633 Vgl. *Friedrich Glum*, Appell an das Volk in wichtigen Fragen, in: NJW 1952, S. 281–284 (281).

634 Vgl. ebd., S. 283.

635 *Walter Schätzel*, Gutachten, in: Der Kampf um den Wehrbeitrag, Bd. 2, München 1953, S. 620–650 (625); vgl. *ders.*, Gutachten, in: Der Kampf um den Wehrbeitrag, Bd. 1, München 1952, S. 323–354 (327 f.).

636 *Ulrich Scheuner*, Gutachten, in: Der Kampf um den Wehrbeitrag, Bd. 2, München 1953, S. 94–154 (136).

637 Vgl. *Karl Loewenstein*, Gutachten, in: Der Kampf um den Wehrbeitrag, Bd. 2, München 1953, S. 337–401 (374 f.); vgl. auch *Sir Ivor Jennings*, Cabinet Government, 3. Aufl., Cambridge 1961, S. 503–509.

638 Vgl. Anm. 634; *K. Loewenstein*, Gutachten, a. a. O., S. 375; *W. Schätzel*, Gutachten, Bd. 1, a. a. O., S. 328–331; *ders.*, Gutachten, Bd. 2, a. a. O., S. 626 f.; *P. Badura*, Artikel 38, a. a. O., Randnr. 46.

639 Vgl. Leserbriefe bei Anm. 533, 537.

640 Vgl. dazu *Niklas Luhmann*, Vertrauen, Stuttgart 1968, insbesondere S. 21 ff., und die Anwendung dieses Gedankens auf die Wahl, S. 52 f.

641 Vgl. *Wolf-Dieter Narr*, CDU-SPD, Stuttgart 1966, insbesondere S. 177–181, 189–193, 217–228.

642 Vgl. *H. Abromeit*, Das Politische, S. 73–110.

643 So auch *Kurt Sontheimer*, Das politische System Großbritanniens, München 1972, S. 55, über die Praxis der Mandatstheorie in Großbritannien.

644 Vgl. *Frieder Naschold*, Zur Theorie des Wählerverhaltens, in: *Wolf-Dieter Narr/Frieder Naschold*, Theorie der Demokratie, Stuttgart 1971, S. 164–203 (177 f.).

645 Vgl. *H. Abromeit*, Das Politische, S. 70, 110–113.

646 Zur „Personalisierung" der Wahl, die mit *Niklas Luhmann*, Reform des öffentlichen Dienstes, in: *ders.*, Politische Planung, Opladen 1971, S. 203–256 (207 f.), als Entscheidungsprämissen verstanden werden könnte, wenn die Aussagen der Spitzenpolitiker nicht genauso unverbindlich wie die der Parteien blieben, vgl. *H. Abromeit*, Das Politische, S. 62–66, 79.

647 Vgl. *Gerhard Kleining*, Image, in: *Wilhelm Bernsdorf* (Hg.), Wörterbuch der Soziologie, Ausgabe des Fischer Taschenbuch-Verlages, Bd. 2, Frankfurt 1972, S. 357–360 (358).

648 *H. Abromeit,* Das Politische, S. 62.

649 *Niklas Luhmann,* Legitimation durch Verfahren, Neuwied und Berlin 1969, S. 182 f.

650 Vgl. für den Deutschen Bundestag die vielen Hinweise bei *Emil Hübner/Heinrich Oberreuter/Heinz Rausch* (Hg.), Der Bundestag von innen gesehen, München 1969, und die Besprechung dieses Buches von *Uwe Thaysen,* „Ein klein bißchen Herrschaft im dunkeln?" in: ZParl 1970, S. 107–113.

651 Vgl. *Thaysen,* Parlamentsreform, S. 86–92.

652 Vgl. *Marek Sobolewski,* The voters political opinions and elections, in: *Karl Dietrich Bracher u. a.* (Hg.), Die moderne Demokratie und ihr Recht, Festschrift für *Gerhard Leibholz,* Bd. 2, Tübingen 1966, S. 345–365 (363 f.).

653 Ebd., S. 364.

654 Vgl. *Bernhard Vogel/Dieter Nohlen/Rainer Olaf Schultze,* Wahlen in Deutschland, Berlin und New York 1971, S. 235 f., und *F. Naschold,* Theorie, a. a. O., S. 177–179. Das verdeutlicht, wie weit der von *Gerhard Leibholz* postulierte „Parteienstaat" gegenüber dem Antiparteienaffekt der Weimarer Republik zum Bestandteil der politischen Kultur der Bundesrepublik geworden ist. Vgl. aber auch Anm. 703.

655 Zahlen nach eigenen Berechnungen des Verfassers auf Grund der amtlichen Ergebnisse der Bundestagswahlen 1969 und 1972; vgl. auch *W. Kaltefleiter,* Konsens, a. a. O., S. 148, 151–154. Von dem allgemeinen Ergebnis der FDP-SPD-Stimmenverteilung bei der Bundestagswahl 1972 weicht nur das Ergebnis des Wahlkreises 113 ab. Hier errang die FDP-Kandidatin *Liselotte Funcke* 4,5 Prozentpunkte an Erststimmen mehr als an Zweitstimmen, während der SPD-Kandidat 5,6 Prozentpunkte weniger Erst- als Zweitstimmen erhielt. Im Fall der FDP-Kandidatin kann man also von einem „Persönlichkeitsbonus" sprechen.

656 So auch *W. Kaltefleiter,* Konsens, a. a. O., S. 153.

657 Eigene Berechnungen des Verfassers auf Grund des amtlichen Ergebnisses der Bundestagswahl 1972.

658 Zahlen bei *W. Kaltefleiter,* Konsens, a. a. O., S. 155 und 154.

659 *U. Bermbach,* Probleme, a. a. O., S. 351 (Anm. 39).

660 Vgl. dazu *Udo Bermbach,* Rätesystem als Alternative? in: PVS-Sonderheft 2, Opladen 1971, S. 110–138; *ders.,* Rätegedanke versus Parlamentarismus? in: *Winfried Steffani* (Hg.), Parlamentarismus ohne Transparenz, Opladen 1971, S. 245–265; *Klaus v. Beyme,* Die parlamentarischen Regierungssysteme in Europa, München 1970, S. 469–478; *Gerhard A. Ritter,* „Direkte Demokratie" und Rätewesen in Geschichte und Theorie, in: *Erwin K. Scheuch* (Hg.), Die Wiedertäufer der Wohlstandsgesellschaft, Köln 1968, S. 188–216.

661 Vgl. *U. Bermbach,* Rätesystem, a. a. O., S. 116, 119 f.; *K. v. Beyme,* Regierungssysteme, S. 472 f.; *G. Ritter,* a. a. O., S. 210 f.

662 Vgl. *U. Bermbach,* Rätesystem, a. a. O., S. 114–116; *K. v. Beyme,* Regierungssysteme, S. 474–476; G. Ritter, Demokratie, a. a. O., S. 212.

663 Diese Einsicht wird in der Diskussion um das Abgeordnetenmandat vielfach mit dem Hinweis auf die „Funktionsfähigkeit" des Parlaments bezeichnet, die durch die Einführung des imperativen Mandats gefährdet würde.

664 Vgl. *U. Bermbach,* Rätesystem, a. a. O., S. 116–118, 120 f.

665 Vgl. ebd., S. 129; *K. v. Beyme,* Regierungssysteme, S. 473.

666 *U. Bermbach,* Rätesystem, a. a. O., S. 129.

667 Vgl. ebd.

668 Dies muß angesichts der zutreffenden Einwände gegen *Bermbachs* Festhalten am Identitätspostulat und gegen seine Kritik am Repräsentationsgedanken betont werden; vgl. dazu *Günter Trautmann,* Parteienstaatliche Verfassung und freies Mandat, in: ZParl 1971, S. 54–69, und *Wolfgang Jäger,* Innerparteiliche Demokratie und Repräsentation, in: *ders.,* (Hg.), Partei und System, Stuttgart 1973, S. 108–151.

669 Vgl. *U. Bermbach,* Probleme, a. a. O., S. 360 f. und *ders.,* Repräsentation, imperatives Mandat und recall: Zur Frage der Demokratisierung im Parteienstaat, in: *Klaus v. Beyme* (Hg.), Theorie und Politik, Festschrift für Carl J. Friedrich, Den Haag 1971, S. 497–525 (519–525). Ähnlich, wenn auch weniger differenziert *G. Stuby,* Macht, a. a. O., S. 321.

670 Ein solches hat *U. Bermbach,* Probleme, a. a. O., S. 363 (Anm. 79) angekündigt, bis heute (31. 12. 1973) jedoch nicht vorgelegt.

671 So *G. Trautmann,* Verfassung, a. a. O., S. 68, und die in Anm. 314 angeführte Literatur.

672 So beispielsweise die Weigerung des FDP-Parteitages am 22./23. 6. 1970 in Bonn, einen Dringlichkeitsantrag *Erich Mendes* zur Gesellschafts- und Ostpolitik zu behandeln; vgl. Text zu Anm. 43.

673 Wir sprechen hier und im folgenden abgekürzt von „Parteiführung", wohl wissend, daß formell davon die Fraktionsführung unterschieden werden muß. Tatsächlich besteht jedoch eine weitgehende personelle Identität (vgl. *H. Kaack*, Geschichte, S. 663–685), was die verkürzende Bezeichnung rechtfertigt.

674 *F. F. Siegfried*, Mandatsverlust, a. a. O., S. 13.So auch der Abgeordnete *Friedrich Schäfer* (SPD), Weitere Überlegungen a. a. O., S. 78, und *W. Kewenig*, Problematik, a. a. O., S. 67.

675 *W. Kewenig*, Problematik, a. a. O., S. 66.

676 Vgl. die bei Anm. 405 zitierte Bemerkung von *Karl Wienand*.

677 Siehe Anm. 450.

678 Vgl. § 11 Abs. 3 der Satzung der CDU und § 36 Abs. 4 der Satzung der SPD. Bei der FDP ist die Regelung dieser Frage den Landesverbänden überlassen (vgl. § 7 Abs. 1 der Satzung der FDP).

679 Vgl. *W. Henke*, Recht, S. 95.

680 Zu seiner Interpretation vgl. ebd., S. 94 f.

681 *H. Säcker*, Abgeordnetenmandat, a. a. O., S. 360.

682 Vgl. Text zu Anm. 349,

683 Vgl. Text zu Anm. 356, 378, 389, 405, 423.

684 Vgl. *H. Säcker*, Abgeordnetenmandat, a. a. O., S. 359, und *H.-J. Toews*, Regierungskrise, a. a. O., S. 365.

685 Vgl. § 6 Abs. 2 der Satzung der FDP; siehe auch § 12, Ziff. 1 der Satzung der CDU und § 6 der Satzung der SPD.

686 Siehe Text zu Anm. 391.

687 Vgl. S. 49.

688 Vgl. *T. Eschenburg*, Mandat, a. a. O.

689 Vgl. Text zu Anm. 431.

690 Siehe Anm. 491.

691 Vgl. S. 76 f.

692 Auch die hier nicht weiter zu bewertende Argumentation der Opposition für das uneingeschränkt freie Mandat war kaum überzeugender. Solange CDU und CSU jede Einschränkung des freien Mandats mit dem imperativen Mandat und dieses mit „Sozialismus" identifizieren, kann die weitgehende Tabuisierung der Frage nach den Grenzen der Freiheit von Abgeordneten und Fraktionen gegenüber der Partei in der innerparteilichen Diskussion dieser Parteien schwerlich beseitigt werden.

693 Vgl. oben S. 74–77.

694 *H. Abromeit*, Das Politische, S. 100.

695 Ebd., S. 101.

696 Vgl. ebd., S. 104–107.

697 Ebd. S. 100.

698 Vgl. S. 11.

699 *N. Luhmann*, Meinung, a. a. O., S. 17 (siehe oben S. 11).

700 Vgl. Anm. 357.

701 Vgl. *Franz Urban Pappi*, Wahlverhalten und politische Kultur, Meisenheim am Glan 1970, S. 42.

702 Vgl. ebd., S. 43.

703 Vgl. *Ernst Fraenkel*, Strukturdefekte der Demokratie und deren Überwindung, in: *ders.*, Deutschland und die westlichen Demokratien, 5. Aufl., Stuttgart 1973, S. 48–68 (61).

Die Verbreitung direkt-demokratischer Vorstellungen belegt trotz einer problematischen Fragestellung eine im ganzen Bundesgebiet (ohne Westberlin) durchgeführte Repräsentativbefragung von 1091 Personen über 18 Jahren vom April 1973. Die Frage lautete:

„Über den Einfluß des einzelnen Bürgers auf das politische Geschehen kann man unterschiedliche Meinungen hören. Welcher dieser beiden Auffassungen hier würden Sie sich eher anschließen? (KARTE)

A. Politische Entscheidungen sollten durch die Parteien und die gewählten Politiker getroffen werden. Der Einfluß des einzelnen Bürgers ist durch die regelmäßigen Wahlen ausreichend gewährleistet.

B. Entscheidungen in wichtigen politischen Fragen sollten nicht den Parteien und Politikern überlassen bleiben, vielmehr sollten die Bürger selbst in Volksabstimmungen darüber entscheiden".

Die Antworten verteilen sich wie folgt:

	Politische Entscheidungen sollten treffen		
	Parteien und Politiker allein %	Bürger durch Volksabst. %	Weiß nicht Keine Angabe %
Bundesbevölkerung insgesamt	22	63	15
Männer	24	66	10
Frauen	20	59	21
18 bis 24 Jahre	23	65	12
25 bis 34 Jahre	20	65	15
35 bis 49 Jahre	25	63	12
50 bis 64 Jahre	21	62	17
65 Jahre und älter	20	57	23
Volksschule ohne Lehre	17	58	25
Volksschule mit Lehre	22	64	14
Real-, Fachschule	25	65	10
Abitur, Hochschule	30	60	10
SPD-Anhänger	25	63	12
CDU/CSU-Anhänger	23	62	15
FDP-Anhänger	20	64	16
Präferenz unbekannt	11	56	33
Norddeutschland (+)	23	57	20
Nordrhein-Westfalen	20	66	14
Mittelwest (++)	26	55	19
Baden-Württemberg	18	64	18
Bayern	24	70	6

(+) Schleswig-Holstein, Hamburg, Bremen, Niedersachsen
(++) Hessen, Rheinland-Pfalz, Saarland

Das Institut, das die Erhebung durchführte, kommentiert das Ergebnis folgendermaßen: „Für größere Einflußmöglichkeiten des Bürgers auf das politische Geschehen sprechen sich mehrheitlich alle sozialen Schichten und auch politischen Gruppierungen aus; denn die Forderung nach mehr direkter Demokratie wird unabhängig vom politischen Standort des einzelnen erhoben. Je höher die Bildungsstufe allerdings, desto häufiger neigt man dazu, die Politik den gewählten Vertretern allein zu überlassen. Auch sind gewisse regionale Unterschiede erkennbar: In Bayern, wo die Bevölkerung kürzlich durch Volksentscheid über neue Rundfunk- und Wahlrechtsregelungen abstimmte, ist das Meinungsbild erheblich profilierter als in den übrigen Bundesländern: Durch den aktuellen Bezug sind nur 6 Prozent meinungsabstinent (Bundesdurchschnitt: 15 %), gegen größere Beteiligungsrechte des einzelnen im politischen Bereich votieren 24 Prozent, dafür 70 Prozent. In keinem anderen Bundesland befürworten vergleichbar viele, daß der Bürger direkt in bedeutsame politische Entscheidungen eingreift." (Institut für angewandte Sozialwissenschaften (infas) (Hg.): infas-report vom 10. 7. 1974, im Archiv des Verfassers).

Darüber hinaus bedeutet das Ergebnis eine Absage an ein Entscheidungsmonopol der Parteien. Der moderne Parteienstaat ist im Bewußtsein der Bürger eben nicht die „rationalisierte Erscheinungsform der plebiszitären Demokratie oder . . . ein Surrogat der direkten Demokratie im modernen Flächenstaat" (*G. Leibholz*, Strukturwandel, a. a. O., S.

93 f.), wo für „zusätzliche plebiszitäre Einrichtungen wie z. B. den Volksentscheid oder das Volksbegehren . . . weder eine innere Notwendigkeit noch eine besondere Rechtfertigung" besteht (ebd., S. 105). Vgl. im übrigen meine detailliertere Analyse dieser Umfrage: Repräsentativerhebung: Einführung plebiszitärer Elemente in die Verfassungsordnung der
gung" besteht (ebd., S. 105). Vgl. im übrigen meine detailliertere Analyse dieser Umfrage: Repräsentativerhebung: Einführung plebiszitärer Elemente in die Verfassungsordnung der
Bundesrepublik?, in: ZParl 1974, S. 143–148.

704 *Wilhelm Hennis*, Demokratisierung. Zur Problematik eines Begriffs, Köln-Opladen 1970, S. 9.

705 Vgl. *Niklas Luhmanns* erste Aufmerksamkeitsregel und die Ausführungen dazu auf S. 11 f.

706 Vgl. oben S. 11.

707 Vgl. *W. Kaltefleiter*, Konsens, a. a. O., S. 6 f. u. 99, und *W.-D. Narr*, Theoriebegriffe, S. 148 ff., unter Bezug auf *Gabriel Almond/Sidney Verba*, The Civic Culture, Princeton (New Jersey) 1963.

708 Vgl. auch *F. F. Siegfried*, Mandatsverlust, a. a. O., S. 11 f.

709 Vgl. Text zu Anm. 365 und 523.

710 Vgl. oben S. 76 f.

711 *Manfred Friedrich*, Erweiterte Legitimation des freien Abgeordnetenmandats?, in: ZParl 1972, S. 385–388 (387). *Friedrich* gibt außerdem zu bedenken, daß es nicht wünschenswert sein könne, regionalen Interessen größere Einflußmöglichkeiten als bisher einzuräumen.

712 *Hans-Joachim Veen*, Vorwahlen und Parteienverantwortlichkeit im parlamentarischen Regierungssystem der Bundesrepublik, in: Konrad-Adenauer-Stiftung (Hg.), Beiträge zum Problem politischer Arbeit in der modernen Gesellschaft, Bonn 1973, S. 93–103 (100).

713 Wir verwenden Mitbestimmung an Stelle von „Partizipation" aus zwei Gründen. (1) Es soll keine künstliche Distanz zur Sprache des politischen Alltags geschaffen werden. (2) Ein Wort reicht nicht aus, um die Komplexität des Sachverhalts zu erfassen. So erscheint es notwendig, Mitbestimmung von Mitwirkung (siehe Anm. 715) abzugrenzen; vgl. die Differenzierung des Begriffs bei *Winfried Steffani*, Parlamentarische Demokratie – Zur Problematik von Effizienz, Transparenz und Partizipation, in: *ders.* (Hg.), Parlamentarismus ohne Transparenz, Opladen 1971, S. 17–47 (20).

714 Vgl. *Werner Kirsch*, Entscheidungsprozesse, Bd. 2, Wiesbaden 1971, S. 136–162.

715 Vgl. *ders.*, Entscheidungsprozesse, Bd. 3, Wiesbaden 1972, S. 197–216. Mit dem Autor wird bei Entscheidungsprozessen in Organisationen die Annahme einer Information als Entscheidungsprämisse bereits als ein (vorangehender) Entscheidungsprozeß verstanden (vgl. ebd., S. 198). Mißlingt der Versuch eines Individuums, wenigstens eine Information als Entscheidungsprämisse durchzusetzen, kann nicht mehr von Mitbestimmung, sondern nur von Mitwirkung gesprochen werden.

716 Vgl. *H. Abromeit*, Das Politische, S. 110 f.

717 Vgl. ebd., S. 112.

718 Vgl. *G. Zimpel*, Selbstbestimmung, S. 161–167.

719 Vgl. *Peter Bachrach*, Die Theorie demokratischer Elitenherrschaft, Frankfurt 1970.

720 Vgl. *F. Naschold*, Organisation, S. 22 ff., 48 f.

721 Vgl. ebd., S. 50 f., und *G. Zimpel*, Selbstbestimmung, S. 203–208.

722 Vgl. *U. Lohmar*, Demokratie, S. 35–109; *Ute Müller*, Die demokratische Willensbildung in den politischen Parteien, Mainz 1967, Teil 1; *Bodo Zeuner*, Demokratie, S. 100–108.

723 Vgl. *Frieder Naschold*, Demokratie und Komplexität, in PVS 1968, S. 494–518 (501 ff.).

724 *W. Steffani*, Demokratie, a. a. O., S. 21.

725 Vgl. ebd., S. 19 f.

726 Vgl. *U. Thaysen*, Parlamentsreform, S. 104.

727 Vgl. Anm. 50.

728 *R. Leicht*, Abgeordnete, a. a. O., S. 822 (Hervorhebungen von mir).

729 Ebd. (Hervorhebung von mir).

730 Siehe Text zu Anm. 438.

731 *Bodo Zeuner*, Wahlen ohne Auswahl – Die Kandidatenaufstellung zum Bundestag, in: *Winfried Steffani* (Hg.), Parlamentarismus ohne Transparenz, Opladen 1971, S. 165–190 (186). Allerdings vermag der Verfasser dieses Ziel nicht als einen ersten „Schritt einer das repräsentative System sprendenden Strategie" zu begreifen, wenn er auch die nachfolgend skizzierten Elemente einer Demokratisierungsstrategie für bedenkenswert hält. Die in einigen politischen Gruppierungen so populäre Formel von der Systemsprengung ist solange

ein leichtfertiges Gerede als sie nicht angibt, was die Betroffenen danach erwartet und welche Kosten auf dem Wege dahin entstehen.

732 Vgl. die Listen der Auswahlkriterien bei *H. Kaack*, Geschichte, S. 612–615, 637.

733 *B. Zeuner*, Wahlen, a. a. O., S. 187.

734 *G. Gillessen*, Mende, a. a. O.

735 Ebenso *G. Trautmann*, Verfassung, a. a. O., S. 69 (allerdings hinsichtlich des uneingeschränkt freien Mandats), und *H. Steiger*, Grundlagen, S. 194 u. 198–201. Zur Notwendigkeit öffentlicher, innerparteilicher Diskussion als Voraussetzung der Integration von Interessen und Meinungen vgl. *W.-D. Narr*, CDU-SPD, S. 53–56.

736 Die Antwort ist ein Teil einer Strategie zur Durchsetzung von Parlamentsreform; vgl. dazu grundsätzlich *U. Thaysen*, Parlamentsreform, S. 247–272.

737 Vgl. *F. Müller*, Methodik, S. 95 ff. Vgl. den für das Zivilrecht entsprechenden Versuch von *Josef Esser*, Vorverständnis und Methodenwahl in der Rechstfindung, 2. Aufl., Frankfurt 1972.

738 Vgl. *F. Müller*, Methodik, S. 181–192.

739 Ebd., S. 135 f.

740 Vgl. ebd., S. 141.

741 Ebd., S. 141.

742 Vgl. ebd., S. 188–190.

743 Zur Abgrenzung vgl. ebd., S. 149.

744 Vgl. ebd., S. 189 f.

745 Ebd., S. 107.

746 Anders zum Beispiel *W. Henke*; vgl. dazu meine Kritik: Parteien, a. a. O., S. 153 f.

747 Vgl. *F. Müller*, Methodik, S. 179 f.

748 Ebd., S. 150.

749 Ebd., S. 187.

750 Ebd.

751 Dies ergibt sich eindeutig aus dem Wortlaut, der durch das Verständnis des Parlamentarischen Rates bestätigt wird; vgl. dazu oben S. 23 f.

752 Vgl. *E. Fraenkel*, Vorbelastungen, a. a. O., S. 21.

753 Der Große Duden, Bd. 10, Bedeutungswörterbuch, Mannheim 1970, S. 77.

754 Ebd., S. 763.

755 Ebd., S. 49.

756 Ebd., S. 709.

757 Vgl. S. 79.

Abkürzungsverzeichnis

Anm.	Anmerkung
AöR	Archiv des öffentlichen Rechts
Aufl.	Auflage
BayVBl	Bayrisches Verwaltungsblatt
BGB	Bürgerliches Gesetzbuch
BVerfGE	Entscheidungen des Bundesverfassungsgerichts
BWahlG	Bundeswahlgesetz
CDU	Christlich-Demokratische Union
CSU	Christlich-Soziale Union
dass.	dasselbe
ders.	derselbe
DFU	Deutsche Friedensunion
dies.	dieselbe(n)
DJD	Deutsche Jungdemokraten
DÖV	Die öffentliche Verwaltung
DP	Deutsche Partei
dpa	Deutsche Presse-Agentur
DVBl	Deutsches Verwaltungsblatt
DtBT	Deutscher Bundestag
FAZ	Frankfurter Allgemeine Zeitung
fdk	Freie Demokratische Korrespondenz
FDP	Freie Demokratische Partei
FR	Frankfurter Rundschau
GG	Grundgesetz der Bundesrepublik Deutschland
GOBT	Geschäftsordnung des Deutschen Bundestages
HA	Hauptausschuß des Parlamentarischen Rates
Hg.	Herausgeber
JU	Junge Union
JZ	Juristenzeitung
KPD	Kommunistische Partei Deutschlands
KPV	Kommunalpolitische Vereinigung der CDU/CSU
KZ	Kreiszeitung (des Landeskreises Hoya)
LG	Landgericht
NJW	Neue Juristische Wochenschrift
NLA	Nationalliberale Aktion
NPD	National-Demokratische Partei Deutschlands
OrgA	Organisationsausschuß des Parlamentarischen Rates
OVGE	Entscheidung des Oberverwaltungsgerichts
PR	Parlamentarischer Rat
PVS	Politische Vierteljahresschrift
RA	Redaktionsausschuß des Parlamentarischen Rates
RCDS	Ring Christlich-Demokratischer Studenten
Randnr.	Randnummer
RGBl	Reichsgesetzblatt

SPD	Sozialdemokratische Partei Deutschlands
SRP	Sozialistische Reichspartei
StenB	Stenographische Berichte
StGH	Staatsgerichtshof
StZ	Stuttgarter Zeitung
Stzg.	Sitzung
SZ	Süddeutsche Zeitung
u. a.	und andere
VVDStRL	Veröffentlichungen der Vereinigung deutscher Staatsrechtslehrer
ZDF	Zweites Deutsches Fernsehen
ZfP	Zeitschrift für Politik
ZParl	Zeitschrift für Parlamentsfragen
ZRP	Zeitschrift für Rechtspolitik

Literaturverzeichnis

1. Zeitungen

Bonner Rundschau
Der Spiegel
Deutsches Allgemeines Sonntagsblatt
Die Welt
Die Zeit
Düsseldorfer Nachrichten
Frankfurter Allgemeine Zeitung
Frankfurter Neue Presse
Frankfurter Rundschau
Hamburger Abendblatt
Konkret
Kreiszeitung (des Landkreises Hoya)
manager-magazin
Nordbayrischer Kurier
Ruhr-Nachrichten
Stern
Stuttgarter Zeitung
Süddeutsche Zeitung
Vorwärts
Waiblinger Kreiszeitung
Welt am Sonntag
Wiebadener Kurier

2. Parlamentaria

2.1. Parlamentarischer Rat

Plenum, StenB, 9. Stzg. am 6. 5. 1949
StenB, 10. Stzg. am 8. 5. 1949
Hauptausschuß
StenB, 2. Stzg. am 11. 11. 1948
StenB, 32. Stzg. am 7. 1. 1949
StenB, 48. Stzg. am 9. 2. 1949
StenB, 57. Stzg. am 5. 5. 1949
Organisationsausschuß
StenB, 2. Stzg. am 16. 9. 1948
StenB, 6. Stzg. am 24. 9. 1948
StenB, 20. Stzg. am 5. 11. 1948
Redaktionsausschuß,
Drucksache Nr. 370
Drucksache Nr. 751

2.2. Deutscher Bundestag

1. Wahlperiode,	StenB, 112. Stzg. am 18. 1. 1951
	StenB, 190. Stzg. am 7. 2. 1952
	StenB, 191. Stzg. am 8. 2. 1952
	Drucksache I/788
3. Wahlperiode,	StenB, 23. Stzg. am 18. 4. 1958
4. Wahlperiode,	StenB, 1. Stzg. am 7. 10. 1961
6. Wahlperiode,	StenB, 67. Stzg. am 23. 9. 1970
	StenB, 68. Stzg. am 24. 9. 1970
	StenB, 70. Stzg. am 8. 10. 1970
	StenB, 72. Stzg. am 14. 10. 1970
	StenB, 144. Stzg. am 19. 10. 1971
	StenB, 177. Stzg. am 15. 3. 1972
	StenB, 180. Stzg. am 12. 4. 1972
	StenB, 182. Stzg. am 26. 4. 1972
	StenB, 183. Stzg. am 27. 4. 1972
	StenB, 185. Stzg. am 4. 5. 1972
	StenB, 186. Stzg. am 10. 5. 1972
	StenB, 188. Stzg. am 7. 6. 1972
	StenB, 191. Stzg. am 14. 6. 1972
	StenB, 197. Stzg. am 20. 9. 1972
	StenB, 199. Stzg. am 22. 9. 1972
	Drucksache VI/1193
	Drucksache VI/2624
	Drucksache VI/3380
	Drucksache VI/3807
	Drucksache VI/3829
	Drucksache VI/3830
7. Wahlperiode,	Drucksache 7/780
	Drucksache 7/796

2.3. Bayrischer Landtag

2. Wahlperiode,	StenB, 180. Stzg. am 4. 2. 1954
	Beilage Nr. 4878
	Beilage Nr. 4919
	Beilage Nr. 5089

2.4. Bremische Bürgerschaft

7. Wahlperiode,	StenB, 50.Stzg. am 9. 12. 1970
	Drucksachenabteilung II Nr. 433
	Drucksachenabteilung II Nr. 439

2.5. Niedersächsischer Landtag

6. Wahlperiode,	StenB, 62. Stzg. am 20. 1. 1970
	StenB, 71. Stzg. am 4. 3. 1970

2.6. Sonstiges

Bericht über den Verfassungskonvent auf Herrenchiemsee, vom 10. bis 23. August 1948, München o. J.

3. Publikationen der Parteien

3.1. CDU, CSU und JU

Berliner Programm, 2. Fassung, verabschiedet auf dem 18. Bundesparteitag vom 25.–27. 1. 1971
Bundesgeschäftsstelle der CDU (Hg.). Wahlkampfbroschüre der Jungsozialisten, Bonn 1972
CDU/CSU-Fraktion, Pressereferat (Hg.). Pressedienst
Die Entscheidung
Deutschland-Union-Dienst
Antrag des CDU-Kreisverbandes Altona/Elbvororte zum 22. Bundesparteitag der CDU vom 18.–20. 11. 1973, in: Antragsheft des 22. Bundesparteitages, hg. von: Bundesgeschäftsstelle der CDU, o. O., o. J., S. 609–624.
Grundsatzprogramm der JU, verabschiedet auf dem Deutschlandtag in Fulda vom 29. 9.–1. 10. 1972
JU-digest
Union in Deutschland
2. Zwischenbericht der Grundsatzkommission der CDU, in: Antragsheft des 22. Bundesparteitages der CDU vom 18.–20. 11. 1973, hg. von: Bundesgeschäftsstelle der CDU, o. O., o. J., S. 599–607

3.2. FDP und DJP

FDP-Landesverband Bayern (Hg.). F. D. P.-Informationsdienst
FDP-Landesverband Bayern (Hg.), F. D. P.-Pressedienst
Freie Demokratische Korrespondenz
Kommunalpolitisches Konzept für die Ballungsgebiete, verabschiedet auf der ordentlichen Bundesdelegiertenkonferenz der DJD am 24./25. 6. 1971
Praktische Politik für Deutschland – Das Konzept der FDP, verabschiedet auf dem 20. Bundesparteitag in Nürnberg am 25. 6. 1969
Vorstand der FDP-Bundestagsfraktion (Hg.), Bonner Depesche

3.3. SPD und Jungsozialisten in der SPD

Beschlüsse des Bundeskongresses der Jungsozialisten in der SPD vom 11.–13. 12. 1970
Informationen der Sozialdemokratischen Fraktion im Deutschen Bundestag
Jungsozialisten-Informationsdienst
Memorandum von Jungsozialisten in der Münchner SPD, „Konzeption für eine Kommunalpolitik"
Pressemitteilungen und Informationen der SPD, hrsg. von Hans-Jürgen Wischnewski, Bonn
SPD-Pressedienst
SPD-Unterbezirk München (Hg.) Münchner SPD-Presseinformationen
Vorstand der SPD (Hg.), Mitteilungen für die Presse
Vorstand der SPD (Hg.), Protokoll der Verhandlungen und Anträge vom Parteitag der SPD in Hannover, 21. bis 25. November 1960. Bonn o. J.
Vorstand der SPD (Hg.), Stellungnahmen, Bonn

4. Sekundärliteratur

Abendroth, Wolfgang, Das KPD-Verbotsurteil des Bundesverfassungsgerichts in: ZfP 1956, S. 305–327.
Abromeit, Heidrun, Das Politische in der Werbung, Opladen 1972.
Adam, Uwe Dietrich, Abgeordnetenmandat und Parteiwechsel – Zu einem Problem unserer politischen Ordnung, in: PVS 1972, S. 300–310.

Agnoli, Johannes, Die Transformation der Demokratie, in: ders./ Peter Brückner, Die Transformation der Demokratie, Frankfurt 1968, S. 7–87.
Albert, Hans, Traktat über kritische Vernunft, 2. Aufl. Tübingen 1969.
Aleman, Ulrich von, Mehr Demokratie per Dekret?, in: PVS 1972, S. 181–204.
Almond, Gabriel A./Sidney Verba, The Civic Culture, Princeton (New Jersey) 1963.
Apel, Hans, Der deutsche Parlamentarismus, Reinbek 1968.

Bachrach, Peter, Die Theorie demokratischer Eliteherrschaft, Frankfurt 1970.
Badura, Peter, Artikel 38 (Zweitbearbeitung 1966) in: Hans Jürgen Abraham u. a. (Hg.), Kommentar zum Bonner Grundgesetz, Hamburg 1950 ff.
Bermbach, Udo, Probleme des Parteienstaates, in: ZParl 1970 1970, S. 432–363.
–, Rätesystem als Alternative? in: PVS-Sonderheft 2, Opladen 1971, S. 110–138.
–, Rätegedanke versus Parlamentarismus? in: Winfried Steffani (Hg.), Parlamentarismus ohne Transparenz, Opladen 1971, S. 245–265.
–, Repräsentation, imperatives Mandat und recall: Zur Frage der Demokratisierung im Parteienstaat, in: Klaus von Beyme (Hg.): Theorie und Politik, Festschrift für Carl J. Friedrichs, Den Haag 1971, S. 497–525.
Beyme, Klaus von, Die parlamentarischen Regierungssysteme in Europa, München 1970.
Bohrer, Erich R., Mandat oder Gewissen, in: NJW 1968, S. 2093–2095.

Dahrendorf, Ralf, Aktive und passive Öffentlichkeit, in: Merkur 1967, S. 1110–1122.
–, Rolle und Rollentheorie, in: Wilhelm Bernsdorf (Hg.), Wörterbuch der Soziologie, Ausgabe des Fischer Taschenbuch-Verlages, Bd. 3, Frankfurt 1972, S. 673–676.
Der Große Duden, Bd. 10, Bedeutungswörterbuch, Mannheim 1970.
Dichgans, Hans, Vom Grundgesetz zur Verfassung, Düsseldorf 1970.
–, Artikel 38 Grundgesetz, in: Zwischenbericht der Enquete-Kommission für Fragen der Verfassungsreform, DtBT, Drucksache VI/3829, S. 62–65.
–, Ausführungen zu Artikel 38 Grundgesetz, in: Zwischenbericht der Enquete-Kommission für Fragen der Verfassungsreform, DtBT, Drucksache VI/3829, S. 70–73.
–, Die Stellung des Abgeordneten (Artikel 38 Grundgesetz), in: Recht und Gesellschaft 1972.
Draht, Martin, Die Grenzen der Verfassungsgerichtsbarkeit, in: VVDStRL H. 9 (1952), S. 17–116.

Ehmke, Horst, Prinzipien der Verfassungsinterpretation, in: VVDStRL H. 20 (1963). S. 53–102.
Eschenburg, Theodor, Mathias Erzberger, München 1973.
Esser, Josef, Vorverständnis und Methodenwahl in der Rechtsfindung, 2. Aufl., Frankfurt 1972.

Fraenkel, Ernst, Demokratie und öffentliche Meinung, in: ders., Deutschland und die westlichen Demokratien, 5. Aufl., Stuttgart 1973, S. 173–196.
–, Der Pluralismus als Strukturelement der freiheitlich-rechtsstaatlichen Demokratie, in: ders., Deutschland und die westlichen Demokratien. 5. Aufl., Stuttgart 1973, S. 197–221.
–, Historische Vorbelastung des deutschen Parlamentarismus, in: ders., Deutschland und die westlichen Demokratien, 5. Aufl., Stuttgart 1973, S. 13–31.
–, Rätemythos und soziale Selbstbestimmung, in: ders., Deutschland und die westlichen Demokratien, 5. Aufl., Stuttgart 1973, S. 69–100.
–, Strukturdefekte der Demokratie und deren Überwindung, in: ders., Deutschland und die westlichen Demokratien, 5. Aufl. Stuttgart 1973, S. 48–68.
–, Ursprung und Bedeutung der Parlamentsverdrossenheit, in: ders., Deutschland und die westlichen Demokratien, 5. Aufl., Stuttgart 1973, S. 101–110.
Friedrich, Manfred, Erweiterte Legitimation des freien Abgeordnetenmandats? in: ZParl, S. 385–388.

Glum, Friedrich, Das parlamentarische Regierungssystem in Deutschland, Großbritannien und Frankreich, Berlin 1950.
–, Appell an das Volk in wichtigen Fragen, in: NJW 1952, S. 281–284.

Habermas, Jürgen, Strukturwandel der Öffentlichkeit, 5. Aufl., Neuwied und Berlin 1971.
Hauenschild, Wolf-Dieter, Wesen und Rechtsnatur der parlamentarischen Fraktionen, Berlin 1968.

Henke, Wilhelm, Das Recht der politischen Parteien, 2. Aufl., Göttingen 1972.
Hennis, Wilhelm, Amtsgedanke und Demokratiebegriff, in: ders., Politik als praktische Wissenschaft, München 1968, S. 48–64.
–, Demokratisierung. Zur Problematik eines Begriffs, Köln-Opladen 1970.
–, Meinungsforschung und repräsentative Demokratie, in: ders., Politik als praktische Wissenschaft, München 1968, S. 125–161.
–, Zum Begriff der öffentlichen Meinung, in: ders., Politik als praktische Wissenschaft, München 1968, S. 36–48.
Hesse, Konrad, Grundzüge des Verfassungsrechts der Bundesrepublik Deutschland, 5. Aufl., Karlsruhe 1972.
Heydte, Friedrich August Frhr. von der / Karl Sacherl, Soziologie der deutschen Parteien, München 1955.
Hillmann, Günter (Hg.), Die Rätebewegung, Bd. I, Reinbek 1971.
Hübner, Emil/Heinrich Oberreuter/Heinz Rausch (Hg.). Der Bundestag von innen gesehen, München 1969.

Jennings, Sir Ivor, Cabinet Government, 3. Aufl., Cambridge 1961.

Kaack, Heino, Geschichte und Struktur des deutschen Parteiensystems, Opladen 1971.
–, Fraktions- und Parteiwechsler im Deutschen Bundestag, in: ZParl 1972, S. 3–27.
–, Fraktionswechsel und Mehrheitsverhältnisse im Deutschen Bundestag, in: ZParl 1972, S. 131–139.
Kaltefleiter, Werner, Zwischen Konsens und Krise, in: Jahrbuch Verfassung und Verfassungswirklichkeit 1973, Teil 1, Köln-Berlin-Bonn-München 1973.
Kautsky, Karl, Parlamentarismus und Demokratie, 4. Aufl., Stuttgart und Berlin 1922.
Kewenig, Wilhelm, Problematik des Artikels 38 Grundgesetz, in: Zwischenbericht der Enquete-Kommission für Fragen der Verfassungsreform, DtBT, Drucksache VI/3829, S. 65–69.
Kirsch, Werner, Entscheidungsprozesse, Bd. 2 und 3, Wiesbaden 1971/2.
Klein, Hans, H., Zur Rechtsstellung des Bundestagsabgeordneten als Ausschußmitglied, in: DÖV 1972, S. 329–331.
Kleining, Gerhard, Image, in: Wilhelm Bernsdorf (Hg.). Wörterbuch der Soziologie, Ausgabe des Fischer Taschenbuch-Verlages, Bd. 2, Frankfurt 1972, S. 357–360.
Köttgen, Arnold, Besprechung von G. Leibholz „Das Wesen der Repräsentation", in: Heinz Rausch (Hg.), Zur Theorie und Geschichte der Repräsentation und Repräsentativverfassung, Darmstadt 1968, S. 74–104.
Kremendahl, Hans, Parlamentarismus und marxistische Kritik, in: Aus Politik und Zeitgeschichte 32/1972.
Kremer, Klemens, Der Abgeordnete, München 1953.
Kriele, Martin, Mandatsverlust bei Parteiwechsel, in: ZRP 1969, S. 241–242.
–, Das demokratische Prinzip im Grundgesetz, in: VVDStRL H. 29 (1971). S. 46–84.
–, Nochmals: Mandatverlust bei Parteiwechsel, in: ZRP, 1971, S. 99–101.
Kühne, Jörg-Detlef, Die Abgeordnetenbestechung, Frankfurt 1971.

Lange, Rolf/ Gerd Richter, Erste vorzeitige Auflösung des Bundestages, in: ZParl 1973, S. 38–75.
Leibholz, Gerhard, Das Wesen der Repräsentation, Berlin und Leipzig 1929.
–, Parteienstaat und repräsentative Demokratie, in: Heinz Rausch (Hg.), Zur Theorie und Geschichte der Repräsentation und Repräsentativverfassung, Darmstadt 1968, S. 235–259; erstmals in: DVBl 1951, S. 1–8.
–, Der Strukturwandel der modernen Demokratie, in: Strukturprobleme der modernen Demokratie, Karlsruhe 1958, S. 78–131.
Leicht, Robert, Der freie Abgeordnete im Parteienstaat, in: Frankfurter Hefte 1971, S. 819–827.
Lenin, Wladimir I., Staat und Revolution, in: ders., Ausgewählte Werke, Bd. II, Berlin 1959, S. 158–253.
Lenk, Kurt/ Franz Neumann, Einleitung, in: dies. (Hg.), Theorie und Soziologie der politischen Parteien, Neuwied 1968, S. XVIII-LXXX.
Loewenberg, Gerhard, Parlamentarismus im politischen System der Bundesrepublik Deutschland, Tübingen 1969.
Loewenstein, Karl, Parteiwechsel und Parlamentsmandat, in: JZ 1972, S. 352–353.

Lohmar, Ulrich, Innerparteiliche Demokratie, Stuttgart 1963.
Luhmann, Niklas, Vertrauen, Stuttgart 1968.
–, Legitimation durch Verfahren, Neuwied und Berlin 1969.
–, Öffentliche Meinung, in: ders., Politische Planung, Opladen 1971, S. 9–34.
–, Reform des öffentlichen Dienstes, in: ders., Politische Planung, Opladen 1971, S. 203–256.
–, Funktionale Methode und Systemtheorie, in: ders., Soziologische Aufklärung, 2. Aufl., Opladen 1971, S. 31–53.
–, Funktion und Kausalität, in: ders., Soziologische Aufklärung, 2. Aufl., Opladen 1971, S. 9–30.

Mangoldt, Hermann von / Friedrich Klein, Das Bonner Grundgesetz, Bd. II, 2. Aufl., Berlin und Frankfurt 1964.
Marx, Karl, Der Bürgerkrieg in Frankreich, in: Iring Fetscher (Hg.), Marx-Engels-Studienausgabe, Bd. IV, 4. Aufl., Frankfurt 1970, S. 194–235.
Maunz, Theodor, Artikel 38, in: ders., /Günther Dürig/Roman Herzog, Grundgesetz, München 1971.
Mende, Erich, Die FDP – Daten, Fakten, Hintergründe, Stuttgart 1972.
Morstein Marx, Fritz, Rechtswirklichkeit und freies Mandat, in: AöR 1926, S. 430–450.
Müller, Christoph, Das imperative und das freie Mandat, Leiden 1966.
Müller, Friedrich, Juristische Methodik, Berlin 1971,
Müller, Günther, Rote Zelle Deutschland, Stuttgart 1972.
Müller, Martin, Das konstruktive Mißtrauensvotum, in: ZParl 1972, S. 275–291.
–, Rechtsstellung der Parteien: Vermittler zwischen Staat und Gesellschaft? in: ZParl 1973, S. 152–154.
–, Repräsentativerhebung: Einfügung plebiszitärer Elemente in die Verfassungsordnung der Bundesrepublik? , in: ZParl 1974, S. 143–148.
Müller, Ute, Die demokratische Willensbildung in den politischen Parteien, Mainz 1967.

Narr, Wolf-Dieter, CDU-SPD, Stuttgart 1966.
–, Theoriebegriffe und Systemtheorie, 2. Aufl., Stuttgart 1971.
Naschold, Frieder, Demokratie und Komplexität, in: PVS 1968, S. 494–518.
–, Organisation und Demokratie, 2. Aufl., Stuttgart 1971.
–, Zur Theorie des Wählerverhaltens, in: Wolf-Dieter Narr/Frieder Naschold, Theorie der Demokratie, Stuttgart, 1971, S. 164–203.

Pappi, Franz Urban, Wahlverhalten und politische Kultur, Meisenheim 1970.
Parteienrechtskommission, Rechtliche Ordnung des Parteienwesens, Frankfurt und Berlin 1957.
Peter, Christoph, Abgeordnetenmandat gegen Schuldschein? in: JZ 1968, S. 783–786.
Popper, Karl, R., Logik der Forschung, 3. Aufl., Tübingen 1969.

Rausch, Heinz, Freiheit der Mandatsträger? in: ZParl 1971, S. 311–320.
Reuß, Hermann, Zur Geschichte der Repräsentativverfassung in Deutschland, in: Heinz Rausch (Hg.), Zur Theorie und Geschichte der Repräsentation und Repräsentativverfassung, Darmstadt 1968, S. 1–27; erstmals in: AöR 1936, S. 1–27.
Ritter, Gerhard A., „Direkte Demokratie" und Rätewesen in Geschichte und Theorie, in: Erwin K. Scheuch (Hg.), Die Wiedertäufer der Wohlstandsgesellschaft, Köln 1968, S. 188–216.
Rittinghausen, Moritz, Über die Notwendigkeit der direkten Gesetzgebung durch das Volk, Köln 1869.

Säcker, Horst, Mandatsverlust bei Fraktionswechsel, in: DVBl 1970, S. 567–572.
–, Abgeordnetenmandat und Fraktionswechsel, in: ZParl 1972, S. 347–364.
Sandter, Walter, Vorschlag zur Änderung von Artikel 38 des Grundgesetzes, in: Zwischenbericht der Enquete-Kommission für Fragen der Verfassungsreform, DtBT, Drucksache VI/ 3829, S. 70.
Schäfer, Friedrich, Überlegungen zu Artikel 38 Grundgesetz, in: Zwischenbericht der Enquete-Kommission für Fragen der Verfassungsreform, DtBT, Drucksache VI/3829, S. 73–75.
–, Weitere Überlegungen zur Artikel 38 Grundgesetz, in: Zwischenbericht der Enquete-Kommission für Fragen der Verfassungsreform, DtBT, Drucksache VI/3829, S. 77–79.
Schätzel Werner, Gutachten, in: Der Kampf um den Wehrbeitrag, Bd. 1, München 1952, S. 323–354, und Bd. 2, München 1953, S. 620–650.
Scheuner, Ulrich, Gutachten, in: Der Kampf um den Wehrbeitrag, Bd. 2, München 1953, S. 94–154.

Scheuner, Ulrich, Das repräsentative Prinzip in der modernen Demokratie, in: Heinz Rausch (Hg.), Zur Theorie und Geschichte der Repräsentation und Repräsentativverfassung, Darmstadt 1968, S. 386–418.
Schiedermair, Werner, Rücktrittsreserve von Mitgliedern des Landtags und des Senats, in: BayVBl 1970, S. 310–314.
Schindler, Peter, Eine „Ehrenordnung“ für die Abgeordneten, in: ZParl 1971, S. 153–159.
Schneider, Peter, Prinzipien der Verfassungsinterpretation, in: VVDStRL H. 20 (1963), S. 1–52.
Scholz, Peter, Mandatsverlust, in: ZRP 1971, S. 72.
Schramm, Theodor, Staatsrecht, Bd. I. Köln 1971,
Schröder, Heinrich-Josef, Die Abhängigkeit des Mandats von der Parteizugehörigkeit, in: ZRP 1971, S. 97–99.
–, Mandatsverlust bei Fraktionswechsel? , in: DVBl 1971, S. 132–135.
Schulz, Klaus-Peter, Ich warne, Stuttgart 1972,
Schwarz, Hans-Peter, Ein Platz für Rebellen, in: Die politische Meinung, Nr. 143 (1972). S. 77–86.
See, Hans, Volkspartei im Klassenstaat oder Das Dilemma der innerparteilichen Demokratie, Reinbek 1972.
Siegfried, Franz Ferdinand, Mandatsverlust bei Parteiausschuß, Parteiaustritt oder Parteiwechsel, in: ZRP 1971, S. 9–14.
Sobolewski, Marek, The voters political opinions and alections, in: Karl Dietrich Bracher u. a. (Hg.), Die moderne Demokratie und ihr Recht, Festschrift für Gerhard Leibholz, Bd. 2, Tübingen 1966, S. 345–365.
Sontheimer, Kurt, Das politische System Großbritanniens, München 1972.
Steffani, Winfried, Parlamentarische Demokratie – Zur Problematik von Effizienz, Transparenz und Partizipation, in: ders., (Hg.), Parlamentarismus ohne Transparenz, Opladen 1971, S. 17–47.
Steiger, Heinrich, Organisatorische Grundlagen des parlamentarischen Regierungssystems, Berlin 1973.
Stuby, Gerhard, Die Macht des Abgeordneten und die innerparteiliche Demokratie, in: Der Staat 1969, S. 303–325.

Thaysen, Uwe, „Ein klein bißchen Herrschaft im dunklen“? , in: ZParl 1970, S. 107–113.
–, Parlamentsreform in Theorie und Praxis, Opladen 1972.
Toews, Hans-Peter, Die Regierungskrise in Niedersachsen (1969/70), in AöR 1971, S. 354–391.
Topitsch, Ernst, Sprachlogische Probleme der sozialwissenschaftlichen Theoriebildung, in: ders. (Hg.), Logik der Sozialwissenschaften, 5. Aufl. Köln und Berlin 1968. S. 17–36.
Trautmann, Günter, Parteienstaatliche Verfassung und freies Mandat, in: ZParl 1971, S. 54–69.
Trautmann, Helmut, Abgeordnetenstatus und Parteizugehörigkeit, in: JZ 1970, S. 405–407.
Tsatsos, Dimitris Th., Mandatsverlust bei Verlust der Parteimitgliedschaft? in: DÖV 1971, S. 253–256.

Veen, Hans-Joachim, Vorwahlen und Parteiverantwortlichkeit im parlamentarischen Regierungssystem der Bundesrepublik, in: Konrad-Adenauer-Stiftung (Hg.), Beiträge zum Problem der politischen Arbeit in der modernen Gesellschaft, Bonn 1973, S. 93–103.
Vogel, Bernhard/Dieter Nohlen/Rainer Olaf Schultze, Wahlen in Deutschland? Berlin und New York 1971.

Weber, Max, Wirtschaft und Gesellschaft, 5. Aufl., Tübingen 1972.
Weiler, Joachim, Ausschußrückzug als verschleiertes imperatives Mandat? in: DÖV 1973, 231–235.
Wienand, Karl, Der Partei oder dem Gewissen verpflichtet? , in: Die neue Gesellschaft 1970, S. 366–371.
Wettig-Danielmeier, Inge, Die erste Selbstauflösung eines Parlaments, in: ZParl 1970, S. 269–284.
–, Innerparteiliche Demokratie im Kapitalismus, in: ZParl 1973, S. 155–158.
Zeuner, Bodo, Innerparteiliche Demokratie, 2. Aufl., Berlin 1970.
–, Wahlen ohne Auswahl – Die Kandidatenaufstellung zum Bundestag, in: Winfried Steffani (Hg.), Parlamentarismus ohne Transparenz, Opladen 1971, S. 165–190.
Zimpel, Gisela, Selbstbestimmung oder Akklamation? Frankfurt 1972.

Register

1. Namensregister

In das Namensregister wurden die Schreiber von Leserbriefen nicht aufgenommen.

Abendroth, W., Anm. 199
Abraham, H.-J. Anm. 178
Abromeit, H. 74, 84; Anm. 611, 624, 642, 645, 646, 648, 694–697, 716, 717
Adam, U. D. Anm. 223, 291
Adenauer, K. 66
Agnoli, J. Anm. 5, 7, 8, 10, 11, 314
Ahlers, C. 20
Albert, H. Anm. 627
Alemann, U. v. Anm. 297
Almond, G. Anm. 707
Althammer, W. Anm. 350
Altmann, K, Anm. 366
Apel, H. 59; Anm. 284, 423, 431, 551
Arndt, A. 75; Anm. 631
Arnold, K. 60

Bachrach, P. Anm. 719
Badura, P. 28, 29, 36, 39; Anm. 178, 179, 182, 214–218, 302–304, 314, 638
Bartsch, W. 19
Bardens, H. 65; Anm. 553, 569
Barzel, R. 18, 22, 59, 61, 64, 67, 72, 96; Anm. 37, 57, 125, 126, 360, 361, 513, 549
Becker, K. Anm. 578
Becker, M. Anm. 143, 159
Beer, M. R. Anm. 341, 401, 406
Bermbach, U. Anm. 185, 307, 314, 401, 659–662, 666–670
Bernsdorf, W. Anm. 328, 647
Beyme, K. v. Anm. 660–662, 665, 669
Bilges, H. E. 67; Anm. 485, 486, 585
Binder, Sepp Anm. 411
Blomeyer, A. Anm. 143
Bohrer, E. R. Anm. 223
Bracher, K. D. Anm. 652
Brandes, B. Anm. 346, 347
Brandt, W. 21, 52, 58, 65, 67, 72, 104; Anm. 410, 460, 461, 500–502, 559, 560, 566, 626
Brückner, P. Anm. 5
Bucher, E. Anm. 218
Buchheim, H. 55, 61, Anm. 481, 530

Conrad, B. Anm. 78

Dahrendorf, R. 12; Anm. 26, 328
Dehler, T. 24; Anm. 150, 158, 160, 163
Dichgans, H. 41, 42, 58, 63; Anm. 350–356, 509, 620
Diederichs, G. 48; Anm. 345, 414
Diedrichs, W. Anm. 88, 119
Dönhoff, M. Gräfin 60; Anm. 520
Dorn, W. 73; Anm. 619, 623
Draht, M. Anm. 331
Dregger, A. 18
Dürig, G. Anm. 178

Echternach, J. Anm. 342, 362
Ehmke, H. 35, 39; Anm. 273, 300, 332
Eppler, E. 21, 48; Anm. 410
Ertl, J. 20
Erzberger, M. 13
Eschenburg, T. 56, 73, 82; Anm. 30, 484, 614, 688
Esser, J. Anm. 737

Fay, W. Anm. 338, 357
Fetscher, I. Anm. 6
Finck, A. Anm. 158, 162
Finkenzeller, R. Anm. 116, 401
Fischer, R. 41, 80; Anm. 349
Flach, K. H. 44; Anm. 375
Fraenkel, E. 9, 11, 12, 85; Anm. 3, 4, 19, 20, 27, 399, 703, 752
Friedrich, M. Anm. 711
Fromme, F. K. 54, 61; Anm. 468, 469, 471, 472, 525, 587
Funcke, L. 65; Anm. 80, 562, 655

Gallus, G. 68

Gaßner, K. Anm. 138, 401
Geiselberger, S. 21
Geldner, K. 54, 64, 69; Anm. 553, 555
Genscher, H.-D. 17, 20, 43
Gerstenmaier, E. 42; Anm. 358
Gewandt, H. Anm. 615
Gillessen, G. 53; Anm. 734
Gontrum, W. Anm. 357
Glum, F. 75; Anm. 630, 633, 634
Graf, B. Anm. 357
Groß, R. 45
Grünewald, A. 59; Anm. 557
Gumrum, O. Anm. 357

Haack, Anm. 550
Haas, H. Anm. 367
Habermas, J. Anm. 17
Hansen, K.-H. 49, 51; Anm. 454
Hassel, K. U. v. Anm. 62, 84, 85, 92, 108, 128, 132, 135, 341, 561, 566, 567
Hauenschild, W.-D. Anm. 177, 178, 282
Heck, B. 16, 51
Hedergott, W. 43, 57; Anm. 204, 368–370, 495
Heiland, R. 23; Anm. 144, 158, 159
Heinemann, G. 66
Helms, W. 20, 22, 45, 61, 66, 67, 68, 79; Anm. 91, 94, 553, 626
Henke, W. 30, 31, 38, 39; Anm. 178, 180, 182, 249–254, 679, 680, 746
Hennis, W. 12, 85; Anm. 24, 249, 704
Hertz-Eichenrode, W. 61; Anm. 528
Herzog, R. Anm. 178
Hesse, K. 35, 39, 47; Anm. 213, 218, 300, 314, 332
Heydte, F. A. Frhr. v. d. Anm. 215
Heye, K.-U. Anm. 42, 48, 49
Hillmann, G. Anm. 399
Hoffmann, V. Anm. 374, 420, 421
Hofmann, G. Anm. 581
Hübner, E. Anm. 650
Hupka, H. 19, 20, 49, 50, 55, 63, 65, 66, 68, 69, 82, 89; Anm. 83, 90, 436, 441, 442, 551, 552, 563

Jäger, W. Anm. 668
Jansen, W. Anm. 78
Jenkner, W. Anm. 393
Jennings, Sir I. Anm. 637
John, H. 43; Anm. 372

Kaack, H. 12; Anm. 1, 2, 29, 298, 622, 673, 732
Kaffka, R. 49, 50
Kaiser, K.-C. 17; Anm. 58, 59
Kaltefleiter, W. Anm. 609, 611, 623, 655, 656, 658, 707
Kasimier, H. 57; Anm. 496
Katz, R. Anm. 159
Kautsky, K. 46; Anm. 396
Kewenig, W. 79; Anm. 18, 620, 674, 675
Kienbaum, G. 12, 20, 22, 64, 67, 68; Anm. 553
Kiesinger, K. G. Anm. 548
Kirsch, W. Anm. 714, 715
Klein, F. Anm. 249
Klein, H. H. Anm. 436
Kleinert, D. 45, 46, 98 f.; Anm. 388, 389
Kleining, G. Anm. 647
Kloss, H.-D. 67, Anm. 583
Köppler, H. 17
Köttgen, A. 32; Anm. 265, 267
Kohl, H. 16
Kremendahl, H. Anm. 9
Kremer, K. 39; Anm. 245, 247
Kriele, M. 29, 36, 37, 39, 54; Anm. 218, 230–233, 303, 305, 308
Kubel, A. 52
Kühlmann-Stumm, K. v. 12, 16, 20, 22, 64, 67; Anm. 553
Kühne, J.-D. Anm. 615–617

Lange, H. 17, 18
Lange, R. Anm. 122
Lehr, R. 24; Anm. 145
Leibholz, G. 14, 27, 30, 31, 32, 33, 34, 39, 48, 53, 85; Anm. 186–197, 201–203, 258–265, 268–270, 276, 280, 281, 283, 285, 286, 652, 703
Leicht, R. 31, 39, 88 f.; Anm. 233, 255–257, 299, 327, 728, 729
Lenin. W. I. 46; Anm. 6, 398
Lenk, K. Anm. 279, 282
Loewenberg, G. Anm. 284
Loewenstein, K. 75; Anm. 271, 304, 637, 638
Löwenthal, F. 24; Anm. 148, 149, 159, 165
Logemann, F. Anm. 572
Lohmar, U. Anm. 295, 314, 722
Luhmann, N. 11, 70, 76, 84, 85; Anm. 16, 17, 21, 22, 23, 306, 311, 312, 640, 646, 649, 699, 705

Maas, W. 18
Mader, F. 18
Majonica, E. Anm. 127
Mangoldt, H. v. Anm. 249
Marx, K. 46; Anm. 6, 397
Maunz, T. 39; Anm. 178, 182, 246
Mende, E. 11, 13, 16, 17, 18, 19, 44, 45, 53, 58, 62, 64, 66, 68, 82; Anm. 39, 40, 41, 42, 43, 44, 63, 381, 383, 550, 551, 552, 572, 672
Mende, Gruppe 16, 17, 18, 44, 48, 53, 58, 59, 63, 88
Menne, A. 22
Mertes, W. Anm. 387
Metzger, 65, 66; Anm. 552
Meyers, F. 60

Mischnick, W. 17. 44, 97 f.; Anm. 378
Möller, A. 16, 17; Anm. 35, 36
Moersch, Anm. 552
Morstein Marx, F. Anm. 271
Müller, C. 34; Anm. 287–291
Müller, F. 39, 91, 94; Anm. 294, 301, 330, 332–334, 737–750
Müller, G. 13, 21, 22, 59, 64, 66, 68, 78, 80, 83, 86, 89; Anm. 350, 406, 511, 526, 550, 551
Müller, M. Anm. 122, 123, 124, 327, 556, 703, 746
Müller, R. Anm. 75
Müller, U. Anm. 722

Narr, W.-D. Anm. 28, 641, 644, 707, 735
Naschold, F. Anm. 17, 644, 654, 720, 721, 723
Neander, J. Anm. 74
Nellen, P. 50; Anm. 357
Neumann, F. Anm. 279, 282
Neumaier, E. 68; Anm. 592
Neumayer, F. Anm. 199
Nohlen, D. Anm. 653

Oberreuther, H. Anm. 650
Oertzen, P. v. 48, 57; Anm. 415–419
Ollenhauer, E. 75; Anm. 628, 629
Oltmanns, R. Anm. 576
Opitz, R. 22

Pappi, F. U. 85; Anm. 701
Peter, C. Anm. 368
Ploeckl, P.-R. Anm. 336
Popper, K. R. 32, 33; Anm. 274
Posser, D. 49, 82
Preissinger, H. Anm. 406

Raffert, J. 73; Anm. 619, 623
Rapp, A. Anm. 616
Rausch, H. Anm. 112, 265, 277, 278, 401, 650
Reinhardt, R. Anm. 401
Reuß, H. Anm. 278
Richter, G. Anm. 122
Ritter, G. A. Anm. 660
Rittinghausen, M. 46; Anm. 395, 396

Sacherl, K. Anm. 215
Säcker, H. 29, 36, 37, 39, 57, 80, 81; Anm. 184, 185, 215, 219–223, 313, 681, 684
Sandtner, W. 41; Anm. 343
Schäfer, F. 29, 36, 37, 38, 39, 51, 58, 61, 80; Anm. 178, 224–229, 309, 310, 316–318, 320, 324–326, 449–451, 506–508, 674
Schätzel, W. 75; Anm. 635, 638
Scheel, W. 16. 17, 21, 58, 60, 72; Anm. 503–505, 558
Scheu, A. 49
Scheuch, E. K. Anm. 660
Scheuner, U. 33, 75; Anm. 277, 636
Schiedermair, W. Anm. 246
Schiller, K. 22
Schindler, P. Anm. 555
Schmidt, Hansheinrich. Anm. 551
Schmidt, Helmut, Anm. 626
Schmude, J. 49, 51, 101 f.; Anm. 422–427
Schneider, P. Anm. 139, 330
Schöfberger, R. 21; Anm. 117, 118
Scholz, P. Anm. 18
Schröder, H.-J. Anm. 247, 248, 295
Schröder, G. 75
Schroers, R. 44; Anm. 376, 377, 535
Schueler, H. 60; Anm. 411, 518
Schütz, K. 50, 51; 444, 445
Schultze, O. Anm. 653
Schulz, K.-P. 19, 50, 59, 64; Anm. 77, 435, 510, 515, 516, 550
Schwalber, J. 24; Anm. 146, 147, 158, 161, 162
Schwarz, H.-P. 60, 86; Anm. 521–523
Schwarz-Schilling, C. 18
See, H. Anm. 295, 314
Selbert, E. 24, 34; Anm. 152, 153, 154, 155, 156, 157, 159, 162
Seume, F. 19, 49, 51, 55 82; Anm. 83, 444, 445, 447
Siegfried, F. F. 28, 35, 37, 39; Anm. 206–212, 233, 310, 313, 674, 708
Slotta, G. 50
Sobolewski, M. 76; Anm. 652, 653
Sontheimer, K. Anm. 643
Sperling, D. 64, 65; Anm. 557
Springer, A. 67; Anm. 586
Stammberger, W. 50; Anm. 381
Starke, H. 11, 13, 16, 17, 18, 19, 45, 66; Anm. 551
Steiger, H. 30, 37, 39; Anm. 178, 234–244, 329, 735
Steiner, J. Anm. 127
Steffani, W. 88; Anm. 660, 713, 724, 725, 731
Sternberger, D. 55, 61, Anm. 480, 526
Strasser, J. 51 f., 102 ff.; Anm. 455–459
Strauß, F.-J. 66; Anm. 130, 548
Strauß, W. 23, 24; Anm. 142, 151
Ströhm, C. G. Anm. 401
Stuby, G. Anm. 185, 314
Süsterhenn, A. 25; Anm. 167, 168, 169

Taverne, D. Anm. 531
Tersteegen, W. Anm. 91
Thaysen, U. 10, 51; Anm. 15, 650, 651, 726, 736
Tillinger, G. Anm. 74
Toews, H.-J. 39; Anm. 233, 275, 292, 303, 314, 345
Topitsch, E. Anm. 266
Trautmann, G. Anm. 668, 671, 735

Trautmann, H. Anm. 222, 233, 314
Tsatsos, D. T. Anm. 215, 218

Veen, H.-J. 86; Anm. 712
Verba, S. Anm. 707
Vogel, B. Anm. 653
Vogel, F. Anm. 616
Vogel, J. 21
Volkers, H. Anm. 95, 97, 98, 99, 100

Wallmann, W. Anm. 339
Weber, M. Anm. 282, 284
Wehner, H. 19, 21, 50, 89; Anm. 118, 439
Weigert, P. Anm. 91, 430, 432
Weiler, J. Anm. 436
Wels, O. 52, 104; Anm. 460
Wettig-Danielmeyer, I. Anm. 295, 345
Weyer, W. 58
Wienand, K. 47; Anm. 127, 403–405, 623, 676
Winkler, H.-J. Anm. 367
Winters, P. J. 53, 54, 61; Anm. 394, 465, 474, 524
Wirmer, E. 23, 24; Anm. 143
Wohlrabe, J. Anm. 79
Wrangel, O. Baron v. Anm. 548

Zeuner, B. Anm. 296, 722, 731, 733
Zimpel, G. Anm. 10, 718, 721
Zoglmann, S. 11, 13, 16, 17, 18, 19, 44, 45, 53, 58, 60, 66, 68; Anm. 42, 52, 64, 553, 569
Zundel, R. 18; Anm. 60, 576

2. Sachregister

Abgeordnetenbestechung (Korruption, Mandatsmißbrauch) 50, 64–69, 70, 73, f., 81, 85; Anm. 127, 552, 553, 616, 617, 623
Abgeordnetenmandat, s. Mandat
Art. 20 Abs. 2 GG 28, 29, 30, 36, 59, 60, 93
Art. 21 Abs. 1 Satz 1 GG 14, 26–36, 38, 48, 50, 53, 55, 59, 60, 93; Anm. 303
Art. 21 Abs. 1 Satz 3 GG 35, 93; Anm. 314
Art. 38 Abs. 1, Satz 2 GG 15, 25, 26–31, 33–38, 39, 41, 42, 43, 44, 45, 47, 48, 49, 50, 53, 54, 56, 57, 59, 60, 62, 66, 91–94; Anm. 271, 436
Ausgleichsmandat 45, 49 f., 56, 82

Beratervertrag 41, 64, 73; Anm. 619
Bundesregierung, s. Regierung
Bundestag, Deutscher 9, 10, 11, 12, 13, 15, 16, 17, 18, 19, 20, 22, 25, 31, 35, 41, 42, 43, 45, 46, 47, 48, 54, 56, 57, 58, 60, 61, 66, 68, 74 f., 78, 83, 86, 95
Bundesverfassungsgericht 14, 27, 28, 32, 33, 34, 35, 37, 39, 48, 75; Anm. 31, 139, 198, 199, 200, 293, 319, 323

CDU/CSU 12, 13, 18 f., 19, 20, 21 f., 40–43, 48, 51, 58 f., 62, 64, 65, 71, f., 76 f., 80, 88, 96; Anm. 12, 75, 78, 83, 88, 127, 335, 345, 357, 361, 363, 623, 678, 685, 692

Demokratie 26 f., 32, 33, 34, 43, 44, 53 f., 63, 77, 88
Demokratie
–, innerfraktionelle (Fraktionsdisziplin, -zwang) 10, 12, 24, 44, 46, 50, 53, 54, 55, 56, 57, 60, 78–81
–, innerparteiliche 10, 11, 28, 35, 37, 46, 51, 54, 56, 77, 78–81, 83, 87–90, 91, 93 f., 95
–, liberale/repräsentative, s. Repräsentation/Repräsentativverfassung
–, parlamentarische (parlamentarisches Regierungssystem, Parlamentarismus) 9 f., 11, 26 f., 34, 36, 38, 39, 41, 42, 43, 45, 46, 52, 53, 54, 55, 56, 57, 58, 60, 67, 73, 74, 76, 77, 86, 91
–, parteienstaatliche, s. Parteienstaat

DJD 46, 99 f.; Anm. 393

Effizienz 36, 39, 77, 88, 95

FDP 13, 16 ff., 20, 22, 41, 43–46, 53, 54, 55, 57 f., 61, 62, 64 ff., 70, 71 ff., 76, 80, 81 f., 86, 88, 97 ff.; Anm. 42, 46, 65, 75, 94, 365, 373, 390, 523, 672, 678, 685
Fraktion
–, Ausschluß aus der 12 f., 25 f., 29, 36, 38; s. auch Mandatsverlust bei Ausschluß
–, Austritt aus der 12 f., 25 f., 38; s. auch Mandatsverlust bei Austrittsdisziplin/-
– zwang, s. Demokratie, innerfraktionelle
Fraktionswechsel 12 f., 14, 16–22; Anm. 357

Fraktion
–, als Thema der öffentlichen Meinung 9, 11 f., 14 f., 71 ff., 84 f.
–, Nachwahl bei 44, 49, 56, 83
Fraktionswechsler, Motivation der 40, 64–69, 92 f.; s. auch Abgeordnetenbestechung und Gewissen

Gewissen(sfreiheit) 18, 23 f., 25, 30, 41, 42, 43, 44, 47, 50, 51 f., 54, 55, 57, 58, 59, 60, 62, 63, 64–69, 92; s. auch Mandat, freies

JU 41, 42, 96; Anm. 344
Jungsozialisten 21, 41, 47, 48, 51 f., 53, 54, 102 ff.; Anm. 407, 408, 411, 475

Kandidatenaufstellung 18, 20, 21, 22, 30, 31, 44, 48, 49, 64, 68, 74, 89
Korruption, s. Abgeordnetenbestechung
Kultur, politische 12, 84 f., Anm. 654, 703

Legitimation (Legitimität) 29, 39, 40, 42, 55, 58, 60, 61, 62, 63, 67, 77, 86
LG Braunschweig Anm. 367

Mandat (des Abgeordneten)
–, als öffentliches Amt 30, 31, 38
–, freies 9, 10, 12, 13 f., 15, 24, 25, 28, 31, 32, 34, 36, 37, 38, 40, 41, 42, 43, 46, 48, 52, 53, 54, 55, 59, 60 f., 66, 69, 71, 77, 78 f., 86, 87, 90
–, imperatives 9, 10, 14, 24, 25, 26, 27, 29, 34, 40, 41, 42, 44, 46 f., 48, 50, 51 f., 53, 54, 56, 58, 59, 60, 61, 66, 77, 78, 80, 82
–, Rechtsgeschäfte über das 14, 24, 43, 44, 53
–, -smißbrauch, s. Abgeordnetenbestechung
– -sverlust bei Abschluß 10, 14, 24, 25, 26, 27, 31, 34, 36, 37, 38, 42, 44, 45, 46, 49, 51, 53, 54, 56, 78–81, 87 ff., 94
– -sverlust bei Austritt 10, 11, 14, 15, 24, 25, 26, 27, 28, 29, 30, 31, 33, 34, 35, 36, 37, 38, 39, 41 f., 43–46, 47, 49, 51, 52, 54, 56, 62, 63, 70, 73, 78–81, 87–90, 91, 94, 95; Anm. 371, 387
– -sverlust bei Parteiverbot 14, 27, 29, 32, 37, 48
Meinung, öffentliche 11 f., 55, 81; Anm. 17
Methodik der Verfassungsinterpretation 14, 23, 27, 30, 31 f., 34 f., 36 f., 38, 39, 70, 91 f., 94; Anm. 332

Mißtrauensvotum, konstruktives 21, 42, 55, 58, 59, 60, 61, 64 f., 67, 71, 72, 78, 84, 85; Anm. 500
Mitbestimmung, s. Partizipation

Niedersächsischer Minister des Innern, 27 f., 33, 39, 53, Anm. 204, 205, 275
NLA 16, 17 f., 81; Anm. 42, 46
NPD 43, 48, 53, 60; Anm. 367, 371

Ostpolitik/-verträge 16, 19, 20 f., 50, 51, 60, 67, 71, 89; Anm. 626
OVG Lüneburg Anm. 181

Parlament, s. Bundestag, Deutscher und Demokratie, parlamentarische
– -sreform 10, 12, 16, 40, 41, 51, 76, 87, 95
Parlamentarischer Rat 14, 23–25, 33 f., 94
Parteienrechtskommission Anm. 314
Parteienstaat 14, 24, 26 ff., 32 ff., 53, 85, 86; Anm. 654, 703
Partizipation (Mitbestimmung, politische Beteiligung/Teilhabe) 10, 11, 36, 48, 51, 70, 77, 85, 86, 87 f.; Anm. 713, 715

Regierung (Bundesregierung)-ssturz 9, 13, 14, 17 f., 19 f., 20 f., 21 f., 42, 60, 63, 71, 81; s. auch Mißtrauensvotum, konstruktives
– und Opposition 11, 16, 17 f., 19 f., 21 f., 55, 58, 60, 62, 68, 74, 75, 82, 83, 84, 85
Repräsentation (Repräsentativverfassung) 10, 26, 31 f., 33, 34, 38, 40, 42, 45, 53, 55, 62, 63, 77

SPD 16, 18, 19, 20, 21 f., 40, 46–52, 55, 57 f., 62, 64 ff., 70, 71 ff., 74 f., 76, 77, 80, 82, 89, 100 ff., 104; Anm. 75, 345, 402, 409, 413, 551, 678, 685
StGH Bremen Anm. 178, 199
StGH Niedersachsen Anm. 199

Transparenz 51, 73, 76, 86, 88

Wählerauftrag (-wille) 40, 45, 57–63, 66, 70, 74–77, 83, 84 f.
Willensbildung, politische 9 f., 26 f., 28, 30, 59, 74 ff., 83 f., 86, 87, 89 f., 92, 93; Anm. 715; s. auch Art. 21 Abs. 1 Satz 1 GG und Wählerauftrag

STUDIEN ZUR SOZIALWISSENSCHAFT

Peter Flora
Indikatoren der Modernisierung: Ein historisches Datenhandbuch

Peter Flora
Modernisierungsforschung
Zur empirischen Analyse der gesellschaftlichen Entwicklung

Paul Kevenhörster
Ausländische Arbeitnehmer im politischen System der Bundesrepublik

Peter Lösche
Industriegewerkschaften im organisierten Kapitalismus
Der CIO in der Roosevelt-Ära

Martin Müller
Fraktionswechsel im Parteienstaat
Parlamentsreform und politische Kultur in der Bundesrepublik Deutschland

Axel Murswieck
Staatliche Steuerung und politisch-administratives System
Eine empirische Studie zum Aufbau von Planungsstrukturen im Bereich der Bundesregierung

Peter Reichel
Bundestagsabgeordnete in europäischen Parlamenten
Zur Soziologie des europäischen Parlamentariers

Burkard Sievers
Geheimnis und Geheimhaltung in sozialen Systemen

WESTDEUTSCHER VERLAG GMBH

Uwe Thaysen

PARLAMENTSREFORM IN THEORIE UND PRAXIS

Zur institutionellen Lernfähigkeit des parlamentarischen Regierungssystems

324 Seiten.

Daß in der Fülle der „Parlamentsreform-Bücher" mitunter auch lesenswerte und politisch nützliche publiziert werden können, wird mit dieser Untersuchung des Hamburger Politologen Thaysen deutlich. Die Studie zeichnet sich durch Problemwissen und -bewußtsein, Kenntnis der der Politologie benachbarten Disziplinen: Politische Soziologie und Politische Psychologie sowie durch eine Klarheit der Gedankenführung aus. Diese Positivmerkmale überwiegen bei weitem die zuweilen hochgestochene Sprachführung.

Thaysen untersucht mit Hilfe der erkenntnisleitenden Zielbegriffe Partizipation, Transparenz und Effizienz (W. Steffani) die bisherige parlamentarische Praxis und insbesondere die Reformbemühungen während der 5. Legislaturperiode des Deutschen Bundestages (1965–69). Ergebnis: „Man kann für die 5. Wahlperiode kaum von einer quantitativ führenden Reformkategorie (Partizipation etc., Bi.) sprechen. Man wird aber sagen können, daß die meisten Mißerfolge reformerischer Bemühungen im Bereich jener Initiative zu verzeichnen sind, die auf eine effektive Maximierung der Partizipation abstellten."

Thaysen beläßt es nicht bei der Analyse, vielmehr formuliert er Bestimmungsfaktoren, die für eine Reformstrategie brauchbar sind. Sein Buch ist damit auch „Handlungsanweisung" für die parlamentarische Reformpraxis.

(Gegenwartskunde 1/1974)

GPSR Compliance

The European Union's (EU) General Product Safety Regulation (GPSR) is a set of rules that requires consumer products to be safe and our obligations to ensure this.

If you have any concerns about our products, you can contact us on ProductSafety@springernature.com

In case Publisher is established outside the EU, the EU authorized representative is:

Springer Nature Customer Service Center GmbH
Europaplatz 3
69115 Heidelberg, Germany

Batch number: 10809468

Printed by Printforce, the Netherlands